光明社科文库
GUANGMING DAILY PRESS:
A SOCIAL SCIENCE SERIES

·教育与语言书系·

高职教育改革

——探索中嬗变

武 文 | 著

光明日报出版社

图书在版编目（CIP）数据

高职教育改革：探索中嬗变 ／ 武文著 . -- 北京：
光明日报出版社，2021.9
ISBN 978 - 7 - 5194 - 6234 - 5

Ⅰ.①高… Ⅱ.①武… Ⅲ.①高等职业教育—教育改
革—中国—文集 Ⅳ.①G719.21 - 53

中国版本图书馆 CIP 数据核字（2021）第 160738 号

高职教育改革：探索中嬗变
GAOZHI JIAOYU GAIGE：TANSUO ZHONG SHANBIAN

著　　者：武　文

责任编辑：宋　悦　　　　　　　　　责任校对：范晓辉
封面设计：中联华文　　　　　　　　责任印制：曹　净

出版发行：光明日报出版社

地　　址：北京市西城区永安路 106 号，100050

电　　话：010 - 63169890（咨询），63131930（邮购）

传　　真：010 - 63131930

网　　址：http// book. gmw. cn

E - mail：songyue@ gmw. cn

法律顾问：北京德恒律师事务所龚柳方律师

印　　刷：三河市华东印刷有限公司

装　　订：三河市华东印刷有限公司

本书如有破损、缺页、装订错误，请与本社联系调换，电话：010 - 63131930

开　　本：170mm×240mm

字　　数：305 千字　　　　　　　　印　　张：17

版　　次：2021 年 9 月第 1 版　　　　印　　次：2021 年 9 月第 1 次印刷

书　　号：ISBN 978 - 7 - 5194 - 6234 - 5

定　　价：95.00 元

成如容易却艰辛

——《高职教育改革：探索中嬗变》序言

    能够有机会为老同事、好朋友武文老师的专著写篇序言，既甚感荣幸，又颇觉惶恐，凭我笔直单纯的人生阅历及流于泛泛的专业素养，实在担心有负老友厚望与专著分量。等到仔仔细细拜读全书，这种不安感就越发加剧，以至于迟迟未能动笔。呈现在我面前的，不仅仅是一部有关高职教育的作品，更是一位兄长对于整个高等教育以及教育、对于青年成长以及人生、对于中外教育以及文化差异等的宏阔思考和用心体悟。思虑再三，我想用一种尽可能简单清晰又不致诱导误读原作的方式谈几点感想，以此作为序言吧。

卅年一剑

    武老师专著称作"高职教育改革：探索中嬗变"，通读全书则会强烈感受到，他对于高职教育的认知远非仅仅来自转入高职教育领域的十余年时间，而是浓缩了他大学毕业投身教育工作三十年的全面体认，甚至这种体认的时间跨度拉得更长，囊括了他从幼年接受家长启蒙、到适龄接受学校教育、再到毕业投身教育事业所经历积累的诸多感悟。这样一种人生体验在高职教育领域的聚焦投射，使得全书弥漫着一种纵深的厚重，俯瞰的了然，多面的饱满，管窥的洞悉。

    显而易见，武老师对于教育、对于人生、对于社会的认知，是受到了父亲以及父辈师长潜移默化而又深远的影响的。终生为师的父亲当年是给予了学生怎样的付出，竟能够在晚年的时候还有几十年前的学生时常制作酸菜和各种食品送到家门，就像看望自家尊长一样？当年自己只是一个普普通通的孩子，为什么老师在二三十年之后街头偶遇竟然能够一口叫出自己的名字？诸如此类令人惊讶的事实让武老师逐渐形成一种认识并越来越深信：教育本质上是爱的事业，是人与人的关系，是心灵与心灵的感应与共鸣，是老师能够像对待自己的孩子一样真诚善良地对待学生，高职教育当然同样如此；无论实现教育的手段、形式、工具、方式方法如何花样翻新，只有体现了教育的本质才会真正发挥作用，高职教育当然同样如此。

和武老师比较熟悉的同事都有同感：就是武老师知识堪称渊博，谈及很多领域他都能够驾轻就熟、侃侃而谈，而且颇有见地。这种看起来信手拈来的轻松自如，得益于武老师较为广泛的工作经历和善于潜心探究的学习习惯。大学毕业之后，从教师进修学校到高职院校，到乡下授课点代过课，也到小学支过教；从事教育数十年从来没有放弃过讲台授课，又先后从事过函授管理、教务处、学校办公室、课程改革办公室等行政工作；大学读的化学专业，毕业却根据爱好承担语文教学，此后连续十几年投身教育学、心理学，后来又承担过管理学、市场营销等课程教学，几年前又转岗到思想政治教育。转岗如此之多，该让人心浮气躁了吧？通常也很容易陷入样样通、样样松的状态。而难能可贵的是，武老师一方面对于多次转岗能够泰然处之，迅速适应；另一方面能够用心用情投入其中，潜心钻研，随时对工作进行反思，随时记录调整，每每在最短的时间成为行家里手。所以，当他再次用心用情地投身高职教育的时候，多年的教育积淀自然会延伸其中。这正如酿酒，武老师所做的不是勾兑，而是陈酿。

优秀是一种习惯，这句话放到普通人身上常常会令人感觉夸大其词，但放到同样作为普通人的武老师身上却不会有突兀之感。在人生事业的中点转身高职教育领域，武老师潜心投入一如既往。在青岛职业技术学院这样一所年轻高职学校，他褪去曾经的光华，像个刚毕业新入职的大学生一样，默默地、兢兢业业地承担着本职岗位的工作；后来，又以课程改革办公室主任、专家委员会专家等身份参与诸多事项，从全校建设改革的顶层设计到具体专业、具体课程甚至具体项目的设置运作无不涉及。此外，他借助学术会议等场合及时与国内其他兄弟院校同人沟通交流，通过学校国际合作项目以及查阅资料等方式了解国外高职教育的发展状况。对于高职教育功能定位培养模式等基本命题及其实践运行，武老师一路体验，一路观察，一路思考。当许多同人惊讶于他这个"半路出家"之士竟然对高职教育已有颇多较深见地的时候，对武老师而言，只是一个水到渠成的自然过程。

路在脚下

我国高职教育的兴起可谓筚路蓝缕，从上世纪 80 年代初启动旅程的那一天开始，就面临着未知、疑惑乃至一度也面临困境。至今历经将近四十年时间，硬是在艰难处境当中开辟出一条别样道路，占据了高等教育的半壁江山。那么，对于高职教育——这一我国高等教育领域的新生事物，社会投以怎样的眼光和态度？面对诸多甚至是前所未有的问题和挑战，高职教育本身又如何应对？

对高职教育的打量、纠结进而思考、探究、厘清是普遍性、全方位的，此类彼此关联的动词所构建的并不是一个线性递进、最终达成圆满的闭环，而是一个交迭推进、时常反复、始终开放的过程。高职教育是层次还是类型？应该如何进行功能与价值定位？当把高职教育与普通教育相提并论的时候，应该怎样界定其各自范畴，高职教育如何继承普通教育并进而推动改革？高职教育适合采取怎样的人才培养模式？其专业设置、课程设置、教学开展、师资建设、教学评价等又当如何进行？应该怎样认识高职教育的学生，他们是否也是不同于普通高等教育的学生类型，高职教育培养的学生应该进行特别的职业生涯规划吗？高职教育的改革是全方位的吗？是否意味着其学术权力、思想政治教育等公共课设置与开展都应该有所不同？……基于高职教育作为类型教育定位的基本前提，诸如此类的诘问还可以有很多，还可以继续进行下去。

武老师捕捉住这些备受社会共同关注的林林总总的问题，依次表达着自己的观点。首先，他的表达是与官方及业界主流观点相适应的；其次，更重要的是，他在用属于自己的视角和方式表达观点。国学、心理学、教育学是武老师主要运用的三把标尺，这正是他历经三十载从教生涯所逐步形成的积淀。从国学出发，武老师认为高职教育对学生的培养是综合理论学习、技能训练、内在反思最终达于纯乎一心境地的过程；而中西文化的鸿沟决定了简单的拿来主义是行不通的，"教来的曲，唱不到头"，因而必须有一个"中国化"的问题。从心理学出发，武老师不厌其烦地剖析学生接受高职教育知、情、意、行的形成过程，反复强调主体性、反思对于学生成才不可或缺的重要意义，进而强调人文理性同科学理性一样不可偏废。从教育学出发，武老师力图厘清高职教育在高等教育以及教育谱系中的恰当位置尤其是与高等教育以及整个教育谱系的内在联系，对形与质、体与用、道与术、功能与价值等元理论问题进行抽丝剥茧式的解析。实际上，他的这三把标尺交融渗透于全书的各个部分，校企合作、双师结构、多证培养等无处不有，以上仅仅是列举几例加以说明而已。

　　可以看出，对于理论问题的探究，武老师并非着意于构建一个完备体系，而是在于回应高职教育实践需要解决的现实问题。正因如此，他又运用较大篇幅做了一项解剖麻雀的工作：以青岛职业技术学院为主、间或辅之以其他高职学校的探索为案例，展示并剖析高职教育发展的利弊得失。"实境耦合"到"学做教合一"人才培养模式的探索变迁，以"静悄悄的革命"推动的课程与教学改革，"教学管理与学生服务一体化"的推行及纠结，现代学徒制，人文素质培养，思想政治理论课改革……。在高职教育基本理念支持之下，高职教育实践宛如一幅精彩纷呈的长轴画卷，徐徐打开，其间既有学校层面的顶层设计架构，也有二级学院特定专业、特定课程甚至特定项目的实践探索，不断给读者带来一波接一波的欣喜。因为是亲身经历，所以武老师的阐释内容丰富饱满，细节具体生动，读来自然、清晰、流畅，令人明了而信服。抽象的理论研究在实践探索中变得形象、立体、饱满，实践探索则逐步回应、检验也调适着理论研究的方位和尺度，两者又并非截然分开，而是交错融汇在一起，相辅相成、相得益彰。

　　通览全书，武老师对高职教育的认知和解读符合政府、社会、业界已经普遍达成的共识，他的全部论述都是在为这些业已形成的主流观点进行坚韧的维护。但与此同时，在阅读的时候，却又时时让人感受到鲜明的与众不同。究其原因，就在于他是既站在高职教育之内、又站在高职教育之外，用自己的视角和方式看待高职教育，不夸张地说，他对高职教育进行观察的视野、进行思考的空间、进行解读的维度，都远远超越了高职教育本身。或许，这种超越高职教育本身所看到的高职教育，才是高职教育本来的样子。

　　当然，迄今为止，武老师对高职教育的研究总体上仍然是局部的、阶段性的，他仍在不断实践、审视和充实之中。这和高职教育本身的发展进程步调一致。高职教育，仍然在路上，但毕竟，路已在脚下。

久久为功

　　我国高职教育应经济社会需求之运而生，乘举国关注支持之势而长，三四十年的时间培养了大批高技能人才，取得了举世瞩目的成就，可谓凯歌高奏，一片歌舞升平。但这是全部吗？当然不是，也不会。实际上，高职教育的发展始终与纠结相伴随，这种纠结表现为困惑、争论甚或还有质疑，这个过程今天仍在继续，恐怕也还将持续很长的时间。武老师在专著里与其说是表现了不如说是表达了这种纠结，他的表达与其说是不加避讳、开诚布公的，不如说是坦诚相待、有意为之的。有过亲身经历的高职人很容易理解：他的表达是真诚的，因为他所表达的是真实的。而这也正是教育的辩证法之所在。

高职教育是与普通教育相对应的类型教育，如果说二三十年前对此还存有异议和争论，那么今天早已成为业界及社会的共识和定论。武老师从教育学基本原理出发为这一结论提供了辩护，但他继而提出：高职教育也是阶段性的教育，正如我国曾经盛极一时的民办教师进修教育一样。诚然，高职教育和民办教师进修教育不能简单等同，但也毋庸置疑两者的产生的确都是为了满足社会对特定人才的需求。当我国师范教育人才足以满足社会需求的时候，民办教师进修教育也就完成其历史使命而归于消亡。那么，高职教育呢？会不会在未来的某个历史节点因为社会对高技能人才的需求获得满足而归于消亡（不管这种高技能人才是"真人"还是"人工智能"）？恐怕没有人会对这种合乎科技发展规律的自然趋势简单予以否认。

实际上，如果对高职教育归因进行细究还会引发其他更深层次的问题：既然举办高职教育是为了满足经济社会发展对高技能人才的需求，那么试问，此前已经存在的各级各类高校为什么不能满足这种需求？是因为缺乏能力，还是因为缺乏意识，抑或是缺乏动力？或许有人会说是因为功能定位不同，那么可以继续试问，这种功能定位是如何确定的，确定之后就必然一成不变吗？沿着这一思路还可以继续追问下去。对此问题的追问并非毫无现实意义的文字推理游戏，恰恰相反，这有助于对业已兴起的高职教育处境包括困境原因的准确查知，进而有助于推动高职教育在满足经济社会需求的道路上坚定前行，预防可能出现的歪曲甚或倒退。这种担心绝非杞人忧天，试看在国务院颁布文件提出新建本科高校向应用型本科转型而实际行动者雷声大雨点小的现实，难道还不足以反映出某些深层问题吗？

兴办高职教育是为了满足现实需求，这完全合情合理；但由于诸多现实利益及其错综关系较量的驱动，这种合情合理的国家性战略在微观操作层面却存在着走向他途的趋势，比如趋向于功利主义、科学理性、短视行为，而舍弃、背离或忽视价值功能、人文理性、长期规划等。如何预防？国家顶层设计实际上多有规划，简而言之就是以马克思主义人的自由而全面发展的基本观点为指导，开展全人教育。"经"是明确的，如何"念"好却并不容易。武老师提供了他的对策设想，在这些设想之下，又正能够反映出现实存在的问题或隐忧。比如践行德技并修是彰显高职教育立德树人的实践性特征，但在教育实践当中，厚此薄彼不能兼顾或者齐头并进各不相干或者多措并举相互干扰等现象，并不罕见。教育本质是师生关系，是需要真诚包含善意的，但曾几何时，教育变成了纯粹的信息传递，管理变成了猫抓老鼠的游戏，对于高职教育而言，专业课之外的公共课堂，此种现象就更为严重。为了激发学生兴趣对课堂教学进行改革，却将改革简化成了用现代信息技术手段包装一个传统的教学过程。凡此种种，不一而足。武老师用冷静的语气提出了发人深省的问题：职业教育的"职业"是生命意义的实现还是局限？不可谓不振聋发聩。

揭示问题当然不是否认成绩，如前所述，我国高职教育已经取得了卓著成绩，举世瞩目，揭示问题恰恰是为了让高职教育行进得更加稳健，取得更多更大成绩。作为高职人正视高职教育问题，又正反映出高职人对于高职教育所特有的期望与情愫。因此，只要问题存在，无论是高职教育所独有的问题，还是相比普通高等教育而言尤为凸显的问题，抑或是两者共同存在的问题，都不能成为忽视的理由，都必须正视并严肃对待。更何况，高职教育所面临的问题实际上更加错综复杂，除了必然会相伴而生的发展本身的问题，还存在社会心理认同、相关利益博弈、职业前景预期、教育资源配置等深层根植、盘根错节因而更加难以解决的问题。所以，"成如容易却艰辛"，一方面，高职教育硕果累累；另一方面，高职教育问题重重，这就是现实。高职教育就是在这种纠结之中奋勇前行，并恐怕将在较长时间依然如此。这是教育的辩证法在高职教育领域的具体体现，无论理论研究还是实践探索，都无法规避，唯有正视之、善待之。正因如此，高职教育还远未到可以心安理得地称道玉汝于成的时候。

天之大宝在一轮红日，人之大宝在一息真阳。历经近四十载春华秋实，高职教育之真阳毕竟已经激活，高职教育毕竟已经成为中华大地上经久不息的热潮。像众多高职同人一样，武老师满怀热忱地投身这种时代的热潮，饱含感情地讴歌高职教育的非凡业绩，认真负责地梳理高职教育的运行机理，也冷静客观地点拨着值得警惕预防的问题。与众多高职同人不同，武老师的审视与解读呈现出别样的风格，给我们提供了另外的视角和启发，既令人眼界一开、深受激发，又促人心头一震、冷静深思。正是所有高职人、所有关注高职教育事业的"局外人"的共同助力，共同激活了高职教育的一息真阳。所以，可以期待，高职教育已如旭日初升，终将其道大光。

解水青

二〇二一年二月七日于天津

目　录
CONTENTS

第一篇 **01**

类型教育地位的确立：
突围&建构

20 世纪 90 年代，我国高职教育开始创办就受到广泛的关注，以培养一线技能人才，快速适应经济社会发展的现实需求的优势，展现出特殊的魅力。20 多年的发展历程，因其植根于职业劳动，注重实践教学的培养模式，占据了高等教育的半壁江山。高职教育从普通高等专科教育一路走来，以顽强的生命力"突出重围"，拓展生存空间，一步步建构起独特的理论体系，实现了从"层次"到"类型"的蜕变。作为这个过程的亲历者，曾经也迷茫和困惑过，也正是在不断地尝试和追问中，得到启示和升华。

通过国家示范、骨干校建设，一批高职院校作为拓荒者开始探寻高职教育发展之路，凝聚了"校企合作，工学结合"的高职核心特征。高职"双一流"建设，正引导高职教育行稳致远。高职究竟有什么不同？高职应该遵循什么价值理念？高职要从传统高等教育中继承什么？改变什么？如何借鉴国外成熟的职业教育理论和模式？……对这些问题的回答，不仅开辟和巩固了高职教育的发展空间，同时也逐步确立了作为类型教育的高职教育的理论地位，并一步步地实现高职教育育人模式的理论建构。

第一章

高职教育价值定位和生成基础

高职教育体系的形成和发展，是在普通高等教育体系内高等专科教育基础上不断改进的结果。高职教育之所以称为"类型教育"，在于其所承担的社会职能和基本的价值定位，构成这个类型教育的基本逻辑依据。

从普通专科院校向高职教育的转型过程中，如何处理好继承和改革的关系，以及如何借鉴国外成功经验和成熟的理论、模式，是高职教育体系健康发展必须解决的问题。

第一节　高职教育几个基本概念辨析

高职作为一种特殊的教育类型，自然会形成若干独具特色的"关键词"，在高职教育业界常常被大家使用，以此确立相互之间基本的默契，奠定了整个体系的根基，成为业内的热词，然而一些关键词语的内涵和外延常常引起误解，需要首先进行辨析。

一、"趋向"和"类型"——高职教育的来龙去脉问题

《大学》有云："物有本末，事有终始。"高职教育"从何而来，将欲何往"的问题，就如人类的终极问题"我是谁？我从哪里来？将到何处去？"，高职教育是什么？它何来何去的问题，确实有些不容易想通，正如人的那个终极问题，几千年了还在问。

第一，从何处来。高职教育的由来，一般认为是由于科学技术的发展，促进了生产方式和人们生活方式的变革，对直接从事生产过程和服务过程所需要的工作人员的文化素质要求发生了变化，水平更高，更专业。现代化加快了的城镇化步伐，大量农村劳动力转移，促进了职业教育的发展；生产的自动化促进劳动界面和劳动工具的变化，使对劳动者的要求提高到一个特别的高度；人

们生活水平的整体提高，对服务也提出了更高的要求，就是说对从事服务业的人员的素质也提到了一个特别的高度。这样高职教育便应运而生了。

第二，将欲何往。2006 年国家示范性高等职业院校计划启动，提出高职教育是高等教育的一个"类型"。要成为新类型，它必须有传统的普通高等教育所不能替代的特点和职能。目前高职教育发展力争使人才培养的过程不可替代，以便名副其实成为高等教育的一种类型。

从历史的角度来看，任何教育的类型，都是一个过程，一个历史发展的阶段。如师范教育，从民国开始到20 世纪90 年代，是其发展的"黄金时代"，那是因为从我国现代教育兴办以来到20 世纪末，师资一直短缺，20 世纪90 年代后，师资开始饱和，师范教育作为一个"类型"的意义便不再那么的明显，很多师范院校都办成了综合大学。联想从古到今的状况也大概如此，孔子以前的官即其师，到孔子开办私学，国子监、太学，还有书院……高职教育产生后，也会有一个从发展到消亡的过程。

第三，究竟什么是高职教育。高职教育，顾名思义，就是高等职业教育，"高等"的问题比较容易理解，是接受完全中等教育以后的教育。职业教育如果是面向未来职业的高等教育，那么所有的高等教育都要面向未来职业，即所有的高等教育都是高等职业教育。因此高职教育就应该是"面向实用技术"的教育，高职教育就是"面向一线现场的高等教育"。普通高等教育是从学科知识的结构出发的教育；面向实用技术的高等职业教育，则是主动地从职业工作出发，去设计教育过程，就是说在价值取向上重在"致用"而不是"结构"和"体系"。其价值指向不是科学的"发明"和产品的"创新"，而是生产和服务的一线技术指挥与协调，是"发明"和"创新"的结果在生产中的实施。

然而，现代信息化促进了生产的工作界面和服务活动方式的进一步发展，从事生产的人员和从事设计的人员，工作的工具可能都是电脑，情境几乎完全一样。主动地面向未来职业，应该不仅仅是高职的目标，也应该是普通高等教育的方向和目标。简言之，面向职业或面向实用技术都是现代高等教育发展的方向，是"趋向"，而不仅仅是"类型"。现代生产和服务的特点是个性化和独特性，以小组组织形式生产过程促使"设计"过程与"生产"过程合一，促使教育向全面教育的方向转化。原普通高等教育与高职教育将面临同样的问题，最终将殊途同归。普通的高等教育从自身发展的角度，也要面向学生就业，也要面向生产和服务的现场，把教育与生产（服务）相结合，这就是高等教育职业化，是所有高等教育的"趋向"，而不仅仅会产生高职教育一个"类型"。

二、"高职教育"和"高职院校"——形与质的问题

"高职教育"是一种高等教育的类别，是形；承载这种教育的主体是"高职院校"，便是质。

高职教育如果是教育类型，那么也应该有高职的本科教育、研究生教育，培养的人才也应有不同的层次。目前本科高职可以新建一批高等院校，或者由现有的普通高等院校分流一批院校。转型成为高职类的院校，分流也有两种选择：一是对现在的普通本科院校进行改造；二是对现有的专科院校提高层次。现在的高职院校来源，主要有以下几种：一是职工大学或其他培训机构转型；二是中专、技校升格；三是民办高校，四是院校合并。总体情况与普通高等教育相比，办学综合实力偏低，教育教学管理不够规范，水平良莠不齐。再看其生源情况，基本是专科第二批，个别院校是专科第一批。由于高考制度本身突出学生逻辑思维能力和知识的学习水平，专科层次的学生分数偏低，其智力发展不完全是水平差异，即有可能是形象思维能力占优势①，然而这仅可能是一部分学生，只是一种可能性。在整体上把现有的高职发展而成为高等教育"类型"，要走的路还很远。

还有一个问题，就是高职教育要成为一个新类型，必须要有一个完整的区别于普通高等教育的理论体系。现在有这样的观点，支撑普通高等院校的教育理论，是建立在心理学基础上的普通教育学；支撑职业教育的理论，是建立在职业理论基础上的职业教育学。这样就把"普通教育"与"普通教育学"对应起来了。然而，普通教育学的含义是教育学科体系的基础学科，这里的"普通"，是最基础、最一般的意思；"普通教育"指的是规范的全日制、针对适龄人群的教育，包括普通初等教育、普通中等教育、普通高等教育，是区别于成人教育的一个教育大类。就是说，"普通教育学"中的"普通"与"普通教育"中的"普通"所指的不是一个概念，"普通教育学"与"普通教育"并没有对应关系。职业教育的对象也是人，其教育的理论也不可能离开"心理学"规律，即便是以职业为基础，也必须服从人的学习规律，那么也属于教育科学体系。那么这个以"职业理论"为基础建立一个"教育理论"体系并不能独立存在，或者说只能是教育科学体系中的一个新分支。另外，以心理学为基础，就是以"人"为出发点，以职业为基础，就是以"事"为出发点，而教育是"培养人的社会活动"。当然应该以"人"为出发点。

---

① 章志光．心理学［M］．北京：人民教育出版社，1987：68.

三、"技能"和"能力"——体与用的问题

技能是表现在一个人能熟练地使用相应的工具，完成相应的工作任务的一种行为方式，能力是凝结在一个人个性中的，渗透到个体生命中的一种积累。能力是个体的人内在的心理特征，技能则是能力的一种外显形态。能力为体，技能为用。在实践上很多教师混淆"技能"和"能力"的含义。笔者认为，与工作紧密联系的是技能，而与人紧密联系的是能力。一个人转换职业时，人带走的是能力，留给职业的是技能。它们二者又是紧密联系的，有能力的人总是表现有各种技能，能力也是在技能的学习过程中获得并成长的。然而，有技能的人不一定有能力，关键是看他只在一方面有技能，还是在多个方面都能有技能，有能力的关键在于能把具体的技能内化为一种可携带的可能性。那么，要培养的"高技能人才"的"高"，体现在什么地方？

姜大源教授在讲座中曾举过一个例子，说是一个司机师傅早上要出车，点火后听出发动机声音不对，不能出车，什么"声"，说不出来，但听着能感觉出来。有一个故事，说问蜈蚣你走路时先迈哪条腿，这只蜈蚣立刻就不会走了。技能培养过程像学习写字，书法写字，并不是越工整越好，写字时关键在于一个力度和角度，却不能计算出这个力度和角度，是一个感觉上的势，书法有艺术的成分。技能到了出神入化的地步，有了艺术的成分，有个人的智慧因素，有个人的生命渗入，达到"技艺"的水平，古人说"字如其人"，说明技艺和个性有关联。艺术是个性化的，因为与个性相关，因而是不能复制的。一样活计做得好，别的活计做不好，这叫一技之长，而样样活计做得好，才是我们要培养的目标。

四、"必须"和"够用"——本与末的问题

高职教育对于基础理论知识有个说法，就是"必须"和"够用"为度，然而技术在不断进步，支撑技术的又必然是理论，人在不断成长，对理论知识和智力的需求也在不断增加。在具体每一个知识内容时，尺度很难把握。对于一个"有心人"或一个"有悟性的人"，则"必须"的很少就"够用"，反之则什么都是"必须"的而且学多少都不"够用"。"必须"和"够用"都是相对的，这样我们的课程设计就很困难。这个困惑在于我们思考这个问题时，总是立足于具体的知识点和技能点，对现有的课程内容进行选择时，就会出现这样的问题。如果你关注的是要培养的人，那么你会发现，关键是他是不是一个"有心人"，"有悟性的人"，问题是这个"心"和"悟性"从何而来？这才是"本"，

选什么教材和如何编排内容其实是"末"。关键看你怎么教，而主要不在于选什么内容教。课程改革的大原则是考虑教学内容和实习实训内容如何安排，以什么样的呈现方式更能促进学生"心智的发展"，成为有"心"人，更有利于培养学生的"悟性"。

《黄帝内经·灵兰秘典论》指出"心者，君主之官，神明出焉"，《说文解字》指出"悟者，外觉内省也……从心、从情，通灵性"，对所要从事的职业工作过程的"外觉"，并进行反思，而"内省"，有所通达，而达到"灵性"的程度，这个过程就是我们要帮助学生完成的过程，也就是我们设计教学的原则和根本出发点。这个过程当然包括让他了解所学的这个职业相关的知识，并训练技能，在练习的过程中不断地"外觉"，这就是"经验"的过程，它既要"经"，就是经历，更要"验"，即体验。在"经历"中学会相应的知识和技能，在体验中学会步骤和方法，通过这个"经""验"，学会做一件事，即学会从事职业活动。学生达到这个程度，可以应付现有的职业活动了，但职业活动是不断变化的，这不仅包括同一职业本身在不断地发展，而且学生一生职业也会不断重新选择而变化，还必须具有一种应对不同职业环境和职业任务的实力。换言之，只有这个"外觉"的层次上，是不能对其一生的职业生涯提供支持的，还必须在这个"外觉"的基础上"内省"，通过内省，才能通灵性，才能"神明出焉"，才能有"心"，才能有所"悟"。这里，经历、体验、内省，是一个过程的三个层次。必须真实地或相对真实地让学生经历完成工作任务的过程，在过程中学习相应的知识，练习获得相应的技能；在经历的同时，体验做事的方法和与人合作应有的态度以及自己经过每一环节的感受；进行反思和内省，使外部的各种信息内化为生命的组成部分，滋养心灵，以达神明，就是使得"工作过程"的意义不断提升，以跨过"悟性"这道门槛的过程。

课程体系改革和课程建设，理论知识要精讲，而不是精简。不管是集中讲，还是学生在任务过程中穿插地讲，都要贯彻这样的一个基本的思考。学生在完成任务中学习，其实是人类最普遍的学习方式，应该是每个人都会的。问题的关键在于你让他只学习知识、技能，还是启发他们去体验，更进一步引导他们去反思。本着这样的原则，以项目组织也好，以案例为载体也好，从工艺流程出发也好，根据服务对象或不同场景也好，都可以达到同样的目标，即培养高技能的人才。课程是个核心，它体现人才培养模式的框架；教材内容和实训条件是为它而服务的，都是"媒体"，以使课程的设计得以实现和具体化；教师是关键，必须坚持这个原则，首先做个有"心"的人，懂得这个思路的"神明"，从这个"神明"出发，在主持学生任务过程中，提供认知材料，训练技能技巧；

还要进行步骤、方法引导和阐释，特别是要进行心灵的关怀和启示，这样才能引导学生达到他自己的"神明"。达到了"神明"，在心灵的层次对某一职业有了感悟，那在这个行业里会表现出多方面的办事能力，也会表现出非凡的技能水平，也就是说仅此而"够用"，反之，如果没有这个感悟，再多的操作技能也是不够用的。具体的知识和技能，很难说什么是"必须"，职业活动在不断地变化，那"必须"的太多了，最终所谓必须，就是心灵的感悟是必须，人的心理成长是必须。培养人为本，训练技能是末。

五、"借鉴"和"创新"——道与术的问题

在高职教育发展中，借鉴国外先进的教育模式很重要，但"公式化"的照搬或"形式化"的演示，把活生生的教育经验变成了一个规范式的模型后失去了活力。教师去国外学会了国外同行的所有工作，在国外可以做得很好，但回到国内来，面对中国的教育和中国的学生，学到的东西完全用不上，或者只能不断改良，变得支离破碎。其实每一种模式背后要有理论作为支撑，要在理性层次上思考，否则在实践上必然是盲目的和死板的。这需要一定教育理论素养和基础，仅凭理念和热情，是不能学到"真经"的。其实借鉴国外成功模式，重在引起思考而获得启示，在这个启示指引下去进行理论创新，构建属于我们的高等职业教育理念和人才培养模式。在实践层面的借鉴，就只能借鉴动作，只有在理论层面借鉴，才能学到成功经验的本质。

在借鉴国外模式的过程中最大的问题是来自文化的深层次的问题，因为它渗透到社会生活的各个方面，而且直接渗入人的心灵，影响人的行为方式和思维方式。这种影响不是显性地存在于理论的表述之中，而是暗含在这些理论的创建者的头脑中，影响着他们的思维和行为方式。

高职教育研究提出打破"学科"界线，还原一个完整的工作过程理论，而"学科"就是从西方文化中学来的。中国文化的特征就是从整体出发，连时间和空间这样最基础的存在要素，都能统一在阴阳五行中，这样的一种文化体系建构，是一个整体的、统一的思维。要用整体的思维方式，应该考虑"中国文化"，从"国学"中找找答案。文化层面的问题，是形而上的问题，只有在文化的层次上才能得到解决。

教育要培养人，职业教育要培养职业人，这个过程的价值核心应该是人，从人出发，从人的整体出发，从人的生命价值出发，再去考虑职业的形式和职业的内容，这样的一个大的原则，决定了思考职业教育问题，构建人才培养模式时，要先从人的角度去思考，先从人的心灵的层次去思考，再去研究职业活动的环境、工具、任务、活动方式问题，这样才能使受教育者具有一种从事职业时人的觉醒，能够反省自己的职业活动的人生价值，继而去学习知识、技能，思考方法。有了明确的志向，才能有成才的动力，而有了文化的素养，才有心灵上的追求，这是道，学习具体的知识和技能、技巧，是术。借鉴中从文化的层次思考是道，借鉴操作方式是术，先道而后术，才能以道御术。

国外的模式再先进，引进后也必须进行改造，实际上是再创造。要么主动改造，要么被动改造，而被动改造会变得支离破碎。在获取真正的先进模式后，注入中华文明的因素，力求用最纯正的中国文化来改造最纯正的德国模式，先还原一个最真实的内核，再进行谨慎的分析和思考，构建一种真正中西结合的模式。我想中国革命成功，应该是最好的借鉴吧。①

德国模式是目前高职方面比较先进的科学的模式。因为德国是一个受古典哲学和古典音乐浸润的国家，在哲学上思辨的特征决定了其思维和行为方式有严谨的特征和追寻究竟的习惯，研究过程理性成分多。英国、荷兰等英语国家总体上受哲学上经验主义的影响，思考问题经验式的成分大，理论不够严谨，方法不够科学。中华民族是有着深邃文化底蕴的民族，充分利用这一优势，从文化、哲学入手，去思考理论，再去思考模式的问题，从道入手而找术，才能以道御术，这才是大学研究的方法论，从人出发，才是教育科学研究的方法论。

工作随想：职业教育"元"问题的思考（1）

1. 教育的本质，是培养人的社会活动。

活动，是一种具体的实践，指教育是人类的一种实践，是一种主体与客体合体的范畴；培养人，是这种实践活动的目的规定性，这种实践活动的目的，是为了培养人，就是通过培养让人成为人，让人更像真正意义上的人；社会，是这一实践活动的过程的规定性，社会的意指是人与人的关系，教育这一活动的内在规定性是人与人的关系。从这一角度来看，教育的问题，根本上的人与人的关系问题，教育的内容和工具，是教育实现的条件。简言之，师生关系是内在的规定，内容工具是外在的条件；人是内在的理由，课程和工具是外在的前提。

所谓人之为人，就是让我们的每一个人生活得更接近于理想状态的人的生活。人的生活最根本的特征在于"超越性"，就是"人不仅仅是一个肉体的存在，是自然界的一部分，受自然律的决定和支配，更是一种精神的存在，因而

---

① 陈宇. 技能振兴：战略与技术［M］. 北京：中国劳动社会保障出版社，2009：18－20.

受道德律的决定和支配"，人因为有自我意识，是能够超越"必然"，而重视"应然"的，这决定了人之为人，必须在现实的经验世界以外，设定一个理想的世界，要去思考人应该是什么样的，应该怎样生活才是正当的。因此也只有人，才有教育的问题，这就决定了教育本身要承担起让年青的一代继承这种超越性，继续沿着"应然"的那种正当的道路前行，教育不仅仅要传给下一代获得维持生物学"自然"生存的能力，而且在于引导下一代获得人类超越性的觉悟，并将其作为终生的追求和奋斗的目标。这个应当或者说是正当的目标，包含了人要如何对待自己，人要如何对待客观的自然，如何对待他人和社会。教育促进人的自然属性和精神属性的个性化的融合，而展现出鲜明的个性特点。教育是要引导人从一个自然的人或生物学的自然存在物的人，向社会人或者是一个精神存在的人的提升，并在个体身上将二者统一起来，教育就是让人成为人的一种实践，由于它能够直指人的精神世界，因此教育从一开始便奠定了其神圣的品性。这个过程就是培养的过程，教育的过程最根本的目的是道德的问题，是"善"的问题。教育事业是神圣的事业，是由其内在的原因决定的，并外化为国家的意志，外化为教育者优秀的品格，外化为教育机构的纯洁。

实践是人的基本存在形式，是由人的本性决定的内在方式，它承载了人的存在，是人之所以存在的理由，也是人存在的方式。教育这一特殊的实践，则是通过人与人建立的培养关系而为种族的延续做了必要的策略。实现这一策略的途径是通过社会的形式，即人与人关系的形式，教育是人培养人的过程。在教育过程中，涉及了教育者、被教育者、教育内容、教育方法和工具等要素，在这些要素中，只有教育者和被教育者（这里不仅仅指教师和学生，凡能实现教育功能的行为中，施与者与获得者之间都能构成这种关系，有时教育者与被教育者可以是同一个体）才是最核心的，这两个要素是教育本身的要素，是内在的要素，是教育实现的内在理由；教育的内容是教育施与的对象，方法和工具则是教育选择的外在条件，在哲学的角度看，对象性本身就决定了其是外在的。

以上对教育的元问题分析，给我们思考教育过程中具体问题时，提供了一个逻辑的依据。教育过程是复杂的，然而这个复杂的过程，在最一般的情况下，师生关系是教育的本质，因为它代表的是教育诸因素中人及人与人关系的要素，是教育之所以是教育的内在理由，教育内容和方法等是教育得以实现的外在前提。教育就是心灵对心灵的感应，实现这种感应最有效的方法是"眼睛要看着眼睛"，离开了这一基本原则，任何好的内容和先进的方法，都不会引发教育功能的实现。教育就是"教育者与被教育者"的共同实践。那么在解决教育问题的过程中，我们首先要解决的问题是人的问题。

2. 职业教育是教育中的一个类别。

首先要具备教育的一般规定，然而才是职业教育的特殊性——职业教育培养职业人。人的存在本身在终极意义上是超越职业的，特定的职业总是有局限性的；然而不借助一定的职业，人又无法真实实现和完成自己；人实现自己，则是服从职业然后超越职业。即从无职业—选择职业—无的所谓职业。完成这个三一式，无—有—无的自我实现和否定过程。人的生命当然是一个完整的过程，是一个整体，是充满着无限可能性的，然而人的生命必须借助实践活动才能展现出来，这个实践活动必然是有分工和职业选择的，也就决定了人的生命要通过具体的职业活动来展开和呈现出来，选择职业无疑是对无限可能性的否定，然而这种否定是为了展现完整人生所必需的。具体的职业是有局限性的，然而人又必须借助具体的职业才能展现生命的全部。一般意义下，人的生命包括了职业工作和社交生活两部分，职业生活是人生命中非常重要的和必不可少的部分，没有职业选择和职业实践，人生命的意义极有可能体现得不充分和不完整，主动的职业选择的局限性是展现相对生命完整性的必然。经过了职业实践，来实现一个三一式，从原始的初级状态的无限性进入职业有限性，再通过超越职业回归无限性，才是充分和全面发展的人的生命过程。职业教育就是促进人实现"职业化"，即通过职业化实现"社会化"，从生物人而变为社会人，才能回归人的本质——"社会关系的总和"，体现人的社会性，才是超越其他动物的自然存在，而回归人的社会存在的本体价值。在教育过程中，教师通过作为教师职业的实践来完成自我，学生通过学习这一实践，实现职业化，展开自我。这一点决定了：第一，职业教育的本质和核心问题就是师传，"双师"教师队伍建设是职业教育本质的内在要求；第二，职业教育则必须以职业课程在整个课程体系中的主体。

3. 在职业教育，师徒关系是内在的理由，课程和设施是外在的前提。

职业教育中，使学生实现职业化的因素中，"师—徒"关系体现的是职业教育这一实践活动的本质属性。师徒关系是人与人的关系，体现教育是社会活动的本质，而且是符合职业教育的一种社会关系。职业活动的内容和方法，即我们用来构成课程和方法的那些关于"事"和"物"因素，则是让职业教育得以实现的外在的前提。这里，师徒关系是职业教育自身的本质规律，而课程则是外在的条件。这一基本原则，决定了在职业教育的教学过程中，在提高培养质量的诸因素和方法中，能够快速地找到主要的问题，有利于在处理具体问题时梳理关系。

师生关系是第一位的，课程是重要的前提。其他的一切都要围绕这两个因素展开。一定意义上可以讲，教育的问题靠教师，职业的问题靠课程。

职业教育从普通教育中分化出来，经过了不断的改革和创新，各种因素相互交织，各种理论纷繁复杂，然而要真正解决职业教育的问题，还要从基本问题出发，才能找到主要矛盾，了解什么是主要的，什么是从属的，什么是内在的，什么是外部的。每个人的职业成长，是一个长期的过程，即职业化也是一个用一生的职业生涯来不断完成的，这个过程中我们能很容易地发现"师传"的普遍性和本质性，一个生手要进入职业工作的共同体，被内行人接纳而成为其中一员，必须有一个"师傅"引入，师传所产生的作用，是任何科学的方法和精心设计的课程，以及严密的制度都无法替代的。师传不仅传的是技能、方法，同时传的是品格和风貌，是人对人的影响，符合"教育是培养人的社会活动"这一规律，这是职业教育内在的、本质的属性。职业院校的教育首要的问题就是解决"双师"的问题，不管这个"双"体现在不同人身上还是同一个人身上，总是两个方面，即文化和理论知识占一师，职业技能和职业工作能力占一师。这个问题解决好了，职业教育才有办好的可能性。另一个重要问题就是那个基本前提，即"课程"。它是一系列的学习材料，通过一定的方式和媒体形式，展现在学习者面前，作为职业教育活动的主体"教师和学生"在教育实践中使用的对象和主要的活动内容，它规定了职业教育中师生双方实践的内容，从而规定活动的方法、活动的场所、所需要的条件，等等。学校管理者的一切活动，都应该是保证师生作为主体的实践活动——教学活动正常进行，提供基本的组织、制度、场所、物资、信息等。

第二节　高职教育的价值内涵

高职教育作为一种教育类型，已经被广泛地接受，高职教育的规模和功能也在实践中得到了充分的体现。然而，面对未来的发展，各种观点繁杂，都有其依据和道理，认真梳理高职教育的价值问题，是确定高职教育发展方向和立足点的基础。

一、"三个需求"的价值分析

高职教育，首先是教育，而且是狭义的学校教育。关于教育的本质，大家普遍认为"教育是培养人的社会活动"这一表述是最基本的内涵表达①。它给出了三层意思，第一教育要培养人，表达了教育的根本目的和价值意义，就是促进人的全面发展，人的全面发展，包含了生理的发展和心理的发展，人的全面发展在教育的意义上讲，更多的是心理的发展，或者说是其社会属性的发展，即社会化。马克思把人的全面发展，指人的各个方面都是按照人②，其核心在于消除片面发展和异化。从心理学角度来看，则是促进学生观察、思维、想象等认知能力提升，积极的态度情感体系形成，并养成优良的意志品质，最终形成良好的个性心理，实现社会化。学生的心理发展，是一个内在成长的过程，作为学校教育，必须遵循学生心理发展的规律，把学生放在中心地位，教育教学活动要面向学生展开。因此要了解学生的学习情况，针对学生的现状，促进学生发展。教育教学内容和方法，不能落后于学生的认识水平，也不能超越学生的认识水平；教育教学过程要循序渐进，符合学生的心理规律；教学评价要兼顾学生的心理结构。总的来讲，就是做到面向学生学习基础，遵循学生心理规律，服务学生心理成长。总之，教育必须满足学生身心发展的需求。

"教育是培养人的社会活动"的第二层含义，是说教育的过程是一种社会活动。所谓社会活动，就是它具有明显的社会属性，是人群的活动，其核心问题是人与人的相互交流，表明这种活动的关键是人。教育学对教育的定义，分为广义的和狭义的，一般学校教育指狭义的教育，即教育者通过有目的、有计划、有系统的活动，对被教育者施与的一种影响，促进他们身心得到发展的过程。就是说学校要通过一定的系统，有目的、有计划地对学生施与一种影响，从而促进学生的身心各方面有所改善的活动③。就其本质来讲，这种活动的关键是教师与学生之间的相互影响，换言之，关键是活动中的人与人的关系，即师生关系。师生关系是一个相互影响的过程，所谓"教学相长"，一方面通过教育，实现培养学生的目的；另一方面，通过教育教学活动，也实现了教师发展和学校自身的发展，即这一交互活动也是教育发展的内在需要，要满足教育发展需求。从实践意义上看，教育的需求，一方面体现为通过教育教学活动，促进课程体系和教学内容的优化，教学模式和体系不断完善，专业教育的系统更加科学，专业实力持续增强；另一方面，更重要的是通过教学中教师和学生的相互沟通和交互活动，使教师的专业能力和教学能力，甚至人格都得到发展。真实

---

① 黄济. 教育哲学［M］. 北京：北京师范大学出版社，1985：31.
② 黄济. 教育哲学［M］. 北京：北京师范大学出版社，1985：76.
③ 黄济. 教育哲学［M］. 北京：北京师范大学出版社，1985：76.

的实力是人的能力，专业实力也是寄居于专业教师的能力中的。教育自身发展和实力的增强，几乎全部都有赖于教育教学中师生之间的交互作用。

"教育是培养人的社会活动"的第三层含义，则指教育这一社会活动培养的人，是社会人，即教育目的与过程之间的相应。所谓全面发展的人，也一定是适应社会需求的，充分社会化的人。学校教育总是要满足一定的社会需求的，特定的学校要承担相应的社会职能。高等职业教育，就承担了为行业企业培养技术技能型人才的功能，职业院校的培养过程必须满足行业、企业的用人需求，即市场需求。

二、"三个需求"指导下的课程体系

课程是院校实现专业人才培养的主要载体，专业培养的全部内容，及至院校人才培养的全部内容，都必须通过课程使之系统化、明晰化。课程是将教育教学理念具体化的对象，是教学方式、方法，教学手段运用的基本依据；课程是贯彻专业培养目标，是体现培养过程的途径；课程是将培养过程中的人与事连接起来的桥梁，是规定师生教学进程的轨道；课程是体现学科知识的逻辑结构，又实现专业培养的枢纽。课程是体现高校内部不同领域知识结构的范畴，也是高校教师从事的特殊劳动的主要对象。从某种意义上讲，学校的教育中，课程是比专业更具有本质意味的教学单元，因为专业只是一个具有特定目标的框架，其中体现其内涵的是课程，不仅包含课程的具体内容，也包含了这些课程之间的关系和课程体系结构，在整个教育教学系统中，体现供给侧改革的思想。

自从高职教育创办以来，重视知识和技能的"致用"价值，整体上改变了原来高分低能的状况，课程与行业企业岗位需要结合紧密，课程内容和教学都以企业工作为基本蓝本，为高职教育争得应有的地位。然而，也存在着课程过分重视市场需求，特别是课程更多体现某一特定岗位的操作技能，而忽视学生整体的职业能力的提升，知识技能迁移能力差；过分关注企业当下的工作需求，忽视学生通用技能教学，忽视学生潜能培养，不利于学生职业生涯的可持续发展。专业教学要求无论是校方、教师，以及教学条件等方面，存在少新意、少创意，内容陈旧，方法呆板的问题。课程改革，必须从整体上力求解决这些问题。

体现三个需求的理念，必须建立一种新型的课程体系。所谓新型课程体系，指的是从课程的本原意义出发对校内外有效教育资源进行"课程化"的整合改造，使其均成为学生成长课程的理念。在英语语境里，课程（course）原为"跑道"之意，其引申出来的意义即学校教育教学与求学者的人生轨迹、生活学校、发展需求的互动关系，这与全面发展视域下的广域课程观的内涵非常契合。在"广域课程观"指导之下，高职教育应着力构建"生态型"课程体系，所包含的既有显性课程又有隐性课程，既有实体课程又有虚体课程，既有主体课程又有补充课程。如，显性的实体课程又包括基础综合类课程、实践技能类课程、社团兴趣类课程、社会实践类课程，等等。隐形课程包括校园内的标识、文化、制度，也包括教师的言谈举止，等等。无论从哪个角度进行分类，这些课程所共有的特征是能够满足现实性、丰富性、多样性、灵活性、生长性等多方面的要求。第一，课程要与学生的身心成长、与现实社会生活密切联系；第二，课程要有足够的数量，能够给学生提供充足的选择空间；第三，课程类型多样，能够满足不同学生的个性化需求；第四，课程之间具有灵活的组合方式，能够合理搭建成有别于学术专业的实践应用方面的专门体系；第五，课程能够根据现实变化随机调整，不断更新知识点、淘汰过时的内容，等等[1]。

课程改革，就要以课程系统构建为中心，这是课程改革的主体，具体来讲包含以下几个方面。首先，学院层面要从整体上建立一种全新的课程制度，比如整个学院的课程结构和学分构成方式，专业课程与公共课程的配比，必修与选修课程数量、比例，必修课程内部必修内容与可选内容的安排，学时与课时分配及学分计算，学分登记和管理制度；其次，各专业课程设置和专业课程体系，各课程的关系以及开设顺序，理论课程与实践课程的整合等；再次，课程（群）开设的目标和课程标准建设以及课程考核方法，教材及其他教学媒体的选用和开发；最后，教学单元的设计（教案），课堂教学组织形式、教学方法、教学场所、教学进程环节安排、单元作业成果等。另外，在整个教学进程中教师言行所体现出来的学术修养和教学风格，整个学校的制度文化、行为文化、专业文化和环境文化等隐性课程建设，课后学生的文化、艺术、科普、社团等活动课程建设等，都是课程建设的内容。

上述论证，我们试图在阐明以下三个方面：第一，课程作为教育为主要载体，要体现"培养人"的目的规定性，课程必须为培养人这个目标而设置和实施，课程要体现学生作为人的全面发展的需求；第二，职业化的课程，体现着职业教育的社会功能，为各行各业的企业进行高智能劳动力的再生产，为他们提供技能人才的储备，满足职业教育市场需求；第三，"课程"作为典型的学校教育的内在要素，其社会化、系统化、动态化、信息化水平，是教育机构自身

---

① 覃川. 全面发展视角下高职教育课程改革［J］. 中国高等教育，2015（Z1）：62-64.

发展的核心实力的根本依托和标志，它体现着学校内部专业实力和教师发展的内在规定性，体现着教育自身的需求。

青岛职业技术学院在示范院校建设完成之后，根据学院发展的战略目标和学院面对的现实挑战，提出了"大课程观"，就是从课程的概念的内涵和外延两个方面进行丰富和拓展。突破传统的狭义的课程只是针对列入学科教学计划内的教学科目，专门安排学时，即通俗来讲进入课程表的限制，认为课程也包括学生在课下进行的各类群团活动，甚至包括学生在学校的生活、校园环境、学院教师（包括从事管理工作的教师和后勤工作的教师）的精神风貌和行为作风，都构成了课程的内容，换句话说，凡是对学生的成长可能产生影响的因素，都是课程。在学院的人才培养方案制订过程中，将学生课下进行的社团活动、志愿者活动、自主阅读活动、学生科研活动、社会实践活动等全部列入课程体系，并赋予一定的学分，进行课程化管理。

三、"三个需求"下的人才培养过程

人才培养模式，是将教育理念付诸行动，最终实现目的的系统设计。"模式"一词从一般方法或科学哲学中引用而来的，其英文词是"model"，原义是"模式""模型""典型""范型"等，它表示用实物或符号将原物、活动、理论等仿制、再现出来。美国两位著名学者比尔和哈德格雷夫在研究一般模式时所下的定义有三个要点：第一，模式是现实的再现；第二，模式是理论性的，第三，模式是简化的形式，是对理论的精心简化。人才培养模式是科学理论模型的一种，它是以一种有目的、有计划、有组织地向受教育者施加影响，促使受教育者的身心得到发展的社会实践活动为研究对象，以探讨受教育者的身心如何在投入最少而获得最佳发展效果的规律为目标的教育科学研究方法系统。①

陶行知先生提出的"教学做合一"，是强调教、学、做这三个方面统一，强调实践的重要性。"学教做合一"将"教"与"学"位置的颠倒，是基于解决我们面临的现实问题出发的。我们的思维习惯是排在前面更显得重要。事实上，在我们的课堂上，长期以来总是教师在主宰，学生的主体位置被忽略了，学习的主动热情被压抑了。在我们的校园里，学生要么被"管理得"服服帖帖，要么被"遗忘得"干干净净。学与教位置的互换，就是要理顺师与生、教与学的位置关系，来倡导一种学校育人的理念与价值取向。更为关键是"学教做合一"的内涵。以名词来看，"学"即学生，在师生关系中是第一性的，是"教"的

---

① 周明星，张柏清．创新教育模式全书［M］．北京：北京教育出版社，1999：3－11．

原因，没有他们，学校和教师职业就不存在了；以动词来看，"学"即学习活动，学习是根本性的、目的性的，只有激发学生的激情，这样的教学活动才是有效、和谐、生态的，对高职院校的学生来讲也就是通过自主学习能力的培养，激发和牵引出他们的创造能力与潜能①。

目前的高职教育教学过程，很少进行学情分析，在准备材料时有，准备大赛中有，平时没有；表面上有，实际上没有。教学一定程度上根据教师喜好、教师既有的能力和习惯进行设计，而没有从学生出发，做到有的放矢。

在人才培养模式方面，也同样体现着三需求的内涵：第一，"学"字当头，把学生放在教育行为的起点和归宿的地位，体现着教育的目的性——培养人才，同时关注学生的学习能力和学习习惯，体现学生成长的发展需求和现实需求；第二，注重职业实践的教学模式设计，体现了职业活动的内涵特征，体现着人才市场的需求；第三，教育教学中师生以课程、项目作为载体的互动，实现教学相长，在教育学生的过程中，实现了教师的自我教育和自我实现，丰富了学校的积累，实现了教育教学对学校的反哺，体现教育自身的需求。

青岛职业技术学院提出"学教做合一"人才培养模式，是对"大课程观"的对象化和行为实现。在制订人才培养方案时，要针对不同生源情况，深入了解其知识基础、学习习惯，并有针对性地设置课程体系及分配学分，制定不同的课程标准。《专业人才培养模式》和专业核心课程的《课程标准》都采取一标多本，即同一目标，多个版本，做到教育设计针对不同的学生；在教学过程中，及时了解学生的学习情况，适当地调整进度和教学设计，根据不同专业和课程的情况，实现"以学定教"，做到教育过程遵循学生学习规律，以学生为主体；在评价时突出学习的有效性，重视学生的学习过程和形成性评价，灵活地把绝对标准与相对标准相结合，做到学习结果评价促进学生进步。

学教做合一，是高职人才培养体系基本框架，可以落实在不同的层面。在学校层面，体现在人才培养方案、人才培养模式、课程体系结构和课程制度改革等方面。在教师行为中，可以体现为教学设计、教学实施和评价以及自我职业生涯发展。在学生可以体现为专业学习中的学习研讨、小组活动，各类群团活动中的学习和自我教育、自我完善。在校企合作中，体现为共同参与课程开发和教学过程，相互之间的学习借鉴。

---

① 覃川. 关于学教做合一人才培养模式的哲学思考［J］. 中国高教研究. 2015（11）：
106－110.

工作随想：职业教育"元"问题的思考（2）

1. 教育的本质，是人与人的关系。人与人的关系的根本，是心灵与心灵的感应和共鸣。感应和共鸣要指向一个美好的理想，指向一个美好的生活方式，这个美好的生活方式，就是善。这就决定了教育的价值在于善。

2. 职业教育要满足社会职业对人才的需求。社会职业是分工的产物，也是人的发展分化的产物，它造成了人的局限性和职业间的分隔，也就造成了不同职业的局限。职业教育面对不同的职业，职业世界和教育世界也是阻隔的世界。现在又要让职业教育与职业世界相互沟通和融合。简单地说，其实这就是校企之间的关系。校企之间的关系，根本问题就是人才供需关系。职业教育要为社会职业培养人才。职业教育的基本任务，就是培养职业所需要的适应型人才。

3. 职业教育毕竟是教育，教育的本质是培养人，人是教育的第一性的问题，这样就出现了多个矛盾。职业教育究竟是解决人的善的问题，还是企业用人的问题呢？答案是：一份正常社会的正常职业，本身就包含了绝对"善"中它应该包含的那一部分。这样才能把"善"的境界和用人的现实要求，通过职业而统一起来。

4. 培养人，是培养全面发展的人；职业化培养的是职业人，职业人就是有职业局限的人。全面发展的人必须是超越了职业局限的人，然而超越职业局限的条件首先是走进职业，职业是人生的展开和人生的实现，这个过程是：走进职业—完成职业—超越职业，走向全面发展。

5. 职业化的问题，是经验世界的，是人的现实存在的问题，服从自然率，客观事实是判断的标准，是实然的存在；教育的问题是作为"人"的社会存在的问题，是超验世界的，是精神栖居状态，服务道德律，是应然的设定。职业教育概念本身，就包含了人的两种存在，教育为人的发展服务，这是第一性的，指向人的精神存在；职业化为社会职业服务，是现实的基础，指向人的现实存在。

6. 教育的价值取向是善，核心要素是人，具体来讲是教育者；信息和职业内容，是实现人（教育者）与人（被教育者）完成教育使命的载体。因此，在教育活动中，作为教育者与被教育者的人是第一要素，课程和资源是第二要素。主体与载体之间的相互依存关系，又决定了载体——课程在教育中的系统性决定作用，直接影响第一因素的人的活动内容。在专门的教育机构——学校里，系统的课程，通过系统的组织形态，发起和规定了人的行为，这样教育作为人对人的培养活动才得以实现。

7. 人的存在方式就是实践，职业分工是实践的产物，也是现时代人类实践的前提。职业实践是生命的展开和完成，教育活动也是其中一种实践，这种实践活动主体是教育者和被教育者，他们之间发生影响而促进双方各自生命实践的完成；教育这种实践活动借以实现的条件是信息，也就是课程以及围绕课程整合起来的各种教育资源。

8. 无论有多么优质的课程，也必须由与之适应的人来实现；有相对优秀的教育者，就可以很大程度地改善课程。优质的课程能够通过组织形态改善教育者的行为，却不能完全地实现教育的价值。因此，在教育这一立场上讲，人是第一位的，课程是第二位的；同时，作为学校组织而言，课程系统也是很重要的，是组织形态最大可作为的空间。

第三节　高职教育改革中的文化冲突

近年来，在高职教育改革的探索中出现了许多新的设想、模式、方法，同时也出现了许许多多的困惑，其根源是文化价值等深层次的问题。价值冲突，是各种争论内在原因，也是找到解决问题的突破口。

一、价值冲突的具体表现

在高职教育改革中出现的价值冲突，包括价值主体的冲突、东西方文化价值的冲突和价值目标的冲突。这种对立与统一的不断转化，衍生出了丰富多彩的事件和争论。

1. 政府、企业主导和学校、学生主导

高职教育要体现四个方面的需要和使命，一是政府的使命，执行政府赋予的职能和任务；二是企业使命，为企业培养所需人才；三是个人使命，为学生个体可持续发展奠基；四是学校使命，在为社会培养人才的同时，促进自身的发展[①]。概括起来，是两种价值取向，一是政府、企业需求本位，二是学校、学生发展。前者强调高职教育必须为企业培养直接可用的现实人才，以企业对人才的需要作为价值目标，要求学校和学生的发展服从企业的需求；而后者以学校教育和学生的全面发展为出发点，立足于学生知识、技能、能力的协调进步，

---

① 管玲俐. 刍议当前我国高等职业教育人才培养的多元使命［J］. 中国职业技术教育，
2009（6）：25－27.

以个人的发展需要来确定教育教学的策略和模式，以满足学生个体的一生发展潜能和整体素质为办学目标的价值目标。

价值取向问题的关键在于为谁而服务的问题。一方面这两种取向有一致性。政府企业的利益，关系到社会财富的这个所有人的共同利益，学校的发展与学生个体的发展，有赖于社会财富的积累，同时每个人都发展了，社会各个组织（企业和学校等）协同进步，整体上是统一的。学校的发展离不开企业的合作，教学要服务于企业，教育才是有效的和有用的，也就是有价值的。另一方面，在局部则表现为学校的发展有其自身的规律，企业的发展也有其规律，学校是培养人的机构，教育是培养人的社会活动，学校的发展关注的是文化的积累；企业是创造物质产品的，企业的发展关注效率和资本积累。学校的发展离开了自身的规律，一味逢迎企业的需求，放弃了自我的积累和提升而追求对企业需求的直接满足，则势必急功近利，失去自我的主体地位，甚至把学生作为一种产品向企业输出，为我所不能而不为我所能，近期可能有所收获，但却失去了自我长期存在的资本和价值。

以上这种倾向体现在办学的各个环节，教育的目标定位是企业的需要，直接寻求"订单式"培养；专业布局和专业建设，提出"社会需求到哪里，就把专业办到哪里"，学校专业布局没有理性系统的规划，缺乏合理性、科学性和积累性；课程设置依照企业工艺流程进行开发，片面强调"实用"；教学方法采用企业培训式教学，提倡以完成企业现实的任务作为标准。总之，一切从企业现实需要出发，而严重忽略学校自身条件、发展的需要和学生真实感受、意愿及他们未来职业生涯的可持续发展。①

2. 科学理性与人文理性

对事物做出判断有两种形式，一种是事实判断；另一种是价值判断。绝对根据事实的判断，关注在客观事实上的"真"，是近代科学发展的基础，即关注实证，甚至人的心理现象和规律都要进行实验验证，在此基础上形成的关注"物"的理性思维方式，也叫工具理性。这种理性下，对任何事物的判断都要经过实证和逻辑推导，由此形成一个丰富完备的知识体系，创造了现代的物质文明，也改变着人们的生活方式，为人带来物质的享受。另一种则是关注事物对于人的意义，关注人的主体的愿望、态度、体验，即关注人认识上的"真"，对事物关注的是它对人有什么样的影响，关注信仰，给人一种精神的力量和寄托，是精神文明的真正源泉，启示人们如何幸福。

---

① 姜大源. 职业教育学研究新论 [M]. 北京：教育科学出版社，2007：9-14.

在日常的工作中，科学理性或工具理性，强调标准化过程和行为工具化，强调固定的程式，注重物化的工作成果；人文理性则强调人在工作过程中人的心理状态，强调人的主观能动性，追求人个或团体的成就感。作为一所学校，追求实实在在的成果，能促进学校整体工作的质量和效率都得到提高，明确的成果是师生工作中的路标，起促进发展的作用，然而过分强调物化成果，则会引发形式主义，工作努力表面化，关注工作中"人"的主观感受和内心追求，对于聚集大批高级知识分子的高校，则具有更大的意义。

科学理性下职业教育的教学过程，关注教学任务与企业真实的工作现状的符合程度，强调教学任务对于岗位工作任务的"真实"；人文理性下职业教育的教学过程，关注教学中教师和学生的真实感受和思想情感交流，强调教学任务完成过程中师生作为"人"的感觉的"真实"。职业教育的教学要适应企业的需要，强调学生在职业"实境"中学习，同时也应该关注师生的心理规律。在教学内容安排、教学方法选择时，要精心设计，但不能想当然规定并在教学过程中机械地推动。

3. 以"事"为核心和以"人"为核心

高职教育体现社会对人才的需要，受到社会文化价值取向的影响。现代化带来了多元的文化价值观，人才培养的价值取向呈多元化，从整体上看表现为两种文化价值观的冲突。一种是以事为核心的西方文化价值；另一种则是以人为核心的东方文化价值。以"事"为核心，为了特定的"事业"或"事件"组成团队；以"人"为核心，以共同的追求形成成员相对固定的团队，去寻求适合于自身的"事"。简而言之，西方因事找人，东方因人找事。前者关注现实工作效率，追求利益，后者关注团队的发展，追求信念。以事为核心，关注人才的引进；以人为核心，关注人才的培养。以事为核心，以契约为纽带，以人为核心，以情感为纽带。这样，对于人才的培养过程便形成了不同的观念，因事找人，总希望培养出直接能做具体事的人；因人找事，则希望培养出有能力做很多事的人。

两种不同的观念会形成两种不同的人才需求观，从事出发，关注现实的工作能力，要求学校培养的人才能直接可用；从人出发，则重视培养具有较高文化素质的人才，关注未来的潜在能力，关注未来的人才储备。这两种观念影响到了学校的办学理念，前者以企业现实人才需要为目的，后者以学生长远发展为目的。在学校管理上也呈现两种不同的方式，前者关注工作效率和具体事件的成功，后者关注组织内部各部分的职能协调和成员间关系的和谐，前者主张绝对按物化的成绩进行标准化的方法评价个人，后者主张按个人团体进步中的智能和品格来评价，前者关注数字的增减，后者关注数字背后的人心向背。

在教学过程中两种文化价值表现也不同，前者强调学生现实的胜任力，强调技能训练；后者则强调潜在胜任力，强调必要的理论学习。目前我国高职教育改革中主流的价值是以借鉴西方职业教育的模式为主，教改中新的方法不断出现，总体上是突出职业岗位能力，强调岗位工作的直接任务的。①

4. 育人导向的教育观和就业导向的教育观

高职教育既是高等教育又是职业教育，高等教育强调学科的系统性和学生整体文化素质的提高，关注基础学科和基础理论，职业教育关注学生就业和就业后工作的适应能力。这样形成了以育人为导向的高等教育价值观和以就业为导向的职业教育教育观。高职教育既要体现职业教育培养技能型人才的职能，又是体现作为高等教育为学生一生的发展奠定基础的职能。在改革过程中，呈现出两种价值观不断冲突和不断妥协的现象，高职教育一时强调育人的高层次，一时强调就业的适应性。

在教育实践中，育人导向的教育观支配下，强调教学的中心地位，重视理论教学的系统学习，重视学生思维能力的提高，立足于"高层次"；在以就业为导向的教育观支配下，把就业当作第一要务，重视实践教学，强调动手能力，立足于"快适应"。在职业院校，两种教育观的直接结果是形成两种工作模式：致力于培养人还是推销人。

世界是多元的，多元的价值之间共存是现代社会的特点，表现为冲突性与一致性的统一。一方面，绝对的学校本位，则自我封闭，关门办教育，绝对的企业本位，则完全依附，放弃自我；过分地强调以人为核心，就会以情代理，没有原则，过分地强调以事为核心，则会急功近利，放弃积累；过分强调育人教育，则回到传统教学，故步自封，过分强调就业教育，则会忽视教学的中心地位，单纯推销学生；另一方面，政府、企业导向价值强调职业化，学校、学生导向强调社会化，职业化本身是学生走向社会的重要方面，即社会化的一种形式；事是要靠人去做的，培养的人是要能做事的人；高职要育人，要育有用之人，能就业的人，重视就业的根本在于高质量的教学。一致性与冲突性便是一个对立统一，矛盾转化的核心在于一个"度"，就是要追求一个合理。

---

① 陈宇. 技能振兴：战略与技术［M］. 北京：中国劳动社会保障出版社，2009：87 - 100.

二、面对价值冲突的对策思考

各种矛盾的冲突，集中在了引进西方先进的职业教育模式时，必须考虑这些植根于西方文化土壤的产物在中国的移植，必须适应中国文化土壤和文化生态，既虚心接受西方文化的先进成果，也要相信东方文化有着深厚的底蕴和能照亮人类心灵的智慧。

1. 职业教育职能的价值论思考

首先，应该以育人为根本出发点。教育的本质是培养人的社会活动，教育的根本宗旨是培养人。高等职业要使学生获得思维、文化、人格的成长以及知识、技能、能力等方面的进步，培养适应社会特定职业的人。

其次，要与相应的社会职业相适应。职业教育是针对特定的社会职业的教育，高等职业教育是职业教育的一部分，当然其人才培养的过程和目标，都要与相应的职业要求相适应，才能实现职业教育的职能。

再次，目的在于学生行为方式与思维方式的形成。高等职业教育培养人的过程，是让学生获得一种与预定职业相适应的思维方式和行为方式，换句话说，是让学生获得与预定职业相对应的特定的心理系统，这个心理系统包括三个方面：职业人格、职业思维和职业行为方式。

最后，必须在学生自我反思和修正中获得。学生获得与职业相关的心理结构的过程，是学生心理成长的过程和自我建构的过程，这是一个不断反思内化和不断修正的过程。通过实习实训，以具体工作任务，形成行为方式；通过理论教学，以职业抽象形成思维方式；通过人文感化，以心灵感悟形成其职业人格。

2. 实践教学的价值思考

实践教学是体现高职教育特色的主要方面，是体现职业性和就业导向的关键要素，高职教育的实践教学主要不是实验而是实训与实习。

首先，实践教学目的在于学生经历。高职教育的实践教学，就是要学生在真实的环境下，完成现实的工作任务，在这个过程中学习相关的知识、技能，同时学习完成任务的方法，是一个自主的过程，是要学生躬身去做，按照一定的步骤，实现任务目标的过程。

其次，经历过程必须关注主体体验。学生主体经历一个任务过程时，会有茫然、手足无措，会有豁然开朗，会有愿望与现实的冲突，会有眼高手低的痛楚。同时，这个过程中学生会感受环境，感受态度，感受困惑，感受进步。在经历中体验和不断修正，形成对职业工作的直接经验，学会了做事的方法。

再次，反思内化是获得提升的关键。学生在经历任务过程中学习知识、技能，体验过程而得到的直接经验，是一些片段的、单个的、随机的、零散的经验，对这些经验及时反思，找出规律性，形成完整的、联系的、系统的经验，内化为个性内在的东西，才能促进个性成长。

最后，理论是深层反思的必要条件。把直接经验系统化和概括化，就是用理论进行分析和综合的过程，这个过程必须有相应的理论支撑。理论是对某一领域客观规律的抽象和概括，是前人经验的积累和升华，用理论规范个人的直接经验，用主体的直接经验验证理论，实现理论与实践的统一，是内化和提升的必备条件。

3. 理论教学的价值思考

理论教学是高等教育的本质内涵，高等职业教育的理论教学，必须体现"致用"的原则。

首先，系统的理论是必需的。作为高等教育，没有理论教学，就不能培养学生较高的理论思维能力，没有理论指导的行动是盲目的行动。面对未来的职业，学生必须具备该行业相应的理论认识和理性思维。理论教学的改革在于简化那些过于"繁""难""偏""旧"的知识，但理论的整体结构、知识的脉络、基本原理的实质等，则是必须掌握的。

其次，学科是知识本来的存在状态。学科是科学技术发展的产物，任何科学知识，都是以学科的形式组织起来的，以特有的抽象和概括方式形成系统，任何科学的知识都离不开它所属于的那个学科范畴。知识离开了学科，就是断章取义，真理就可能变成谬误。高职教育理论教学加强学科间的沟通、渗透和综合，并不排斥学科逻辑系统，而是学科系统的拓展。

再次，教学目的是提高个性化的思考力。理论学习是必需的，目的是在学习这些原理的过程中，形成相应的思考能力，建构一种特定的思维方式。任何职业领域，都有其内在客观规律，都会有相应的理论，这是对该职业领域的抽象和概括。职业思考力，也是一种抽象和概括的能力，在学习职业理论的过程中建构职业思维方式，正是学生获得职业策略的内在因素。

最后，改革的目的是"简练"而不是"简化"。课程改革中对理论的改革，是要以"致用"作为标准和方向，对理论教学内容进行重新建构，这个过程包括选择和序化①，然而这个过程不能阻断理论知识内在的逻辑线索，不能失去知识抽象的特定方式，不能改变知识本来的意义。改革是简化和精练，而不是

---

① 姜大源. 职业教育学研究新论［M］. 北京：教育科学出版社，2007：170－182.

简化和肢解。

4. 人文滋养的价值思考

人文关怀和学生性格培养，是培养一个完整人格的必需，是高等职业教育培养职业人的必然要求。

首先，成功的要诀是"以道御术"。几千年前中国的《黄帝内经》，系统地阐明了人体的生理与精神活动的关联，以关注身心为起点，形成了"天人合一"的观念，揭示了自然和人和谐统一的真谛，并提出了"形而上"之"道"与"形而下"之"器"的划分和"以道御术"的理念，造就了东方自强不息的追求和心法驾驭功法、厚德以载物的修养法则。科学的发展，离不开人文的进步；技术提高，必须有道德的支撑；突出技能，则必须重视人格提升。

其次，文化艺术滋养人的心灵。在教学论曾有过教学重在知识还是重在方法的争论①，现代信息技术以事实提示我们，作为知识的信息随时可以得到，而大学特有的文化环境，是离开大学后得不到的。大学因为聚集文化精髓，沉淀了人类智慧，给予青年人心灵的关怀。它促进学生心智的成长，修正人生追求，丰富生命感悟，给学生梦想并插上梦想的翅膀。

再次，高技能都带有艺术性。中国有两个故事应该给予我们启示，一是庖丁解牛，一是卖油翁，庖丁解牛能像舞蹈而踌躇满志，卖油翁能表演后怡然自得，这说明高技能是个性化的，在行为时有快感，有艺术性而称为技艺，技艺是不可复制的。

最后，职业人应有相应的性格。心理学表明，个性心理特征包括能力、气质、性格②，而处于核心地位的是性格特征，包括态度体系和行为方式。任何职业的从业者，核心要素则应该是职业性格，包括职业态度和职业情感、职业意志和职业操守、职业行为方式和习惯。职业能力仅提供从事职业的可能性。用内在的道以御外在的术，才是合格的职业人才，高职教育以修道为本，练术为用，才能培养出健全和谐人格的高技能人才。

工作随想：职业教育理论中国化问题（1）

近几年来，教一门课叫思想概论，这门课说到底，就是马克思主义的中国化问题。这个中国化有四个维度，这四个维度一直处于变化中，相互作用形成了马克思主义中国化的多彩面貌。一是理论基础，当然是马克思主义，问题是

---

① 王策三. 教学论稿［M］. 北京：人民教育出版社，1987：188-190.
② 章志光. 心理学［M］. 北京：人民教育出版社，1987：183-190.

这个理论，从不同的渠道传入，理论面貌就不同：十月革命一声炮响，传来了马克思主义，那俄国革命的方式，就是马克思主义；留学寻求道路的人获得的马克思主义，就是在西方特别是在法国的马克思主义；现在信息畅通了，西文马克思主义的成果进来了，西方马克思主义和早熟知的马克思主义又会形成一个新的马克思主义的理论；用不同语言阅读的经典，会体会到不同的马克思主义。二是实践基础，这个差异可能更大，随着时间和历程进展，做着不同的事，主要的任务不同，实践内容不同，产生的认识就不同，就是说经验不同，理论就不同。三是文化基础，当然就是中国传统文化，传统文化状态和处境不同，学习者或理论者对传统文化的理解不同，中国化后形成的理论也不同，林则徐、魏源、康有为、梁启超一直到毛泽东，都曾做过先进理论中国化的尝试，但结果却大不相同。一个理论的产生，与其所生成的文化环境密切相关。引进理论就是把理论或横式移植到另外一个文化环境，必须与新的文化相结合，是一个再生的过程。

职业教育理论，也是这个问题。我们前前后后学习了无数先进职业教育理论，可总是"教来的曲，唱不到头"。考察时，明明人家做得很好，搬回来我们做总不是那么一回事。我们以为这些理论那么体系完整，逻辑清楚，方法简便，拿来没有问题，就常常忽略了，这些理论也是根植于西方文化的，它的文化精神的来自传统的基督教的理念和信仰，对于西方人来言，变成了不需要明言的自觉，这些理论在西方变成行动时，天然地存在文化的默契，引进中国来，文化背景不在了，默契就不存在了，条件不在了，根不在了，长不好是正常的。我们要把西方的文化也搬来吗？把西文的历史也搬来吗？想想而已，这是不可能的。那怎么办？也得从我国传统文化中找到能够为职业教育理论因离开母体滋养而失去的元气补起来的元素，促进职业教育理论的再生，实现中国化。

文化的特征不同，是大家能看到的，但如果全部都是割裂和不同，那交流和互通有无也是无益的，交流的意义，真正的意义在于找到差异文化中的本真的同一性。其实，文化不同是个现象，文化的本体还是人性，人性是相同的，文化的核心定有相通处。这是文化交流的前提，也使借鉴成为可能。

第四节　高职教育的国学解读

高等职业教育的培养目标就是高技能人才的培养。说起高技能，我们很容易能想到庖丁解牛的故事：

吾生也有涯，而知也无涯。以有涯随无涯，殆已。已而为知者，殆而已矣。为善无近名，为恶无近利，缘督以为经，可以保身，可以全生，可以养亲，可以尽年。庖丁为文惠君解牛，手之所触，肩之所倚，足之所履，膝之所踦，砉然向然，奏刀騞然，莫不中音。合于《桑林》之舞，乃中《经首》之会。

文惠君曰："嘻，善哉！技盖至此乎？"庖丁释刀对曰："臣之所好者道也，进乎技矣。始臣之解牛之时，所见无非牛者。三年之后，未尝见全牛也。……①

这个故事的现实意义在于，人生纷繁复杂，因为生活的个案实在变化太多了，其实，人生本来简单，是人为地把人生想复杂了，自己不复杂，生活也便变得简单了。牛也是很复杂的，庖丁能一刀下去，刀刀到位，轻松简单，原因是掌握了机理。牛与牛当然各不相同，但其机理是一致的。每个人的生活也各有各的面貌，其基本状态也是近似的。庖丁因为熟悉了牛的机理，自然懂得从何处下刀。生活也一样，如果我们能透解了、领悟了生活的道理，摸准了其中的规律，就能和庖丁一样，做到目中有牛又无牛，就能化繁为简，真正获得轻松。

庄子认为人的生命是有限的，而知识是无穷无尽的。如果我们以有限的生命去追求无穷无尽的知识，是一件危险的事，我们应该着重关注和珍惜生命本身。正如解牛一样，牛千差万别，而解牛的这个人要得道了，那事情就简单了。

这里我们要思考，庖丁解牛的这种技艺，显然就是高技能了，因为他能把这种技能运用到出神入化的地步，这种技艺包含了两个方面，一方面它是"技"，就是技能，是通过练习而获得的自动化了的行为方式②。两个要点，一是通过练习而获得；二是达到自动化的程度。那这个庖丁一定是解了很多牛才能有这样的技能的，非常熟练，以至于自动化了，甚至都不需要看，只用身体感觉就行，这个不难理解，问题是他解的牛越多练出的技能就越高吗？难道庖丁是当时代解牛最多的一个吗？不一定。

另一个方面，它更是"艺"，他解牛的时候，是艺术的表演，竟然同《桑林》《经首》两首乐曲伴奏的舞蹈节奏合拍，在解牛过程还像是舞蹈。这个"艺"不仅仅是通过练习就能获得，还在于了解牛的纹理和本来的结构，要特别注意这结构是牛"本来"的，就是说要了解事物的结构和规律。这个结构和规律从何得来呢？庖丁是在解牛的过程中通过思考而获得的。懂得了结构，可使刀和动作更顺乎结构，完成解牛的过程是没有问题了，技的问题解决了。

---

① 庄子. 中国古典名著译注丛书·老子·庄子［M］. 广州：广州出版社，2001：5.

② 章志光. 心理学［M］. 北京：人民教育出版社，1987：76.

　　什么是高技能？技能就是自动化了，高还要高到哪里去呢？我想这个高便是达到这个"艺"的程度，能"出神入化"，入化了，便达到艺的程度了。怎么就能达到这个程度呢？这篇文章出自《庄子·养生主》，说明讲这个故事是为了养生，这个生就是生命。达到生命的层次了，那就"艺"了。古人说要做到"法于阴阳，合于术数"。① 要从生命本体来出发去探寻，这个艺，具有一种神明性，而且不可复制（不能标准化），不能规模化地推广。我们知道有很多这样的技艺，都是随着这个掌握技艺的人的消亡而消亡了，即便有弟子继承，也不可能完全一样，弟子也会形成专属于自己的个性化的技艺。

　　首先技巧从哪里来？《黄帝内经·素问·灵兰秘典论》指出："肾者，作强之官，伎巧出焉。"我们平时总说："心灵手巧"，心灵了手才巧，"心者，君主之官，神明出焉"。产生技巧必须有物质基础，肾虚了，就不能"伎巧出焉"，而且心力不足了，"心"就不"灵"了，"神明"就不能"出焉"。肾主闭藏，心主发散。养心火，即养"长"，要像夏天一样，"使气得泄，若所爱在外"，意思是要主动去探寻，勤奋学习。养肾水，即养"藏"，就要冬天一样，要"使志若伏若匿，若有私意，若已有得"，意思就是要心静沉思，有珍惜，才能积累。

　　把自己的智慧发散出去，就是主动地去完成任务，当然包括学习任务，在经历这个完成任务的过程中去体验，就会有收获，收获了才有可珍藏的东西，关键是愿望；有了收获还需要反思、感悟，内化在你的生命中，才能积累和发展，关键性的因素是悟性，悟性关键在于态度。学习者要做一个有"心"人。有"心"人才会"悟"②。《说文解字》说"悟者，外感、内省，达神明"，从经历、体验的"外感"的过程，到用心去"内省"，才能"达神明"。引导学生积极主动探索，冷静深思，"火"一样的热情去行动，"水"一样的冷静去反思。

　　技能是一种自动化了的行为方式③，而高技能（或叫技艺）则是一种能力，能力是个性心理的一部分（心理学的原理），是和个体的生命分不开的。人在职业活动中，能力外显为技能，能力是投射在这些行为方式（技能）中的人的智慧。技能达到高超时，留在心灵深处的痕迹则是能力，静态地表现为"素质"，这是一个积累过程。高技能人才的培养过程重在生命的提升，即在于"经历"

---

① 黄帝，岐伯，等. 黄帝内经·素问 [M]. 沈阳：万卷出版公司，2008：15.

② 刘力红. 思考中医 [M]. 南宁：广西师范大学出版社，2006：15-17.

③ 章志光. 心理学 [M]. 北京：人民教育出版社，1987：76.

完成任务的过程和"体验"过程方法之后的反思"内省"，没有这个内省过程，就只有"经"和"验"，也就是经验，经验的内化，才是能力，完成这个完整过程的关键是愿望和悟性，它应该是发自内心的一种冲动，即"心力"，是来自内心的一种职业认同。

《周易》中有一个专门揭示教育过程规律的卦，叫"蒙"，卦辞这样说："蒙：亨。匪我求童蒙，童蒙求我；初筮告，再三渎，渎则不告。利贞。"[1]

"童蒙"，是作为主位主体的学生要谦虚求教，以求得自我发展，结果才是吉祥的。整个"蒙"卦说的就是作为主角主动学习、感悟、实践的过程，就是"学而时习之"的过程。一开始由于蒙昧而有奇异的愿望，则先要用纪律规范，建立良好的秩序，然后有品德和才学高的老师，学生主动求教，学习知识，然后自我思考，学和思结合，最后走出困惑，进入尝试实践，抵制干扰，达到更高的境界（下一卦"需"，等待机会以谋求发展）。

从以上的分析，我们得到的启示是：第一，学生学习的过程重要的是要反思，学与思还是不够的，更要实践。学习的过程，是获得知识、技能的过程，且是通过反思、内省而内化的过程，更是一个实践体验和提升的过程。第二，我们要培养高技能的人才，技能训练是必须经过的重要环节，但不是最终的目的，高技能人才的核心不是技能而是能力，知识和技能的学习过程必须经过一个内化的提升过程而成为生命的一部分，必须由有形的知识到无形的个性品质，即从器的层次提升到道的层面，技能变为技艺。第三，要解好牛，就必须了解牛的结构，理论的学习是必需的，没有理论无法上升到"形而上"的"道"的层次，便无法做到游刃有余，然而理论学习可以在项目工作或其他过程中进行。第四，人才培养过程是一个积累的过程，必须有一个正常的秩序，有个规范，保证教师安心工作，保证学生静心学习。庖丁解牛的意义在于"养生"，而养生在于正常的节律，建立正常的秩序才能养得好，藏得住，这样才能积累，学生发展是这样，学校发展又何尝不是呢？

在借鉴国外先进的模式时会遇到来自东西方文化方面的冲突，要解决这个问题，也必须从文化这个深层次上去思考。生产方式不断地变化，服务方式也在不断地更新，就是说职业状态千变万化，以职业为基础去构建职业教育，情况就会因职业的多变而无从下手，或者很难找到规律，而职业都是人来做的，从人出发，事情会变得简单许多。职业多变，所以技能多样，而能力发展了，人的素质提高了，就可以应付职业技能的多变而游刃有余了，学生在校学习的

---

[1]　姬昌等．全本周易·蒙［M］．北京：北京出版社，2006：54－59.

专业是预期职业，即便将来职业变化了，与他生命连在一起的那个能力会跟着他迁移到新的职业。西方文化以"事"为中心，所在科学的领域纷繁而复杂，东方文化以"人"中心，因此学问玄之又玄。然而，我们是东方人，我们习惯于东方式的思维，我们可以用一个小例子，说明很多事情。这里试图通过庖丁解牛这个大家都知道的例子，说明高职教育人才培养的过程，要培养学生的技能，只重做和练，不重养，只关注职业特性而忽视人的特性肯定是不够的。技能不仅仅要练，培养就是既培又养，光培不行，更要养，教育的那个"育"字，说文解字说，"育者，养子使作善也"，不也有养的意思吗？养就要有一个正常的节律和规范。高校的教师要有点崇高的追求，需要有一个宽松的氛围，有张有弛，这个追求和品位才能养出来；学生要有较高的人生目标和志向，才能把他培养起来，而这个"志"从哪来呢，也从养"藏"而来（肾藏志），这才是最基本的要素，肾（养藏就是养肾水）这个"作强之官"不养好，就不能"伎巧出焉"。没有志，就不会"童蒙求我"。现在一提到职业教育，就是荷兰、德国、美国这些西方国家，西方文化是重实证、重分析的文化，所以从职业出发，引进那些模式之后无法实施，经思考后发现就是文化背景的原因。我们说要打破学科界线，就是要还原职业活动本来完整的一个过程，因为学科知识体系割裂了这个过程，可学科知识体系也是实证文化的产物。要立足于以人为本，要回归真实的、综合的，那正是中国文化的特点和优势所在，从中国经典中寻找答案，或许能跳出了那个圈子，我们不妨换一个思考问题的方法，也许正是一条捷径。这只是个人想法，以此与各位同人共勉。

工作随想：职业教育理论中国化问题（2）

人性的共同性，决定了文化内核的同质性，这是文化借鉴和交流的逻辑基础。如果是完全不同的物种，才会有完全不同的文化（假定其他物种可能也有文化的话），既是同类，文化的内核就应该是同一的。当我们且大体上考察东西文化，特别是与教育相关的部分时，会发现善是双方共同追求的最高目标，不过是善的表述不尽相同，这个善，而且都把这种善作为神性的标志，是神的启示。无论苏格拉底、柏拉图还是孔子，教育总是要引人向善，引人为善。

人的肉体和精神总是一个整体，尽管肉体限制灵魂，可灵魂却不得不依附于肉体。生存和生活，以至于追求安宁和自由，就是一个包含了冲突、却永远不可能完全分开的过程。宗教式的教化是这样，人文式的宣言也是这样。

人类寻找精神自由，有了思维，可以思考问题，突破了具体的时空的限制；有了信仰，可以接受心灵或者神灵的启示，获得一种力量，获得一种精神的支撑，获得一份心力、心气。不管什么民族的文化，都会有一种超越现实、甚至可以超越人的思维和人能想到地描述出来的未来现实的那个终极的彼岸。这才是人，不同于其他物种的人类。身体的、纯物质（生物）的——思维的、功利的——心灵的、智慧的三个层次，相互支撑又相互限制，是其共同的心理模型。这是不同文化间实现理论和技能交流的基础。生存需要和生理的基本需要来自满足生物本体，意识和思想来自社会交往，不过这个交往一般指向一个具体的目标，爱和艺术是无意识的愿望，理性的智慧和情怀、信仰则来自神灵的启示。

其实简单一点说呢，来自德、荷、美、加等国的职业教育理论，在本国都取得了显著的成就，而且这些理论是伴随着本国的职业教育发展而逐渐形成、发展、成熟起来，当它成为一个理论时，已经承载着其所以"成为理论"的探索过程，很多细节尽管被理论所省略，但处于那个环境中的人，是可以通过文化、习俗特别是职业共同体的交流传承下来的，这个理论背后有人的生命历程和智慧的涌入，不仅仅是一个原则原理等条文，而且对催生这个理论的文化背景有着基本母体的作用，就像大地母亲孕育了一切一样（世界上一般文化都有把大地比母亲的传说)，理论和这个文化有着一种天然的母子亲情。这些理论在原生文化背景下呈现出的勃勃生机，源于相应的文化滋养。这些理论引进我国后离开了原生的文化滋养，就会水土不服。照抄照搬就会形式化、教条化而失去活力。

那么就必须用中国文化加以改造让它在中华文化土壤滋养下重新焕发新的活力。

第五节　高职教育发展中的继承和改革

高职教育指高职院校的教育。在高职教育教学改革的进程中，总让人感到有些"心力不足"。对于传统的高等教育，应该抱什么样的态度？借鉴国外先进的模式，推进课程改革与教学方法改革，遇到了来自不同文化背景和学生心理特点方面的巨大困难。促使我们冷静地面对现状，深刻地反思历史，笔者认为在没有找到真正出路的时候，轻率地抛弃传统是不理智的。传统意味着深厚的实力，没有实力，就会缺乏理性。对传统高等教育要继承什么，改变什么，很值得思考。谨此提出自己的浅见，以期抛砖引玉。

一、高等职业学校的现状和发展方向

如何看待高等职业教育的本质问题，应该从历史反思和逻辑推理两方面思考。

2006 年国家启动高等职业院校建设计划，并第一次提出高等职业教育是高等教育的一个新"类型"。高职教育要面向的是一线的生产和服务，要培养具有一定理论基础又具有实践操作技能的应用型人才，其特点是要直接服务生产一线，培养现场的生产协调者和技术调度者，具有明显的职业性和现场性。①

高等职业教育要成为高等教育的一个新类型，不仅要求它具有其他高等教育不可替代的特征，也要求具有与普通高等教育相当的办学实力和学术层次。高等职业院校培养的人才，应该是现场技术人员，其职能是把设计的意图体现在生产过程中，同时及时反馈生产一线的真实情况，这要求他们领会设计者的意图，并知道一线生产的工艺流程。现场技术人员应该既具备该行业生产或服务最基本的理论知识，又了解各工艺流程中各个环节（岗位）工作的具体特征。理论不一定精通但一定要懂得，技能不一定熟练但一定要会做。依此确定高职教育改革的方向，探索教学改革的思路，才能收到良好的效果。

我国的高等职业教育是 20 世纪 80 年代，随着改革开放和经济发展的需要应运而生的。来源大致有以下四种：一是职工大学或其他培训机构转型；二是中专、技校升格；三是民办高校；四是院校合并。高职教育来源渠道较多，情况复杂，与普通高等教育相比，总体上存在办学实力层次偏低，教育教学管理不够规范等问题，而且情况不一，水平良莠不齐，整体上办学实力明显不如本科院校。另一方面，高等职业院校在高考录取时基本是第四批或第五批，这些学生有可能是形象思维能力占优势②，与本科生相比智力差异可能属于"类型"的差异，这也正是高职教育作为"类型"的心理学依据。然而这仅仅是一种可能性，不是必然的规律，从整体上看生源也存在层次的差异。综上，无论学校的办学实力还是生源情况，与本科院校相比，高职教育存在比较明显的差距。

面向未来，要把高职教育办成一种新类型，立足现实，则必须承认目前仍然处于一个相对较低的层次，在这个基础上思考改革和发展的问题，才能脚踏实地，扎扎实实地将教育教学改革稳步推进。

目前，高职院校教学改革的诸多形式，如综合课程、项目教学、任务驱动、

---

① 姜大源. 职业教育学研究新论 [M]. 北京：教育科学出版社，2007：24-26.
② 王策三. 教学论稿 [M]. 北京：人民教育出版社，1987：86-90.

案例教学、过程考核等，在基础教育课程改革中已经提出并推广，既不是高职教育所特有，也不是现在的创新。在学习借鉴国外教学模式时，机械套用，概念、原理显得晦涩难懂，难以推进，说明我们在改革中真正的理论创新不多，没有能结合实际情况形成自己的理论和思想。其中很重要的原因就是缺乏理性的思考和批判的借鉴，缺乏严谨的理论研究和务实的教学实践，而这些恰恰正是普通高等院校优秀的传统。改革必须从学习开始，从学习传统开始。

二、高职教育对普通高等教育的继承

继承普通高校优秀传统，体现在井然的秩序、严谨的作风、厚重的文化和大度的胸怀。大学的功能在于教书育人、科学研究和文化引领，继承的具体内容应包括尊师重教、崇尚学术、文化渗透。

尊师重教。要实现育人的根本目的，就必须坚持以教学为中心，这是我国教育历史的经验、教训证明了的真理。教学活动是学校传授知识、训练技能、发展智力和能力，实现人才培养最基本、最有效的途径。学校工作围绕教学工作展开，保证教学工作的优先地位，是高校必须坚持的基本原则。全心全意地相信和依靠教师，尊重教师人格，支持教师工作，关心教师生活，让他们安心从教、潜心思考、静心研究，才能真正提高教育教学质量。尊师重教是学校生存和发展最基本的原则，也是高校传统的核心要素。

崇尚学术。大学的灵魂就是学术追求。潜心科研、追求真理、学术自由是积极向上、尊重科学、求真务实、文明民主的大学精神最根本的源泉。学术是大学教师的精神家园，是凝聚和净化教师心灵的圣地，是严谨治学作风的源头，是教师团结、协作的内在动因。科研是学术的外化，也是丰富教学内容、提高教学品位的有效途径。高职院校的科研方向应侧重于技术的应用领域的研究和资料性研究以及对高职教育本身的研究。

文化渗透。高等院校要成为区域内文化的中心。朴实而厚重的文化基础和人文环境，是滋养学生心灵、陶冶学生情操的精神血液，是学校育人的重要组成部分，起到了"润物细无声"的效果。积淀厚重的文化，是大学成为文明源头的基础，是营造育人环境的奠基性工程。

对于高等职业教育来讲，对传统高等教育的继承，目的在于规范秩序和积累实力。对普通高等院校优秀传统的继承，是一种高层次文明的传承，对于高职院校办学过程中的各种行为能起到"规范"的作用，特别是以教学为中心建立起来的有条不紊的工作秩序，是保证"培养人"这个教育根本目标实现的基础。学校的实力和人才培养水平，需要在积累中形成，教师的教学能力、学校

的办学品位和校园文化，也需要在积累中提高，而积累必须有良好的秩序。通过继承传统高等教育的优秀传统和"大学"精神，形成适合高职教育的正常教学秩序，在丰富积累的基础上积极创新。

目前，高职教育强调改革较多，继承谈得很少，割裂历史会变得苍白而单薄，否定传统会损伤教师的信仰。在目前的高职教学改革中，存在只有理念，没有理论，只有热情，缺乏理性的问题，其原因正是没有继承，基础不厚。只有在继承的基础上去思索改革，才能站在历史的高起点去面向未来。

三、高职教育对高等教育的改革

对传统高等教育的单一的教学形式进行改革，是高等职业教育发展的动力。改革的任务主要是改变学科主体的课程体系和单一、固定的教学方法及教学组织形式。

改革学科结构课程体系。普通高等教育是精英教育的条件下形成并发展的，有严密的学科知识结构，突出各科目知识内容内在的逻辑性，却一定程度上割裂了事物本身有机的完整性。高职教育培养的目标要求对生产工艺或服务流程的整体性把握，要求突出理论知识的功能性理解和实际运用，体现在知识结构的综合性，应根据各行业（职业领域）内各环节（岗位）具体的工作过程特点，构建适合于培养现场技术人员知识结构的课程体系。

改革单一、固定的教学方法。传统的高校实践教学重在实验验证，职业院校则强调学生对生产、服务的工艺、流程的真实体验，关注的是真实的工作过程和工作任务，其实践教学就必须是在完成工作任务的经历中，突出实际操作技能训练和对工作过程的体验，并获得对真实工作环境的感受和实际工作的方法，要求教学灵活安排，突出情境性和实践性。

改革教学组织和管理方式。高职教育的教学活动，在实施的组织和管理方式上，要打破原来以教材、教师、课堂为中心的教学组织形式和备课、上课、作业、复习、考试五环节的教学流程，代之以在工作任务驱动下的理论与实践相互联动、操作与学习相互交替、练习与反馈不断矫正、专业能力、方法能力和社会能力协同发展的过程，借鉴企业工作岗位的组织和管理方式，增加学生的"实境"体验。①② 构建有机、完整、生成、立体的教学组织形式。

---

① 王策三. 教学论稿［M］. 北京：人民教育出版社，1987：272-280.
② 曹永慧. 教学外置，社区耦合——高等职业教育育人新模式［M］. 青岛，中国海洋大学出版社，2005：12.

对高等教育改革的意义在于突出职业教育特点，创新人才培养模式。高职教育要成为一种新类型，培养应用型技术人才，强调情境性，突出形象思维能力和操作技能的培养。对传统高等教育教学形式的改革，就是要使教学过程之更适合高等职业教育的本质和规律。改革的核心就是人才培养模式的创新，包括理论的创新和实践创新，加强理论研究，大胆进行实践探索，促进高职教育的稳步发展。

四、高职教育继承与改革的关系

正确处理继承与改革的关系，才能使我们既有厚实的基础，又能与时俱进，锐意改革。

我国高职教育创建时间短，基础相对薄弱，从高等教育中继承其优秀的传统，即教书育人、崇尚学术、自由民主的大学精神，改革其偏重理论、内容陈旧、方法单一等教学形式，真正建立适合于高职教育发展的教育教学新秩序。尽可能地汲取传统大学教学的精华，以丰富我们教学的基础内容，继承大学的教学方法以使我们找到改革的基本的起点。继承大学教学管理模式，才能保证教学正常秩序，在继承的基础上谈改革，才能使改革站稳脚跟、步伐稳健、成果扎实。否则，改革过程就会没有理性的思考，也就没有正确的思想指导。谈改革不知道真正要改革什么，就是因为没有理性的批判能力，要么墨守成规，要么轻率抛弃，改革就成为标新立异或者形式主义。

在发展的过程中，要正确处理积累与创新的关系，只有积累，不能前进，只有创新，则没有收获。继承高等教育优秀传统，就是为了增加积累，奠定改革和发展的实力；改革传统教学形式，是为了创新，推动高职教育的向前发展。实力不断增强，质量不断提高，效益不断呈现，才是发展的终极目标。

传统大学有着厚重的文化积淀，对教师和学生的心理都有净化和提升作用，对人有潜移默化的熏陶，传承大学文化是继承传统大学精神的重要内容，这样才能增强我们的"内力"。对传统大学管理体制进行必要的改革，使之适应职业教育的特点，对教学的组织结构和组织形式进行改革，是促进高职教育教学改革的一个重要环节，是解放学校内部生产力的必要手段。

在这个过程中，要正确处理规范和突破的关系，规范有利于积累，创新就必然突破。只有规范会停滞不前，只有突破会失去方向。继承传统就要保证正常的教学运行秩序，突破就是要创立适合高职教育的教学新模式。

我国教育的发展历史证明，学习和借鉴国外成功模式是必由之路，我们曾借鉴日本、美国、前苏联等教育模式，职业教育发展中我国借鉴德国、荷兰、加拿大等国的模式。然而学习和借鉴是为了探索发展道路，要从我国国情出发，认真分析不同国家、不同民族的文化背景，找到我们能够学习借鉴和成功的要素，探索适合中国文化和适应中国学生的职业教育发展道路。只有借鉴才能有所突破，而借鉴必须是批判地吸收，而不是机械地套用国外模式。立足于我国高等职业教育特点，批判地吸收国外模式中的合理成分，创造性地构建中国特色的高职教育新模式，是改革的核心。

继承的核心在于积累，只有对大学优秀传统必要的继承，才能保证办学的实力和层次，保证改革的理性和借鉴的批判性，避免盲目地改革和表层地借鉴。改革的核心是创新，只有创新才能发展，积累才有现实意义，借鉴才能产生效益。不断地学习和思考、探索和实践，才能促进高职教育持续的发展。向传统学习，能使我们充分利用历史的成果，站在一个历史的高起点上，理性地进行思考；向国外成功模式学习，可以帮助我们明确发展的方向。在学习的基础上创新理论，并在实践中不断探索，才能走出具有中国特色的高职教育发展之路。

工作随想：教学的本质是师生的关系

记得是两年前，S老师跟我聊上课的事，说教学的本质是关系，是老师与学生之间的关系，这个关系是人与人的关系。讲课，必须首先建立一种关系，这是一种相互的信任关系。说得真好，真对，她确实道出了多少年来教学中成功与失败的真谛。上周的每月一讲，虽然有讲教学研究，有讲课堂教学，有讲考核评价，但无论什么环节，都难以脱离一个根本性的问题，即教育是一种社会活动，社会活动的本质，是人。职业教育强调的是实用，然而，席勒说过，实用主义的灵魂是人本主义。不以人为本的实用，纯粹功利性的实用，则会流于工具，外在的追求无论成功与否，最终会陷入一个虚无，成功了以后怎么办，失败了那追求意义何在？因而，实用必须是以人为基点的实用，为了人的实用。

关系的建立，也是需要有一个过程的，一开始由于固定的角色，会形成一个角色关系，这是个基本的关系，社会分工自然形成的天然关系，老师就是老师，学生就是学生，老师与学生的关系是理所当然的角色关系。继而，大家要对话，交流，通过一系列的方法，或许是以学科知识的概念，或者是因为具体的必须相互接触而形成的语言关系和意义关系，老师与学生之间建立了一个可以沟通事实，以至于沟通思想符号关系和概念关系，大家可以用大家都明白语言对话，合作。老师在付出劳动时，付出了真诚，付出了情感，则会收获学生的情感，则更会形成一种情感的关系；如果能付出了生命的灵性，用自己的职业追求，引动学生的生命潜力，那这是一种情怀，一种境界。这是一种生命和灵性激发的关系。

一个有生命觉悟和尊严的老师，无论讲什么，讲的都是自己，用自己的生命诠释着世界。用情关怀着生命，激荡生命。因此，能触动学生心灵的课，就是好课。无论是讲授还是任务，讲授可以讲到心坎里，行动可以动在专注中。一切都必须以真诚作为通道，面对自己的心，到达他人的心。

关系的问题，是要首先建立在真诚的基础上，基于一个根本前提，寻找共同的语言和共同的立场，平等的关系不代表不分主次。各自只看到本位，从本位出发，到头来是本位也只有损伤。教学的根本是师生关系，学校的本质也是师生关系，这个关系是由教学活动中产生的师生关系，拓展到方方面面的师生关系，这个关系需要用老师的生命去点亮学生的生命。老师的关系是在这个关系之内的一个关系，是如何协同完成我们学校使命的合作关系。这种关系基于学校教育的本质，背离了这样的关系前提和原则，关系就会异化，会让行为离愿望越来越远。

第六节　高职教育对国外模式的借鉴

目前，只要一提到高职教育，就必然会涉及一个借鉴国外先进模式的问题。近年来我国部分高职院校主要形成两种模式，一是荷兰的 CBE 模式，即基于能力本位的职业教育；二是借鉴德国的基于工作过程构建的课程模式。在不同的专业，选择不同的思路，并根据本专业自身现在的资源，进行有效的改革和整合，形成在某一种框架下该专业的课程和教学内容体系、教学组织和方式及成绩考核方式，特别是强调了学生的实践教学，突出到"实境"的训练和学习过程[1]。对不同国家职业教育模式的借鉴，也有一些争论，其焦点就在于哪种形式更适合我们，下面就此做一些分析。

一、德国模式和荷兰模式的具体应用

高职教育教学改革成为主流，改革传统的教学内容、教学方法，促使教学向"致用"的方向转化，致用在这里被实际地变成了"实用""实际"，就是现在企业需要用什么样的人，就从企业的岗位任务出发，去设计我们的教学，包括教学内容和教学方法。学习国外先进的教育教学和人才培养模式，成为教学改革的主要目标，就是说只要提到先进的职业教育理念和先进的模式，总是德国、美国、荷兰、加拿大，我们必须承认，在对事物进行研究和考察，对生产、经济进行缜密研究方面，这些国家的模式各有千秋，值得我们学习。

青岛职业技术学院利用青岛日益国际化的地理优势和示范院校建设机遇，与很多国家的院校建立了交流合作关系，利用示范院校建设这个绝好的机会，许多教师走出国门，到国外实地接受最纯正和真实的职业教育研修和培训，带回了不同国家不同的职业教育人才培养模式。回校后，结合本专业的实际，在实践中不断地进行探索，目前初步形成了两种模式：一是以机电一体化技术、家电维修技术、数控技术、电气自动化技术等专业为主要载体的，基于工作过程的课程和行动导向的教学方法体系；二是以旅游管理、酒店管理、市场营销等专业为主要载体的，主要借鉴 CBE 模式即以职业能力为本位的培养模式。这种状况的形成，是基于一个较普遍的认识，即工科类的，生产流程比较清晰的专业，一般被认为适合基于工作过程，从职业出发，在理论上构建社会职业—教育职业（专业）—学习领域—学习情境，一步步细化，关注生产或工作的流程，并按这样的流程，对原来的教学内容进行重新序化；另外一些工作的流程不是太明显，而职业特点突出表现在一个特定的工作岗位上，在不同的情境下，完成一些具体的操作，而这些操作很难把它们排列成一个工作流程序列的，则采用 CBE 式的模式，关注工作岗位（群），分析岗位工作内容所需的能力（实际上是技能），并把它们分解细化，以此为根据建立知识模块，以模块化的方式或项目化的方式集合教学内容①。目前这种认识被大多数教师接受，并在这样的认识基础之上开展教学改革。现在需要思考的是能否认为，借鉴就是兼收并蓄，把两种模式中我们认为适用的地方抽出来加以整合，形成一个模式。

二、两种模式本质的对比分析

上述两种模式的本质有什么共同点和不同点呢？首先，不管是立足于工作的流程，还是立足于岗位工作任务，在本质上看几乎是一致的。在岗位上就要从事工作任务，每一个工作任务都必然会有一个过程，不管它的流程是不是很清晰，它总得有这个过程，而这个工作过程，也必须有一定的能力，这个能力也正是那个岗位所需要的能力。因为岗位与任务是联系在一起的，岗位工作内容与工作过程具有同一性，岗位能力与工作能力也具有同一性；反过来讲，任何工作过程总是和工作的分工相联系的，也就是说与岗位相联系的，工作过程所需要的能力，也正是岗位工作的能力。总之，职业教育，都必须从具体的职业工作出发。这样，则关注岗位的工作过程，分析岗位工作过程所必需的能力，

---

① 史忠健. 见证——记 2007 高等职业教育国际研讨会［M］. 青岛：青岛出版社，2008.

根据工作任务的进程设计知识模块，强调学生在完成项目化任务的过程中学习相应的知识，同时，注意在项目中设立小型的项目课程（以原学科分类为基础的相关内容讲座，也即为了项目设立的模块化的课程内容），体现在项目任务下的学习过程，即"做中学"的宗旨。

职业教育教学改革中这种借鉴和综合，也是一种创造。学生为了完成教学项目任务，总是要学习一定的内容，因为这些项目就是为了学生学习而设立的。这些教学内容大多数在原学科体系下的课程内容中存在，只不过现在变换了一种呈现的方式，不是为了知识而教，而是为了任务而学习知识，这些知识从学科的体系中被转移到了项目任务过程中，这个重新序化的过程会出现一个现象，就是有部分内容可能被重复，另一些内容可能总也用不着，这跟所设立的项目有关。如何才能设计一个合理的、全面的项目系统，保证学生能学习到全部本该掌握的内容？这些知识内容离开了原来的学科框架，变成了一种游离状态的、零散的、有时是前后颠倒的知识或者是断章取义的知识，这些知识对学生将来从事职业活动究竟有什么意义？在完成项目任务时，学生学习知识的过程是如何进行的呢？是社会化式学习互帮互学，还是学生根据项目角色自主自学，还是针对具体模块进行课堂式传授教学？这些问题都需要认真思考。据调查，大部分内容还是要通过"项目课程导师"的传授式的课堂教学来实现。学生学习的过程最主要的还是听课，教师工作最主要的还是课堂教学，在方式方法上并没有太大的改变，并没有真正体现"做中学"，项目教学不过是一个大的容器，进程中所装的内容还是课堂教学，原来的系统传授被切割成了单元内容的零散传授。学生在完成项目任务时，会完成很多具体的项目作业，实际上学生当时并不真正明白这个作业的意义，等真正明白了的时候，项目也做完了。既不是典型的模块化的学习内容组合和教学，也没有体现出学生在典型的工作过程中获得经验性知识，这是因为对两种模式概念模糊导致了实践中的盲目。为了理清两种模式的概念，我们需要进行更深入的探索。

三、对两种模式的本质的探源

两种模式的形成，基于不同的认识理论和管理理论，而不同的管理理论，则产生于不同的生产方式。

工业化带来的是规模化生产和自动化生产。为了加强管理，泰勒提出了科学管理的理论，基于生产的规模化，关注垂直分工的精细化，强调岗位工作的标准化，使每一环节的工作内容被标准化复制，这样生产速度得以提高，生产能力得到提高。针对每一个工种，建立标准化的工作规程，然后形成一个系统化的"DACUM表"，这就是基于岗位的"CBE职教理论"的基础。这个理论对职业工作分析的目的是把职业划分为若干个岗位，再将岗位划分为若干个任务，针对任务分析确定各个岗位任务的综合能力和专项能力，把这些能力看作是职业教育的基础。该理论相对于传统教育教学以知识为基础的课程开发来讲，具有革命性的意义①，然而建立在能力点分析基础上的课程开发无法形成综合化的课程，即分析得出的能力点（更多的是技能点）很难归类形成系统化的课程，就是说能力点与课程之间很难找到逻辑的对应关系，模块化、项目化的课程内容与能力之间也只是相对意义或只是大体的对应。

随着信息时代到来，规模化生产已不占主要地位，人们对产品的个性化要求提高，社会的生产由标准化的规模生产变为"精益生产"和个性化生产（或个性化服务），一件产品可能从设计到生产和销售完全由一个小组完成，而且产品不再重复生产。这种生产方式要求分工相对扁平化，对工作内容和任务要求柔性化，一个工人要完成的工作可能永远是新的产品。这种生产方式要求工作者必须具备综合的能力和创造性能力，当上一次生产形成的技能无法在新的生产中重复时，需要的是人的一种更高级的、具有"灵感"性的能力，这就是"关键能力"。这个能力的培养，要求从业者获得一种策略性的能力，包括这个行业基本的能力（专业能力）、完成任务时的经验（方法能力）及组内合作和一定的交流能力（社会能力）。基于工作过程的职业教育理论把职业分析的目的确定在典型工作任务之上，以分析完成典型工作任务的完整工作过程，作为理论构建的核心。工作过程是完成一件工作任务并获得成果而进行的一个完整的工作程序。不同职业岗位和工种只是工作内容不同，却有相同的过程形式。不同行业间千变万化，但完成任务时的步骤总是明确任务（获取信息）、制订计划、做出决定、实施计划、检查控制、评定反馈这样一个过程。工作过程的载体可以体现在工作者的角色、场景、流程中，也可以体现在工作对象的工具、事件、产品上，以工作过程来构建综合化的课程体系，在教学中不断呈现这样的一个过程，促进学生获得相应能力，特别是可迁移的关键能力。这个理论关注学生个人的体验，强调学习过程的"行动化""情境化"，突出了学生获得"经验性知识"和能力的"生成性"。但问题是在行动着的学习过程中，学生不一定能把直接的经验内化，如何促进学生反思和内化，以获得"关键能力"。②

---

① 赵志群.职业教育与培训学习新概念［M］.北京：科学出版社，2003：15，112.
② 姜大源.职业教育学研究新论［M］.北京：科学教育出版社，2007：13.

四、借鉴两种模式的策略思考

职业处在不断变化中，同一职业生产服务的方式和流程也处于不断的变化中，同一岗位或工种，在不同的企业组织和管理形态中，情况也不相同。生产越来越个性化，产品的设计过程和生产过程越来越一体化，导致职业界线发生了质的变化，看起来毫无联系的职业，工作环境和内容可能趋于相同，而同一职业内部工作环境和任务可能大相径庭。社会职业变化频率加快，基于社会职业的教育职业（专业）就必然随之处于不断调整之中，专业内部课程和学习任务之间，也会处于一个不断地变化、适应和调整的过程中。如 IT 业，当教材正式编成并定稿时，内容往往已经过时了。教育者面对这样一个社会职业环境和时代背景，必须找到一个能面对未来的职业教育策略，以适应社会职业布局的不断变化。学生选择学习一个专业，是他对未来职业的一次预选择，经过 3 年的专业学习，当他真正面对职业时，在学校获得的知识、技能和能力水平必须能够适应就业时现实的职业要求，这是我们的真正目的。

学生在学校要学习与专业（职业）相关的知识、技能，获得现实中完成工作任务所必备的各种能力，同时获得一种能够从容地面对不断变化着的职业工作情境的能力。基于工作过程的理论关注学生在学习中的主体体验，认为要让学生真正获得面对职业的能力，则必须让学生经历完成任务的过程（工作过程）。然而是不是学生经历这个行动着的学习过程，就一定能够获得那种面对未来职业要求的能力呢？解决这个问题，从"职业"出发是无法得出结论的，因为这种能力是超越现实职业的一种能力，是一种与个人生命联系在一起的内在的个性特征，我们日常称作"心力"，或"悟性"，是属于个体人格方面的品质。基于工作过程的课程和行动导向的教学方法，其理论基础仍是从职业出发，没有摆脱近代以来"科技理性"即"工具理性"的束缚，仍然关注方法和模式的系统性而忽视作为教学的主体教师和学生的真实意愿、态度和感受[1]。重视师生主体的意愿和体验，就是要他们做个"有心人"或"有悟性的人"。"心灵手巧"，说的就是这个问题。职业教育是重练手还是重养心的问题，是关乎高等职业教育价值观的命题。学生经历了任务学习过程，学到了相应的知识、技能，对工作过程的方式、方法和步骤及合作等是否有所体验；有了方法和步骤等的体验，能否把这种体验内化并与自己生命联系起来，形成属于"自我"个性的一种特质，从而提高自身的职业素质，这是很关键的。一个人适应一个职业，

---

[1]　钟启泉. 新课程师资培训精要［M］. 北京：北京大学出版社，2002：6.

长期从事一个职业，需具备三个方面的品质：一是完成这个职业相应的工作任务必备的操作技能技巧，这是最低层次的品质；二是解决这个职业遇到的实际问题的思维能力和思维方式，这是从事职业工作策略性的能力，是第二个层次的品质；三是与职业相应的个性品质，包括职业意愿、态度、意志、行为特征等，即职业性格和职业气质，这是从事职业的核心品质。培养完整的职业品质，就是培养完整的心理结构的过程，这个心理建构的过程，必须由学生自己完成。作为教育者需要认真地思考，并特别注重职业个性品质的培养。这个培养过程，必须从学生"悟性"出发。这个"悟性"从哪里来？只能从态度而来，心理学指出，态度是一个人长期对事物所持有的肯定或否定的心理反应倾向。职业教育中我们关注的，既是学生对未来职业的态度，也是对学习活动的态度。态度的获得有一个顺从、认同到内化的过程，而且态度以认知为基础，与情感相联系，要求加强职业认知方面的教育并加之正面的情感引导。创设一种职业文化氛围，并加强学生人文修养，是培养良好的职业态度进而培养职业个性的必然选择。创设浓郁的职业氛围，并进行必要的入职教育，引导学生从感性到理性接受并认同未来职业角色，是学生获得学习和从业动力、形成职业个性的基础；更重要的是加强人文教育，培养一种充满仁爱、自强不息、追求真理、坚持正义的情怀，是培养高尚人格，并以这种人格力量来支撑职业行为的动力源泉。写在教材中的或者讲在课堂中的知识，通过努力，无论什么时候都能获得，而用人格和文化给予学生心灵的滋养，应该是支撑他一生职业生涯的原动力。加强学院文化建设，树立崇尚科学的精神，追求高尚的情操和诲人不倦的师德，以培养学生的世界观和人生观，转变学生的人才观、职业观，塑造学生对诚信、善良、美好的人生价值认同，对集体、荣誉和成绩的追求以及纪律性、责任心、上进心；营造严谨治学，求真务实，自由民主的教风，引导勤奋踏实、谦虚上进、热情活泼的学风；以典雅而职业化的学院环境，诱发学生优雅、文明的人格追求。基于这样的思想基础，扎根于我国优秀传统文化土壤，学习借鉴国外成功模式，面对自己教学资源的现状，构建一种真正适合我们自己的模式，才是我们正确的选择。①

工作随想：充分的自由和自我觉醒的自尊

以下是 QY 老师发来的日记。我们感叹荷兰教育的民主和自由时，不禁要

---

① 谢广山. 中国古代职业与技术教育范式［J］. 中国高职高专教育网·理论探索，2007
（9）.

问，我们的孩子这样行不行，一直是由大人管着，他们渴望自由，可一旦你给他自由了，他会有驾驭自由的能力吗？或许我们只是不相信我们的学生，也只是我们的猜测，要试试才行。一般来讲，人总是要得到充分的自由和信任的时候，才能唤起内心的自尊，有了这自尊，才可能自觉。那么自由，老师不管，小学生都会很有序，这是因为这自由不是久久盼来的，就像现在的人，谁会因为一顿饭而欣喜呢，淡定来自不缺乏。我们的孩子们太不自由了，因此盼着自由，有充分自由了，度过那段兴奋期了，或许也会淡然。关键是学生面对自由时，会不会散漫。自由而自觉，是把秩序放在了心里，主动地接受秩序。制度意识是在平和地真诚的心态下获得的。

今天跟随赵依格同学考察了 Parkschool 小学。这里的小学是从 4 岁到 12 岁的孩子，4—8 岁，9—12 岁分别在两个教学楼，从一年级上到八年级，然后申请进入初中。

感受最深的是课堂上融洽的师生关系和自由度比较大的学习状态。

教室外楼道里有放衣物的袋子，教室内部有放物品的橱子，桌子和椅子都分别有不同的高度，为了照顾不同身高的孩子。学生课堂上老师边讲边问，学生很主动地举手，坐在座位上就可以回答问题了。课堂上上厕所都可以，老师并不去管理，如此大的自由度，但是看到孩子的状态却是很安静的。很多的自由，很多的安静。并不像我们想象的自由的课堂会"炸锅"，相反，孩子们都很有序，有在座位上扭动，有跟左右同桌挤挤眼睛，有抬起胳膊遥相比画的，但声音和动作都不会影响到别人，这或许就是"作用力与反作用力"，越自由，反而越有序。但规矩越多的孩子，反而抗拒规则、冲向自由的力量也越大呢。

两个老师教一个班级的全部骨干课程，我们听的是七年级的一位男老师的课堂，也就是我们的五年级吧。他先是教了 15 分钟的荷兰语课程，首先用课件进行了听写，全写对了的同学高兴地举起手臂向别人展示他难掩的自豪，之后进行了完形填空，老师边念同学们边回答。正当我们意犹未尽的时候，只见学生们起身，去柜子里拿课本，原来是切换了数学课程，这时候看到 3 个同学抱着本子出去了，等了半天也没回来。我们出去一打听才知道他们是这部分知识已经学习得很好的学生，就到楼道里的学习区去学习更多的课程了，不用再继续留在这个课堂。同时看到有三个同学抱着本子进来，显然是上堂荷兰语课堂"免修"的孩子了。更有甚者，一个孩子在教室后边转过身去玩起了电脑游戏，但老师并没有制止，一问才知道因为她已完成了这部分的学习，她可以自由支配自己的时间，只要不影响到其他同学。

整个课堂，老师和学生的关系融洽且自然，教室里没有讲台，20 多人的课堂老师说话非常平静，没有任何的（高八度），如此自由的课堂，却也是出奇的有序，（自由）和（秩序）的自然融合，让我们深受触动。在这里一个老师要给同一个班级主讲四五门课程，这些课程全由他自己支配教学方法和授课时间，譬如我们听课的这位教师，他认为今天的荷兰语15分钟就够了，学生们保持了最佳听课效果，就可以切换下一科目的课程，看来老师的自由度也是相当大的。

老师跟我们讲孩子们从三年级开始才有一周两次的家庭作业，孩子们也不用背书包回家，只是把写作业的活页纸带回家，写完第二天再带回教室，夹回自己的作业本里。但到了七年级开始每天都有作业了，一个同事问多到多长时间完成呢？老师说我们希望孩子们20分钟就能完成。

再就是学生们逐渐养成的自主学习意识，一个学生走上讲台去问老师一个单词怎么写，老师并没有告诉他，而是给了他一本字典，鼓励他自己去查。记得之前的培训老师们反复跟我们说，学习是孩子们自己的事情。但是如何让学生有自主学习意识，并不是我们这样反复耳提面命，而是通过一系列的手段和方式去引导，包括宽松自由的学习氛围，更多自主选择的权利和机会，最终让学生们养成这样一种思维习惯和行为习惯。这又让我想起了荷兰的整体教育体系，他们没有高考，从小学到大学，孩子们有多次可以申请、调整、再选择自己所要进入的初中、大学乃至在不同大学之间调整的机会和权利，但每次申请，都要通过相应的标准检测，因此每个孩子为了得到自己更喜欢的教育，都会自觉主动去学习和获取好的成绩。

第二章

"类型教育"视角下人才培养新探索

"新时代"是中国特色社会主义建设的历史方位，以现代职教体现构建，全国建设"双一流"高职院校的背景下，全面吸收 20 多年改革经验，面向"中国梦"开展的高职教育育人新探索。这个探索以"类型教育"作为基本视角，以培养中国特色社会主义事业的建设者和接班人为根本宗旨，突出学生的主体地位，以学生为中心展开。建立现代职业教育体系，优化校企共建、工学融通机制，在党的领导下强化学术治理，整体提升人才培养水平。

第一节 类型教育视角下育人模式

2019 年国务院印发的《国家职业教育改革实施方案》（以下简称《实施方案》）开宗明义指出"职业教育与普通教育是两种不同的教育类型，具有同等重要的地位"①，明确了职业教育的类型属性和改革方向。职业教育要成为一种独特的教育类型，不但需要遵循"产教融合、校企合作、工学结合、知行合一"的基本原则，在专业技能教育中体现职业教育的类型特征，还需要注重以思想政治工作为核心的立德树人领域的改革，探索与类型教育相匹配的职业院校立德树人模式，全面推动职业教育由参照普通教育办学模式向企业社会参与、专业特色鲜明的类型教育转变。当前，在职业教育向类型教育转变的过程中，职业院校的关注点主要集中于办学体制机制和专业技能教育改革，许多院校把思政教育的类型化探索放在次要位置，缺乏高职院校立德树人类型化发展的意识。习近平总书记在各类会议中多次论述立德树人的根本要求，强调立德为本，德

---

① 国务院. 国家职业教育改革实施方案［EB/OL］. （2019 - 12 - 13）［2020 - 01 - 31］. http://www.gov.cn/zhengce/content/2019 - 02/13/content _ 5365341. htm? from = singlemessage&isappinstalled = 0.

育为先，将德育放在比知识技能教育更加重要的位置上。从普通高等教育的实践可以预见到，德育工作的滞后必然会导致高职教育内部结构性矛盾和"短板效应"。因此，高职院校如何预见性地平衡推进专业技能教育改革与立德树人工作、如何立足类型教育属性探索立德树人的独特构建路径、如何借助立德树人工作支撑高职院校向类型教育转变，成为亟待解决的问题。

一、高职院校立德树人的特殊内涵

（一）高职院校立德树人的理论渊源

高职院校立德树人是高校立德树人的具体类型，从属于高校立德树人统一要求，两者是特殊与普遍的关系，具有相同的理论渊源。立德树人蕴含在中华优秀传统文化的发展脉络之中，"立德"最早出现于《左传》："太上有立德，其次有立功，其次有立言，虽久不废，此之谓不朽。""树人"最早出现于《管子》："一年之计，莫如树谷；十年之计，莫如树木；终身之计，莫如树人。"立德树人成为新时期我国教育的根本任务，其内涵、要求和地位蕴含在习近平总书记的重要论述之中：从立德树人的地位和总体要求来看，"高校思想政治工作关系高校培养什么样的人、如何培养人以及为谁培养人这个根本问题。要坚持把立德树人作为中心环节，把思想政治工作贯穿教育教学全过程，实现全程育人、全方位育人"①。从具体内涵、逻辑和目标来看，"要把立德树人的成效作为检验学校一切工作的根本标准，真正做到以文化人、以德育人，不断提高学生思想水平、政治觉悟、道德品质、文化素养，做到明大德、守公德、严私德。做到以树人为核心，以立德为根本"②，习近平总书记指出立德树人要在坚定理想信念、厚植爱国主义情怀、加强品德修养、增长知识见识、培养奋斗精神、增强综合素质六个方面下功夫。在高职院校探索具有类型教育特点的立德树人模式，既是职业教育类型发展的内在要求，也是落实立德树人根本任务的具体举措。

（二）高职院校立德树人的职业特征

"德"是一个历史范畴，不同时代、语境、教育阶段和教育类型下对立德树人的具体内涵、要求和层次有所差异。"从立德树人的内涵来看，立德树人

---

① 人民网. 习近平在全国高校思想政治工作会议上强调：把思想政治工作贯穿教育教学全过程开创我国高等教育事业发展新局面 [EB/OL] . 2019 – 03 – 09.

② 新华社. 习近平在北京大学师生座谈会上的讲话 [EB/OL] . （2018 – 05 – 02）[2020 – 01 – 06] . http: // cpc. people. com. cn/n1/2018/0503/c64094 – 29961631. html.

的关键在于回答'立什么样的德，树什么样的人'，'立德'与'树人'二者是辩证统一的，'德'因'人'而立，'人'因'德'而树，'德'与'人'的具体内涵则因时代的变化而不断丰富"①。当前，国家通过各类文件对高职院校立德树人提出了类型化和差异化的要求，高职院校承担着培养高素质技能型人才、传承工匠文化、培育工匠精神和培养大国工匠的职责。《实施方案》指出"职业教育着力培养高素质劳动者和技术技能人才"，要求职业院校"深化办学体制改革和育人机制改革"的同时也"落实好立德树人根本任务，健全德技并修、工学结合的育人机制"，"宣传展示大国工匠、能工巧匠和高素质劳动者的事迹和形象，培育和传承好工匠精神"。因此，高职院校在完成国家立德树人统一要求的基础上，应侧重体现其类型教育的特征。笔者认为高职院校立德树人的具体内涵是指：在满足国家思想政治和意识形态教育统一要求的同时，高职院校要使劳动者"立"敬业精神和工匠精神之德，"树"德技并修的大国工匠和高素质技术技能型人才，其特征主要体现在三个维度：教育主体上强调双元性，注重校企合作协同育人；在教育内容上强调职业性，注重培育和传承工匠文化和工匠精神；在教育方式上侧重实践性，以"德技并修"为基本育人方式。

二、高职院校立德树人的生成逻辑

（一）实践逻辑：高职院校类型化的立德树人困境和使命

高职院校立德树人面临两大困境。一是高职院校立德树人严重的路径依赖。高职院校思政教育由于缺乏历史积淀和政策支持，在探索中长期模仿普通高等教育的育人模式，忽视职业教育的规律和特征，缺乏对类型教育的认知和独立探索的意识，导致高职院校立德树人探索严重滞后于专业技能教育的改革，且日渐趋同化，演变为"低配版"的本科育人模式，不但丧失自身优势与特色，甚至在顶岗实习和现代学徒制期间产生了育人盲区。二是高职院校面临"德技分离"的现实困境。长期以来，高职院校对德技并修的理解存在偏颇，误认为把德育和技能教育摆在同等重要的地位就是德技并修，导致高校虽注重德育和技能教育协调发展，但现实中两者从实施主体到实施过程，再到实施方式都是两个独立的体系，德育和技能教育缺乏融合并逐渐疏离，德育脱离专业技能学习过程和职业岗位，德育变成理论说教，育人实效不强。技能教育在就业导向

---

① 李梅．立德树人的价值意蕴及其实践路径［J］．教学与管理，2019（6）：12．

驱动下，被功利主义和实用主义影响，逐渐演变成缺乏精神价值和情感体悟、枯燥乏味的重复机械训练，进一步加剧了"德技分离"的困境。

职业教育承担着类型化的立德树人使命。一方面，国家层面在对职业教育提出立德树人统一要求的同时也注重实事求是，要求高职院校摆脱路径依赖，结合自身实际探索立德树人的差异化构架路径，这也是深化立德树人理论的内在要求。习近平总书记关于立德树人的论述体现了实事求是和从实际出发的理念，为高职院校探索立德树人新模式奠定了理论基础，如"思想政治工作要坚持统一性和多样性相统一，既落实统一要求，又因地制宜、因时制宜、因材施教，要做到因事而化、因时而进、因势而新"。《实施方案》既要求职业教育"落实好立德树人根本任务，健全德技并修、工学结合的育人机制"，也要求推进"职业教育领域'三全育人'综合改革试点工作"。另一方面，国家层面强调了职业院校立德树人的独特使命。习近平总书记在全国教育大会上强调"要把立德树人融入职业教育、高等教育各领域""要高度重视职业教育，大力推进产教融合，健全德技并修、工学结合的育人机制"。《实施方案》要求"把发展高等职业教育作为优化高等教育结构和培养大国工匠、能工巧匠的重要方式"。2020 年年初《教育部山东省人民政府关于整省推进提质培优建设职业教育创新发展高地的意见》（鲁政发〔2020〕3 号）指出职业教育要"落实立德树人根本任务，加强师生思政教育，培育和传承好工匠精神。在墨子、鲁班、奚仲故里的枣庄市建设中国职业教育博物馆和职业体验馆，大力弘扬工匠精神"[1]。

（二）理论逻辑：高职教育的类型特征

"作为一种类型，职业教育发展必然有其不同于普通教育的特点和规律……是解决职业教育问题的关键"[2]，明晰高职教育的类型特征可以深化对职业教育规律的认识，为遵循职业教育规律开展立德树人工作奠定理论基础。《实施方案》不但明确了职业教育的类型属性，确立了"产教融合、校企合作、工学结合、知行合一"的基本原则，还昭示了职业教育的类型特征，如双元性、职业性、实践性和社会性等，这些类型特征是职业教育成为一种独立体系的教育类型质的规定性，也为高职院校探索与普通教育不同的思政教育差异化构建路径提供了逻辑基础。高职院校思政教育作为高职教育的一部分，只有体现出这些特征才能遵循职业教育规律和职业院校学生成长规律，才能贴近生活、贴近实

---

[1]　教育部．山东省人民政府《关于整省推进提质培优建设职业教育创新发展高地的意见》http://edu. shandong. gov. cn/art/2020/1/14/art_ 11990_ 8717002. html.

[2]　平和光．为何强调职业教育是类型教育［J］．职业技术教育，2019（4）：1.

际，实现立德树人的根本任务。

高职教育是高层次的职业教育，在层次上与之对应的教育类型是以培养学术和科研人才为目标的普通高等教育，对此可以借鉴《实施方案》把教育分为职业教育和普通教育的标准，以及《国际教育标准分类法（2011）》将教育分为普通/学术教育与职业/专业教育两种基本类型的标准，把高等教育分为普通高等教育（学术教育）和高等职业教育，并从主体、客体、内容、方式、目标和职能六个维度分析两种教育类型的差异（见表1），在比较中归纳高等职业教育的类型特征。

表1　普通高等教育（学术教育）与高等职业教育的差异分析

分析维度	高等教育类型	
	普遍高等教育（学术教育）	高等职业教育
教育主体	单一主体：学校	双元主体：校企（学校教师、企业师傅）
教育客体	普通高考，城市生源较多，生源类别单一，较强的知识理论基础	职教高考（文化素质＋职业技能），农村或城镇生源较多，生源类别多样，学生＋学徒双重身份
教育内容	迁移性：具有职业可迁移的基础技能＋系统化的理论知识＋思想政治素质。依据学科知识逻辑匹配教学内容与资源	岗位性：面对某种确定的职业岗位的技术技能＋够用的理论知识＋思想政治素质和工匠精神。遵循技能生成逻辑匹配教育内容与资源
教育方式	全面系统的知识理论教育为主	德技并修的技术技能训练为主
教育目标	德才兼备的高端科研和学术理论研究者	德技并修的高水平技能型人才和大国工匠
教育职能	侧重社会发展、服务国家高精尖技术研发	侧重社会稳定和改善民生、面向人人、就业导向、服务服务区域经济社会发展需求

从上述六个维度的比较中可以归纳出高等职业教育的类型特征，一是主体的双元性，《实施方案》指出要"推动企业深度参与协同育人"。二是客体的人本性、层次性和双重身份，"扩招一百万"是高职教育以人为本、面向人人的体现，教育客体生源类别多样且以农村生源为主，理论知识基础薄弱，更擅长通过实践操作获取知识，为了学技术谋生存，功利性强，非智力因素、心理健康水平和自我效能感较低。三是内容和目标的职业性，职业教育技能传授针对确定的职业岗位，具有明显的职业定向性。"所谓职业性，是指职业

教育针对某个（种）特定职业（群）展开相对较为系统的教育。职业针对性是职业教育作为类型教育的根本属性，普通教育围绕学科知识进行教育，职业教育围绕职业技术技能进行教育"①。四是方式的实践性，职业院校实践性教学课时原则上占总课时一半以上，顶岗实习时间一般为 6 个月，"德技并修"是职业院校落实立德树人的目标和方式。《实施方案》要求职业院校"落实好立德树人根本任务，健全德技并修、工学结合的育人机制"。五是职能的社会性，"职业教育作为与经济社会发展联系最紧密、与就业和民生关系最直接的教育类型"，服务中小企业和制造业，承担维护社会稳定、服务地方、乡村振兴和脱贫攻坚等社会职能。

三、高职院校立德树人的构建路径

高职教育作为高层次的职业教育，应积极探索职业教育领域的立德树人路径，支撑职业教育向类型教育转变。一方面，高职院校立德树人应满足实践需求，确立类型化发展的理念，摆脱"路径依赖"和"德技分离"困境，承担培养大国工匠和传承工匠文化的时代使命；另一方面，高职院校立德树人应遵循"产教融合、校企合作、工学结合、知行合一"的基本原则，以职业教育类型特征为依据，探索立德树人的差异化构建路径。具体来说，应基于相对固定的教育客体的独特性、教育职能的社会性和教育目标的职业性，从教育主体双元性、教育内容职业性和教育方式实践性等三个维度开展探索。

（一）立足校企协同：遵循高职院校立德树人主体的双元性特征

高职院校"校企合作、工学结合"的人才培养模式确立了企业的育人主体地位。习近平总书记指出要把立德树人作为中心环节，把思想政治工作贯穿教育教学全过程、实现全程育人、全方位育人。《教育部办公厅关于开展"三全育人"综合改革试点工作的通知》对全体高校提出了统一要求，但没有结合职业院校类型特征提出实施路径，也没有强调企业在职业院校中的育人主体地位。在明确职业教育类型属性的背景下，《实施方案》提出"推进职业教育领域三全育人综合改革试点工作"的要求，因此，高职院校应借助深化校企合作的机遇，探索高职院校三全育人的差异化构建路径。

一方面，加强校企党委协同，推进全员育人。习近平总书记指出，办好我国高等教育，必须坚持党的领导。校企合作背景下，学生面对多元的话语

---

① 彭振宇. 职业教育作为类型教育之我见［J］. 教育与职业，2019（17）：8.

主体与平台，以及多元价值观的冲击。鉴于校企内部的党员是推进立德树人的主体，校企党委作为两大育人主体的核心应借助政治优势和组织优势，在立德树人过程中发挥核心作用。其一，校企党委应加强顶层设计，建立由学校学工部、就业处、团委、思政部、教师、辅导员和企业人事处、车间主任、师傅在内的育人共同体，建立定期沟通的平台与机制，统一育人思想，减少不同话语主体和价值观之间的冲突，提升校企育人的整体性和系统性。其二，校企党委应共同加强师德师风建设，提升企业育人主体的获得感。将学校的师德师风主题教育活动延伸到企业，并将企业师傅纳入师德模范表彰体系。探索通过市场机制购买校企合作，对企业师傅进行适当补贴，提升企业育人主体的获得感。另一方面，以顶岗实习为切入点促进校企育人过程的衔接，实现立德树人对技能学习过程的全覆盖。顶岗实习期间学生的德育工作由校企交替完成，学生面临角色转换以及具有现实性、社会性、复杂性的企业环境和人际关系，特别是在现代学徒制过程中学生的身份、面对的育人主体和环境在校企之间不断切换，教育内容和过程缺乏延续性，很容易造成学生价值观矛盾和迷失。因此高职院校的思政教育应延伸到企业，通过建立校外思政教育基地，开展思想引领、心理辅导和职业生涯规划，帮助学生平稳度过顶岗实习期，填补德育盲区。

（二）侧重工匠精神：体现高职院校立德树人内容和目标的职业性特征

立德树人工作具有很强的政治和意识形态属性。国家立德树人的统一要求是高职院校立德树人内容强调类型特色的前提和基础，高职院校立德树人工作的特殊性必须服从于全体高校立德树人的统一性。职业教育与其他类型教育一样，必须首先回答"培养什么人，怎样培养人，为谁培养人"这一根本问题。当前高职院校思政课教材来源于对本科教材的删减，取消了马克思主义基本原理和中国近代史纲要成了"两课"，不但破坏了统一完整的学科体系，使课程内部缺乏哲学依据和历史支撑，更导致其他课程因学生缺乏马克思主义的系统知识，而丧失了渗透马克思主义基本观点、立场和方法的基础，难以坚持马克思主义的指导地位。鉴于思政课是立德树人的主渠道，其教材体系是承载教育内容的重要载体。一方面，高职院校应完整开设思政课，为思政课提供马克思主义哲学依据和历史支撑，完成国家立德树人的统一要求；另一方面，开发侧重工匠文化和工匠精神的思政教育的统一教材或校本教材，依托教材把碎片化的工匠精神内容整合成系统化的知识体系和结构，引导学生了解技术发展与人类社会发展的关系，了解工匠精神的内涵。

高职院校思政课在与国家统一要求同频共振的基础上，注重融入工匠精神和工匠文化等具有职业性的类型教育内容。高职院校教育内容和目标的类型特征集中体现为职业性，而工匠精神是职业教育的灵魂和基因，也是职业教育作为类型教育的重要表现和价值向度，这要求高职院校立德树人遵循规律，在教育内容中融入职业岗位所需要的工匠精神和工匠文化。一方面，高职院校思政课应具有类型意识与结合意识。选择侧重工匠精神等体现类型特征的教育内容，满足学生现实的专业技能学习需求和期待，把解决学生思想问题和解决实际问题相结合，增强学生获得感。例如，在弘扬中华优秀传统文化和文化自信过程中，借助庄子"技近乎道"、墨子兼爱非攻思想与工匠精神，阐释匠人的精神境界；通过鲁班发明锯，蔡伦造纸渗透工匠精神中创新精神；通过庖丁解牛阐释工匠精神技艺精湛。在中国梦、在社会主义核心价值观、理想信念教育中宣传宣传乡村振兴，脱贫攻坚、西部计划、就业创业政策、制造业振兴政策和供给侧结构性改革，引导学生把自身职业理想与国家需要结合起来。

（三）践行德技并修：彰显高职院校立德树人方式的实践性特征

德技并修是立德树人在职业教育领域的具体要求，也是职业院校落实立德树人的具体方式。专业技能实践课主要包括校内技能实训课和校外顶岗实习，是渗透工匠精神和校企资源配置的核心，具有实践性和趣味性强的优势，可以把思政理论与学生熟悉的技能实践相结合，与德技并修这一实践性的教育方式相耦合。《实施方案》指出应"使各类课程与思政课同向而行，努力实现职业技能和职业精神培养的高度融合"。因此高职院校应借助专业技能实践课开展课程思政，运用德技并修的育人方式，探寻立德树人的新模式。

首先，明确专业技能课在德育方面的边界与任务，为课程思政奠定基础。在德育任务方面，思政课应侧重于政治和思想引领，专业技能课应侧重于满足职业标准中价值和精神层面的要求，因此专业技能课立德树人或德技并修的"德"指在价值层面与技术技能相耦合的内容，如：职业道德、职业精神、敬业精神、劳模精神和工匠精神等，尽量避免在专业技能课中生硬植入爱国主义、理想信念教育内容，打乱授课计划与进度，影响技能教育的实施。其次，在德技并修中注重把技术技能感悟内化为个人职业精神。坚持工学结合，做中学，学中做，在专业技能实践中引导学生感知工匠精神和敬业精神，渗透基于信仰、不计功利的工匠精神，用技能实践中感悟到的"价值理性"平衡过度扩张的"技术理性"，抵御职业院校日趋严重的现实主义、实用主义和功利主义，在枯燥的技术训练中关注学生的精神需求，体现人文关怀，引导学生在重复的技术技能实践中体悟工匠精神，并把瞬时的认知、体验和感悟转为职业情感，固化为职业精神，体悟"技近乎道"的人生境界。最后，在德技并修中注重把职业精神外显为技术技能实践。在专业技能实践中以学生为中心，尊重高职院校学生群体的特殊性和学生个体间的差异性，把实现学生个性发展，甚至在某方面近乎苛刻的"偏执"个性作为培育原创能力和工匠精神的基础，注重培育学生健全的人格，提升学生的职业认同感，提升劳动者在技术实践中的主体地位，引导学生在技术实践中践行追求完美、精益求精、专注钻研、探索创新的工匠精神，把个人兴趣、审美和精神创造性地物化为个人作品或毕业设计，把职业精神落实为职业行为，固化为职业习惯，逐步融入认知技术、学习技术、改造技术和改造世界的具体实践中，实现"知行合一"。

工作随想：从"学科逻辑"到"工作逻辑"

职业教育与传统的学科教育的区别，或者说职业教育要从传统的学科式教育脱胎，成为与普通教育平行的教育类型，就是强调它的价值取向是职业工作。在教育理论体系建构中根本的特质，或者说职业教育之所以能存在的根本，在于"用工作的逻辑，代替学科的逻辑"，学科的逻辑强调的是学科的系统性，强调知识之间完整的推导运算过程和知识体系的完整，它是人类认识世界经验简化的历史成果的积累，是人类文明传承的信息沉淀。工作逻辑则是人在从事工作时直接需要的经验式的、情境式的还带有个性特色的知识。现代的职业教育理论，其实最根本核心问题，就是这个问题，无论是工作岗位分析能力而重构课程内容，还是分析工作任务过程开发课程，就是说无论是 CBE，还是行动导向的学习领域课程开发，都是要先从工作世界的分析开始，力求使教学的内容，即课程与工作相一致。

理论和实践都给我们揭示出，以工作的逻辑去建构课程，同样可以把重要的知识包含到教学内容中来，不过是呈现的时间和方式不同，它不再是从抽象的概念、判断和推理而形成的知识体系，而是从工作的逻辑出发，用工作的任务过程（当然是经过教育学设计过的教学任务）作为载体和主轴，把知识进行重新组织。简单地说，学科是知识的来源，而专业是知识的结构，要把原来学科的知识要点，按照职业工作的需要和特点，进行重新设计和呈现，体现知识动态的应用形态。重新设计和建构之后，知识总量并没有减少，只是呈现的顺序和方式是依托于教学的项目来呈现，并在学生工作式的学习中自我查找和建构。

会计，是经济生活中的事件，以货币符号体现在凭证和账簿上的印记。在每一笔会计业务的背后，都有一个经济事件。学科式的课程是以会计记账科目以其内在的知识逻辑关系形成的知识范畴和门类，而这些学科又无一不是与实际的操作相关。我一直在想，我们能不能以经济事件分类作为载体，按事件把原来的会计学的元素挂在事件上学习。这样需要设计一个系统的经济事件序列，在这个序列下设计系列的会计处理任务，在任务中体现知识。尽可能地把原来的知识内容，包含在项目相关的任务中，寄居在任务过程中的知识，就不再是空洞的概念，而是生动的事件。这项工作当然非常繁杂，当然需下很大的功夫，既要让以经济事件为载体的项目课程系统化，又要让这些项目内含原来的知识元素，让事件去揭示各元素之间的逻辑关系，让真实的事件附着会计知识的逻辑。我们的老师，出于对知识的热爱，甚至是对事业的忠诚，不辞辛劳，不愿意放弃任何一点一滴的知识。总是有几个不放心，一是对知识不系统不放心，总认为传递给学生的知识，一定是最全面的，严格地按照其知识自身的逻辑系统（学科逻辑）去让学生掌握，其实学科的逻辑也并不是完全严密的固定不变的；二是对知识不全面不放心，尽可能多地把自己能讲到的知识，全面讲给学生听，可无论你如何尽心尽力，总不可能把全部的知识告诉他们，他们总是要在今后工作中自己获取他们所要用到的知识；三是让学生自己学习不放心，总觉得老师没有一一讲到那些知识点，对不起学生，对不起事业，然而你讲的目的是他学会，他学不学，学会没有学会，才是你讲得好不好的最终标准。真正是知识，是自己感受到欠缺后，主动通过智力活动，寻求解决问题而获得并建构的自我的知识系统。这就是建构主义学习理论的核心，打破原有固定的观念，才能主动地寻求变革。

所有的专业都有一个完整的学科知识体系，职业教育的专业都要求以工作的逻辑重新建构其课程的体系，会计的特点是规范，精确，不仅仅是学科要求精确，而特别是对待业务，对待工作内容精确，精确只是内容的一个特点，并不是说精确到这个学科体系模式绝对的不能改变。班门弄斧只是因为那个地方曾经有过一段难忘的经历，希望能够有所突破，为了我曾经的同事，更为了那个专业。

第二节 "学生中心"改革新探索

"学科中心"转向"学生中心"，是当前高职教育教学改革的方向。其重点是建立以学生为中心的教育教学体系，最大限度地满足受教育者多样化的个性学习需求。"学科中心"的教学，关注学科知识、技能的传授，学生是知识的载体和容器；而"学生中心"的教学，关注学生的终身发展，知识、技能是学生发展的媒介。高职教育先行借鉴国外模式，提出"能力本位"，将教学的核心转向学生，目前高职教育改革的价值取向指向"核心素养"。

一、"学生中心"为宗旨的培养模式

高等教育教学改革的方向，是从"学科中心"向"学生中心"的转变。学科中心的教学，关注的是学科知识、技能的传授，学生是知识的载体和容器；学生中心的教学，关注的是学生的发展，知识、技能是学生发展的媒介。这一趋势体现了以人为本的理念，是信息技术导致知识传递渠道多元化和知识创新加快的时代特征下，教育意义回归到促进人的发展的必然选择。

促进人的发展，在高职教育中就体现为注重能力发展和人格发展。高职教育的教学改革，从借鉴国外模式，提出"能力本位"，到关注能力（智力）与人格全面发展。在教学中突出学生的主体地位，以学习作为教学的中心。

"学生中心"的教学，要求从学习内容、学习策略、学习效果三个方面出发，去设计教学体系，以面向学生发展的课程、突出学生学习主体地位的教学设计和关注学生具有获得感的诊断改进的保障体系。

需要特别指出的是，进行"学生中心"的教学改革，关键是解决学生学习动机的问题，增强学生的自我效能感，对自己的学习主动承担责任，即采取一定的措施，系统性地培养"学习责任"，这是实施"学生中心"教学改革的关键。

教学体现着学校教育的宗旨。高职院校承担着特殊的社会功能，必须坚持以学生发展为本，系统地协同企业对人才的需求和专业自我发展的需求，从学校实际出发，科学论证，确立人才培养方案，对课程体系和教学内容、教学模式策略、教学评价，以及学生学习动机等做出安排。

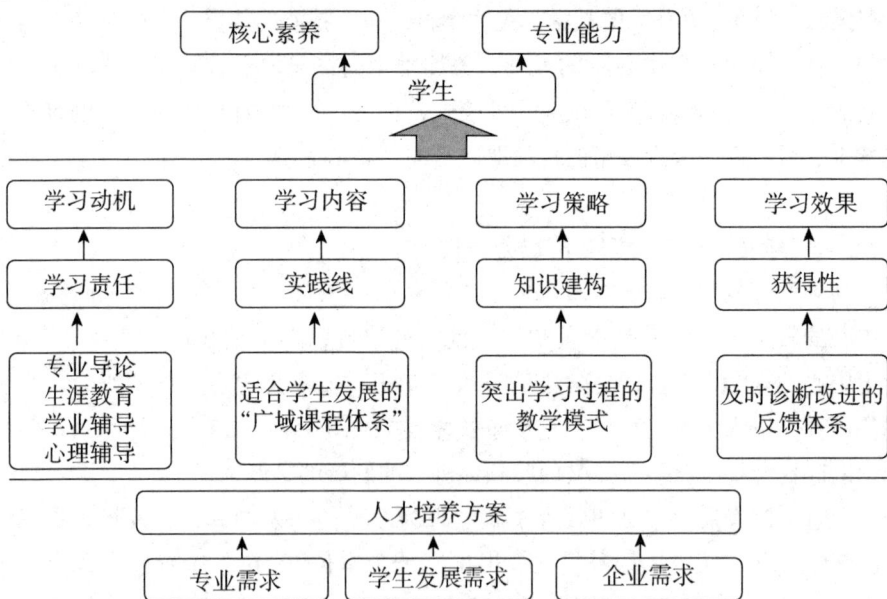

二、"学生中心"要解决的问题

问题1：以"学生中心"为核心理念的不够鲜明

以学科中心向学生中心的转变，是教学改革的共同方向。就是充分体现学生在整个教学中的主体地位，从着力于知识的传授到促进学生的发展。然而，由于学科知识体系作为现代大学设立的基点，学科建设和知识传授作为大学基本功能的价值定位根深蒂固，在传统的本科大学实施改革难以突破。中小学开展的课程改革十多年实践，又因升学竞争也难以实现。尽管学生主体地位和促进学生发展的改革方向，作为理念得到普遍的认可，但是在实践上难以摆脱教师的自发行为和零散案例，并不能形成整体性的推进方案。

学生主体地位在理念上得到认可。不同的学校都有自己富有特色的改革方案，然而直接鲜明地以"学生中心"作为核心理念，进行全面系统设计的教学改革方案的情况并不多见。

这表现在几个方面，一是在制订《人才培养方案》过程中突出企业需求，不能系统协调多方需求；二是教学内容注重以企业岗位工作为蓝本开发专业课程，再叠加公共素质课程形成课程体系，不能从高职学生发展的角度来建构多方位的、满足个性化需求的课程多方面、多层次课程体系；三是教学过程的策略方法不能系统地体现学生主体，习惯性地以教师的权威，左右学生的学习过程；四是评价突出了职业要求，引进了他方评价，而学生自我评价，流于形式。

在整体上不能从教学的计划，到教学内容、教学过程和成果反馈全过程体现"学生中心"，总是呈现出局部的、零散的、自发的特征。

问题2：学生"学习责任"缺位

在进行"学生中心"的教学改革过程，教学内容、教学方法和评价制度，都要本着利于学生学习而展开，通过系统的课程和教学方法改革，加以推进。而改革最大的困难和瓶颈，是学生的学习动机不足问题，学生学习内驱力不足，不能形成自我学习责任。导致教学内容、教学方式方法的改革不能奏效。青岛职业技术学院通过教学和学生管理一体化，实现两个系统协同，形成合力，实现了"学习责任"和学业辅助方面的突破。

90后、00后青年学生有以下特征：自我意识强，是非观念淡；心地善良，行为大气，即责任心弱，意志力不足；智商、情商高，反省意识差。同时，学校对学生的学习动机培养、激发不够；对学生学习外在原则多于真诚引导，迁造就多于关心；评价过程表层化，评价的教育意义忽略，功利思想较重。学生对自己的学习不承担责任，自我效能低。

问题3：学生自我评价和学习"获得感"模糊

与学生的学习责任相对应，改革教学评价体系。实现绝对标准和相对标准相统一，客观评价和主观评价相结合，过程评价和结果评价相补充。

评价个性化不够，自我评价忽略，学生满足于及格得到学分，而对学习收获不重视。评价外在浅表化，不能体会到"获得感"。

三、解决问题的方法

（一）形成整体解决方案

1. 从教学计划做起，系统安排

综合考虑多方需求，通过制度化的《专业人才培养方案》制订、修订过程，秉持"三需求（学生发展需求、专业发展需求、企业用人需求）"的基本原则，根据行业和企业发展动态，调整人才培养规格目标，围绕学生职业生涯发展，确定人才培养过程，制订人才培养方案。每年都根据相关产业的发展，修订《专业人才培养方案》，形成制度；修订方案要经过严密的流程，多方论证；每级一案，根据不同生源，一案多本。

2. 构建广域的课程体系

拓展课程的外延，丰富课程内涵。把学校内有计划的教育行为和活动，全部纳入课程化管理，赋予一定学分。课程包括专业课程＋公共课程、必修课程＋选修课程、技能课程＋人文课程、学业课程＋群团活动课程、显性课程＋隐性课程，等等。

（二）教学内容改革

本着有利于学生发展的宗旨，构建"广域课程体系"。将学生社团活动、学生科研活动、学生自主阅读活动等，纳入学分管理，进行课程化改革，促进其系统化。

对专业课程进行改革，使内容更容易成为学习的内容，便于学生学习。如旅游管理专业，把《旅游地理》改造成为《旅游线路地理》，把原来按照行政区域划分的旅游资源分布的内容结构，以旅游线路的形式进行改造，更贴近于旅游的真实情境。

（三）教学策略方法改革

教学过程突出"学习"。教学围绕着学习而展开。全院推行"学教做合一"模式，即把学生的学习当作整个教学过程的中心。

学教做的合一

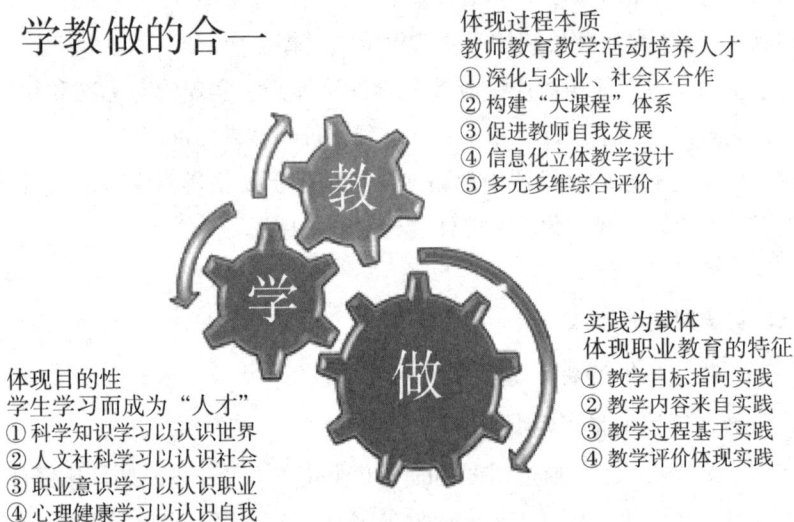

体现过程本质
教师教育教学活动培养人才
① 深化与企业、社会区合作
② 构建"大课程"体系
③ 促进教师自我发展
④ 信息化立体教学设计
⑤ 多元多维综合评价

教

学

做

实践为载体
体现职业教育的特征
① 教学目标指向实践
② 教学内容来自实践
③ 教学过程基于实践
④ 教学评价体现实践

体现目的性
学生学习而成为"人才"
① 科学知识学习以认识世界
② 人文社科学习以认识社会
③ 职业意识学习以认识职业
④ 心理健康学习以认识自我

所谓"学教做合一"人才培养模式，着眼于职业教育人才培养过程本身，以学生内在成长需求为出发点和落脚点，以充分调动学生的积极性启动自我教育、自主学习为切入点，有组织地开展既突出实践应用更注重素质养成的教育教学行为，最终实现成功培养具有可持续发展能力的应用型人才目标的培养模式。

突出实践、关注全面的自主教育模式。该模式力图使整个教育教学过程的设计和实施，都尽可能尊重、遵循并有利于激发学生的内在兴趣、身心成长规律和创造意愿。强调"学"字当头，凸显学生在教育教学活动中的主体地位，学生永远是"主角"。置于"学"之后的"教"为主导，是高职教育活动的"导演"，"导演"要注意最大限度激发"主角"的潜能。"做"为载体，突出的是高职教育注重实践的特征，但这种做不仅指技能训练，也包括思想修养。三者当中，"学"起到统领作用，"教"和"做"都依顺"学"并为之服务，以此实现三者合一。所以，在很大程度上，构建"学教做合一"人才培养模式所彰显的，又有对现实教育中普遍存在的"教"主宰一切、"学"被动承受现象进行纠偏的努力。

（四）信息化教育环境教学改革新业态

1. 信息技术改变了师生信息关系，教师不再是信息的传递者，学生也不再是信息的接受者。新型的信息关系是多元互动的信息关系，学生可以通过内乡信息渠道获取比教师更丰富的知识和信息，教师的职能主要应该承担的是信息的甄别和选择、整合和优化。应该是信息比对的核心人。

2. 信息技术拓展了课堂教学的时空，通过信息技术，教学可以达到原来传统课堂不能到达的时空，一方面通过模拟仿真技术，可以创设虚拟的情境，实现电子化的"现场教学"；另一方面，可以通过网络连线，直接到达第二教学空间。

3. 信息技术延伸了教学的时间，把教学内容任务延伸到课下。学生更具有主动性，按照自己的节奏开展学习活动，更适应"任务式"的教学。

四、"学习责任"的培养和研究

（一）学习责任培养和研究的理论意义

"学科中心"转向"学生中心"，是当前高职教育教学改革的方向。其重点是建立以学生为中心的教育教学体系，最大限度地满足受教育者多样化的个性学习需求。"学科中心"的教学，关注学科知识、技能的传授，学生是知识的载体和容器；而"学生中心"的教学，关注学生的终身发展，知识、技能是学生发展的媒介。高职教育先行借鉴国外模式，提出"能力本位"，将教学的核心转向学生，目前高职教育改革的价值取向指向"核心素养"。需要特别指出，"学生中心"的教学改革，关键是解决学生的学习活动的心理驱动问题，即学生认可学习是自己的责任，并主动地承担学习任务的内在心理过程，即学生的"学习责任"。它是教学改革取得成效的关键，更是成为一种可迁移的心理素质，进而发展成为工作责任、社会责任的重要因素，具有显著的人格教育意义。

"学习责任"作为学生学习活动的心理驱动过程，意义特殊。学生的责任就是学习，这是其社会角色的内在规定，即学生必须承担学习的责任，把这一观念内化为学生的自我学习责任，即学生自觉认可并承担这个责任。自觉地承认学习是理所当然的分内责任，完成学习任务就是必须首先做到的，不能完成学习任务内心会惭愧，并主动承担学习的最终后果。这个责任源于人类的社会性，体现为学生的自我意识，而且具有明显的行动特征。为了更清晰地阐明学习责任的本质，本研究立足于教育哲学的角度，对其内涵和意义进行专门的讨论。具体来讲，讨论学习的社会责任和个体责任，学习自由和学习责任的关系，学校教育的本质、职能与学生的主体性；讨论学习责任的特性，包括内在性、实践性、层次性等问题，以及学生学习责任的边界问题。

（二）学习责任研究的现实意义

（1）创新型技能人才培养的实践困惑——内在动力缺位

中国特色社会主义进入新时代，标志着我国经济、政治、文化、社会和生态文明建设进入一个崭新的历史阶段。新时代促进发展，必须贯彻新发展理念，创新是促进发展的第一动力。同时，要转变经济增长方式，倡导新的价值理念，这一切对技能人才都提出的新要求，核心就是培养创新型人才。为了适应这种新的要求，高职院校加强学生的创新创业教育，进行了多种多样的探索，形成了许多独具特色的教育模式，但归纳起来有几种形式：一是以制订专业人才培养方案时，把创新意识教育和创业教育课程纳入课程体系；二是引进创新项目课程；三是在专业课程渗透创新思维和创新思想。然而，创新型技能人才的培养，不是开设几门课程，举办几场大赛，甚至形式化地把创新思维在课程中穿插、生硬的附加，就能达成效果的。创新型技能人才表现为具有创新的思维，在工作中具有技术创新、工作方法创新、工作形式创新要素，完成原来常规状态不能完成的任务，而本质上要求具有独立思考、批判精神和充分理性。创新型人才的培养，需要在心理学的机理分析和心理模型建构的基础上，进行系统科学设计的教育过程。创新型人才必须具有敏锐的观察力、准确的判断力、丰富的想象力，这些优良的智力因素形成，需要学生自我认同、自我承担、自我心理监察等非智力因素支持，自主意识的唤醒是创新型人才培养的关键。有自主意识才会有内在的强烈的创新愿望和优良的人格品质支持，这是创新活动能够正常进行的基本条件。目前高职院校的创新教育，重点关注了途径和模式设计等外在的要素，形式上全面完整的方案却不能产生良好效果，原因在于学生自我的内在动力没有得到充分的调动。

（2）高职教育教学改革的现实困境——"学习者"学习动力不足

职业教育改革面临进一步深化，国务院印发了《国务院关于印发国家职业教育改革实施方案的通知》（国发〔2019〕4号）（即国20条）文件，对职业教育系统构建和职业教育的综合改革，做出了明确的规定，系统地勾画出了职业教育未来的蓝图，意味着职业教育改革的顶层设计完成，全面深化职业教育改革运动正在展开。高职教育的改革，大都从课程体系的改革切入，从职业人才需求出发，进行职业教育课程开发，并进行教学组织形式和教学方法的改革，大力推行以实践项目为中心的新教学模式探索和建构，不同的学校都有各自独特的成就，然而整体上看，高职教育的教学改革，其核心宗旨可以归结为促进"学习者"主体性更充分的发挥。从知识本位到能力本位的教学改革，体现从重视知识的传递到重视人的个性发展；从能力本位到人格本位的改革，体现出个性心理中人格因素更具有核心意义，教学更加重视人格因素对人才成长的核心地位；进而提出"核心素养"，提出一个人才素养体系，则更全面地体现了教学改革把"学习者"放在中心地位的宗旨。然而，往往教学改革效果却达不到预定目标，改革方案成为改革者的"自说自话"，制约改革效果的原因就是这些方案得不到学习者的积极响应。"学习者"自身的学习态度，"学习者"对学习活动的自我认可、自我承担和自我反省，是所有教学改革方案获得效果的关键问题。教学改革的实践证明，当前制约教学改革的效果的主要因素就是"学习者"的动力不足。

（3）"学习责任"是基于教学者自主意识的高级动机——创新型人才培养模式的关键

在教学改革的实践和创新人才培养的实践中，内容的优化、方法的改进、组织形式的调整，形成各种各样的形式上完美的模式和方案，对于"学习者"而言，都是学习和自我发展的外部条件，而学习者自身的学习动机，是这些方案转化为"学习者"进步的关键。学习动机是推动学生学习活动的内在动力，包括兴趣、志向、信念、价值观等。学习责任是指学生在明确认识自我角色的前提下，对角色所相应的社会义务的自我认可、自我承担，形成有明确目的、有计划的，在意志力支持下的学习动机。首先，以学生的有意行为为基础，是在明确目的指引下，明确意识控制下的行为；其次，以意志力的参与和支持为标志，是一种明确理性支配的行为，过程中需要克服各种困难。学习责任是学习动机的一部分，是在理性支配下的高级动机。

支持学生学习的动机是一个多元素综合支持行动的内在心理动力，然而只有学习责任这样的动机，才是具有个性品质意义的，理性支配的稳定可靠的动机。这种动机的形成，是教学改革新模式和创新教育最终能够被学生所接受与形成主动行为的关键。

创新人才培养工程应该融入高职教育课程改革的整体过程中，以创新人才培养引导，系统科学设计新的教学模式，是"新时代"这一历史条件下高职教育育人模式创新的应有之义。如何把创新教育贯穿在高职的教学改革之中，建立创新驱动下的高职教育育人机制，是其中的核心问题。本项目的研究，旨在从关注与学生主动性、自觉性、积极性直接相关的学习动机出发，特别关注一个稳定的高层次的学习动机——学习责任，基于此建构高职创新人才培养的机制。

从理论意义来看，一是把对学习动机的一般性研究转变为关注学习责任的形成的培养；二是把学习责任的培养置于创新人才培养、高职教学改革的背景之下，把学习责任当作创新人才培养和教学改革的关键因素；三是构建一个基于学习责任的包含组织形态、课程体系和教学策略共同作用的立体逻辑结构框架。

从现实的实践来看，目前各高职院校的创新教育普遍流于形式，教学改革模式空洞，而制约改革实效和改革实践推进的瓶颈问题，就是来自院方的、特别是行政任务式的方案、模式，不被学生接受，学生没有主动性、自觉性和积极性。培养学习责任，就试图从培养学生一种内在的、稳定的正向动机，实现唤醒自我意识，主动参与学习和改革。

第三节　现代职业教育体系下校企合作模式

我国自改革开放以来，伴随着经济和技术的发展，职业教育从产生到发展壮大，无论是规模还是效益，已成为我国学校教育体系的重要组成部分。在我国现代化的进程中，职业教育是推进工业化、信息化、城镇化的关键因素。校企合作是职业教育办学和学校育人活动的基本特征[1]，随着现代职业教育体系的构建，校企合作的内容、方式和路径必将发生根本性的变革。

一、现代职业教育体系建设的内涵

现代职业教育体系建设，就是要突破职业教育单纯采用学校教育的办学模

---

① 陈宇. 技能振兴：战略与技术 ［M］. 北京：中国劳动社会保障出版社，2009：85.

式，改变不同层次的职业教育培养定位不清，既相互重复又相互割裂，行业、企业参与度低的情况，建构科学规范、整体优化、动态协作的职业教育体系①。

（一）以政府主导的宏观整体行动

要构建现代职业教育体系，就必须整合多方的办学主体，突破单一的院校模式，形成多元办学的格局；也必须整合各层次职业教育资源，对职业院校学生进行合理分流，实现不同层次职业教育的顺畅衔接。这就必然涉及政策问题、产权问题、人员编制和管理问题、院校的治理方式问题以及其他教育资源相互关系问题等。这是一个系统工程，需要首先做好顶层设计，综合协调，统一指挥。单纯依靠教育部门和院校无法完成，单纯依靠行业、企业的力量也无法完成。现代职业教育体系的构建，是要把政府、教育部门、各级各类职业院校的办学积极性和相关行业组织、不同类型的企业的积极性整合在一起，形成一个统一、协同、动态优化的体系；在这个体系框架下，形成一个科学、合理的多方联运的有机整体。既要满足企业的经济规律和市场规律，也要满足教育要培养人的价值诉求。现代职业教育体系的构建，是一个理论和实践共促共进的过程，必须由政府主导，加强理论研究和顶层设计，强化宏观指导，整合多方的力量，有效促进全社会职业教育的整体改革，实现职业教育体系内各部门的有机协同，体系与环境动态协调。

（二）以行业支撑的系统合作机制

职业教育是要培养不同层次的高素质的职业人才，就要加强与行业、企业的沟通和合作，面向行业、企业的人才需求，能够代表某一行业人才诉求的载体是该行业的组织机构。由行业组织来支撑校企合作，避免了单一企业在人才需求规格上的个别性和偶然性，能够更符合职业普遍的需求，职业教育的培养才具有普适性。构建现代职业教育体系，是多层次的系统工程，它将突破目前职业教育校企合作"一对一"合作方式的局限。在现代职业教育体系中，同一专业的各级各类职业教育要面对的，是相关行业内的不同类型和不同层次的企业，客观上要求由行业组织代表同一行业不同类型、不同层次的企业，与不同各级各类职业院校共同建构贯通多层次职业教育的体系。

（三）以专业主为轴的多层次立体结构

现代职业教育体系中的多层次结构必须是以专业为中轴和纽带，才能实现上下贯通。不同行业（职业）对人才的需求千差万别，要实现不同层次职业教

---

① 国务院．关于加快发展现代职业教育的决定．2014．

育的贯通，也必须是在同一专业的前提下才能实现。这也正是高效、统一、科学的现代职业教育体系的本质内涵。具体来讲，就是要做到同一专业的不同层次职业教育，培养目标层次定位准确，培养内容循序渐进、相互衔接，培养过程各具特色又贯通一致。一个行业支撑下，建立一个多层次贯通的职业教育子系统，多个子系统就形成了服务区域经济和社会的现代职业教育大体系。

二、高职教育校企合作的价值目标

高职教育实行校企合作，是职业教育内在规律决定的，高职教育既是高等教育的新类型，也是职业教育的高层次①。校企合作不仅体现了职业教育特征要求，而且也为保障培养的高素质提供实践基础。

（一）实现专业培养目标与行业需求的一致

职业教育现实的培养目标，就是满足职业工作对人才的需求，一方面能够适应职业工作需要，具备完成现实工作任务的能力；另一方面要具备职业的发展潜力。要实现这一目标，就必须根据职业工作来确定培养目标，校企合作的意义首先体现在培养目标的职业定向。目前，职业教育面向职业工作，以就业为导向已经成为共识，"订单式"合作等已普遍被接受，这为满足学生入职后适应现实职业工作奠定了基础。然而为学生终身的职业发展所提供再培养和提升的培养渠道不畅通，不同层次的职业教育相互隔离，培养目标层次不清晰，定位不准确。现代职业教育体系的建立，就是要实现各层次职业教育衔接，搭建职业成长的"立交桥"，为终身职业能力的提升提供可能性，也沟通了相应层次校企间人才供需的渠道②。

（二）实现课程教学标准与职业要求相协调

在培养目标确定之后，培养的重点在于课程内容，校企合作的大量工作和真正意义，在于用科学的课程理论指导，通过合理的职业工作分析，共同开发专业课程。一方面实现课程体系体现培养目标要求，符合职业工作内容，形成合理、简捷的课程体系结构；另一方面是实现具体课程内容的教学要求，与职业工作需要对接，保障微观教学内容的掌握尺度与职业工作所需相一致。目前，课程内容中吸收了大量职业活动的内容，技能训练比例增加，但总体上仍然是

---

① 武文.试析高职教育产学研合作主体的职能划分［J］.《大学》学术版，2012（8）：26 – 30.
② 刘甲珉，武文，孙奕.高职教育专业建设"1＋N＋1"模式的实践与探索［J］.高等职业教育，2012（6）：44 – 47.

机械的和简单化、形式化的内容汇合，没有形成能够体现职业领域内核有机的课程体系。现代职业教育体系的构建，可以通过系统的分层课程设计，用科学的教育教学理论指导，集中多方智力资源，实现对应层次的职业领域与学习领域通过课程保持协同，不同层次间相互连接，开发出比较系统、完善的高职课程系统①。

（三）实现日常教学过程与职业工作相统一

职业教育目标的实现关键还在于教学实践，体现职业要求的教育目标和与职业领域对接的课程内容，最终必须通过教学过程，把他们转化成为学生学习和成长的目标和内容。职业教育的教学活动，更多地体现在"任务过程"中实践式的学习活动，换言之，职业教育的教学最突出的特点就是"做中学"。职业院校近年来大力开展校内外实训条件建设，实践教学基础得到明显改善，目前的难点在于建构一种教学模式，真正把我们确定的教育目标和教学内容，转化为学生自主学习实践的内容，并在学习和实践过程中掌握相应的知识、技能，学会工作的方法和过程，发展职业能力和素质。这个模式既要遵循职业的规律，也要适应学生心理发展规律和教育规律，以改善目前职业教育校内机械的技能训练，校外实习"放羊"的局面，实现实习环节的校企共建共管。

三、现代职业教育体系背景下校企合作新模式

现代职业教育体系的建构，为校企合作提出了新的视野和新的平台，校企合作必须改变原来一校一企的"点对点"的合作，突破"就业"价值取向的"订单式"合作局限，在更广阔的视域下，思考探索校企合作的新模式。

（一）产权融合型

举办职业教育大体有三种方式，一是由行业、企业举办，这种模式的职业教育与行业、企业的职业需要直接对接，根据需求确定培养数量和内容，优势是职业教育完全根据企业直接需要，也因为完全的企业化，学校会失去独立性和自主性，会出现忽视教育规律的缺陷；二是由政府举办，教育部门主管，院校主体的职业教育，这种教育受普通学校教育影响较大，教学重理论，忽视技能，与职业需求相差较远；三是社会力量举办，这类职业教育灵活机动，市场意识较高，但易受经济利益驱动，急功近利。现代职业教育体系的构建，就是要整合多元的投资渠道，整合办学优势，吸收多种所有制形式共同举办职业教

---

① 赵志群. 职业教育与培训学习新概念［M］. 北京：科学出版社，2003：86.

育，形成产权融合式的职业教育。政府、行业、企业和社会力量等出资方的意志，可以通过董事会的形式得以体现，共同进行决策；院校在董事会领导下独立开展工作。一方面行业、企业的诉求，即职业诉求的实现从体外合作的模式转化成体内协同，更容易实现；另一方面院校的培养过程独立进行，保障人才培养遵循教育教学规律。这种模式要求建立新型法人体制，整合三种职业教育举办的优点，校企合作变成了系统内的协同，职能体现最佳①。

（二）联盟合作型

产权融合模式是现代职业教育体系构建中最理想化的模式，由于多种原因在实践中有很多困难，在一定区域内，可以由政府主导下，建立联盟式合作模式。由政府建立相应的政策，并在政府主导下，根据区域经济和社会发展的需要，组织相关行业组织、大型企业和区域内的职业教育机构，组建职业教育合作联盟。联盟组建理事会，各方的诉求通过理事会形成决议，各级各类职业院校根据理事会的决议，调整培养布局和方案，行业、企业和各级院校在联盟的平台上开展信息交流；在行业组织支持下，同类专业加强合作，实现培养目标的分层和衔接；同类院校间加强沟通，实现资源互补②。

（三）协议互动型

协议互动型的职业教育体系，就是不同主体，包括行业组织、大型企业和不同层次的院校之间，根据自身发展的需要，主动地采取灵活多变的方式，进行协议式合作。在原有校企合作基础上，行业、企业可根据人才需求的层次布局选择与多个不同层次的院校开展合作；院校间也可以以专业为纽带，建立分段培养式合作；院校的职业教育与企业举办的职业培训合作，等等，通过各种方式和渠道，实现专业的不同层次间上下贯通，学校与行业、企业间左右协作，保证学生的职业生涯发展的多方向、多渠道、多层次互通。

综上所述，通过产权融合、联盟合作、多方协议等不同层次、不同角度的合作模式，实现"同步规划职业教育与经济社会发展，协调推进人力资源开发与技术进步，推动教育教学改革与产业转型升级衔接配套"③，职业教育以行业支撑下，加强专业建设，深化课程及教学改革，实现协同育人。

---

① 邢广陆．建立"紧密型职教集团"的路径思考［J］．中国职业技术教育，2012（27）：32－35.

② 刘凤．高职院校营销人才培养校企合作联盟模型分析［J］．青岛职业技术学院学报，2012：17－20.

③ 国务院．关于加快发展现代职业教育的决定．2014.

工作随想：校企真的是想要合作吗？

自从我国创办职业教育，应该是从洋务运动开始的吧。职业教育，要为职业服务，职业教育由企业创办，校企之间本是一体，不存在合作的问题，学以致用，没有什么问题。新中国成立后，行业办学，也为行业人力资源提供了最有效和可靠的保障。无论什么国家，什么时代，面向职业的教育，总是要从职业需要出发，由行业和企业出资创办职业教育，应该是顺理成章的事。

我们现在一方面强调校企合作；另一方面，努力地把行业办的学校和行业分开。本是一体的校与企，硬生生地分开，然后再强调让他们合作，这到底是什么样的逻辑呢？看来，校企合作，只看协议；这是形式化的合作，如果能够把学生送到企业就业；那就是就业层面上有了实质性的合作；把企业的工作过程引入学校，体现在课程建设中，实现培养过程的合作，才是尝试的合作。努力重建企业办学时期校企间的尝试同步协作关系，是我们努力的方向。

第四节　校企合作中产学研职能的承载主体

高职教育办学的明显特征就是校企合作，一直以来高职院校的校企合作实践上总表现为院校一头热，各个院校、专业的合作模式各不相同，所反映出来的另一个问题，实质上就是合作未能实现制度化和常态化。对于校企合作的思考多在政府立法和税收政策调节企业利益关系等外力推动方面下功夫，对于校企合作的内在逻辑关系和内在动力方面研究不足，特别是从各自组织自身本体的存在和发展的需要出发，在合作过程中主体职责合乎逻辑的划分问题，一直没有得到明确的回答。校企合作的内容，则集中体现在"产""学""研"相结合方面，思考和探讨院校与企业在"产""学""研"方面各自适合于承担的角色和职能，以及工作的侧重点，更有利于揭示校企合作的内在规律。分析和确定"产""学""研"的承载主体特性，是分析合作规律的首要问题。

一、高职教育产学研结合的价值和承载主体

校企合作，对于高职教育具有特别重要的意义，校企合作具体表现为"产""学""研"相结合，即学校和企业合作，实现生产过程与教学过程、研究过程相结合。

1. 高职教育校企合作的价值分析

校企合作的内在逻辑关系是职业化人才的供需关系。企业需要受过系统职业教育，具有较高素质和职业能力的人才，而这种人才理应由高等职业院校提供，这是双方实现合作的基本逻辑起点。在这里"职业化"体现接受系统职业教育的要求，"高素质"和"职业能力"，则体现接受高等教育的层次要求。校企双方在这个基本逻辑关系上建立合作关系，体现着双方各自发展的内在需求，企业通过院校人才培养实现持续性的劳动力再生产，促进生产力水平不断提高；院校通过企业实现教学内容的不断更新和丰富、教学方法的改进和创新以实现人才培养水平的持续提高，同时获得持续的发展原动力。更重要的是院校培养全面发展的人，必须与社会发展保持同步，院校培养人就是要培养社会企业需要的人，通过教育实现职业化从而促进其人格社会化。校企之间这个逻辑关系是内在的固有的关系，它是判定校企合作效果和稳定性的唯一标准，也是思考校企合作机制建立的根本出发点。①

校企合作的首要问题是企业需要什么样的人才。对企业用人情况进行分析，是校企合作首先要解决的问题，而企业用人存在类别的问题，层次的问题，数量的问题，还有亟须人才和储备人才、关键人才和一般人才的问题。综合考察不同企业的人才需求特征，对行业内不同企业的用人特点进行对比和归纳分析，确定人才培养的规格和标准，同时选择具有行业典型性和代表性的企业作为合作伙伴，是实现校企合作的基础。

校企合作的根本问题是学校坚持以人才培养为中心。校企合作的最终目的是培养企业所需要的人才，而人才是依靠系统的专业教育教学获得的，对于高职院校来讲，坚持以人为本，以就业为导向，以教学为中心，是教育规律的体现，也是企业需求的体现，企业对人才规格的诉求，集中体现在教学过程中，呈现在就业质量上。

校企合作的现实问题是合作的内容和内部机理。校企合作的内容体现在"产""学""研"相结合，包含了产学结合、产研结合、学研结合。"产"是企业的生产和服务，"学"是指学生的学习，在院校即教学过程，二者的结合，就是要求教学内容与生产（服务）现实相协调，学生在学校学习的与将来在企业能实用的，即实现学以致用；"产"与"研"的结合，主要指新产品的开发及针对产品生产的技术开发并将新产品、新技术具体化在生产过程中，促进生产水平提高；"学"与"研"的结合，主要指为促进学习的内容、方法的改进而

---

① 陈宇．技能振兴：战略与技术［M］．北京：中国劳动社会保障出版社，2009：85.

进行的研究，并将研究成果应用于教学实践的过程。贯穿"产""学""研"的是特定的专业，"产"的工作领域与"学"的专业内容相对应，针对产品的研究与针对教学内容的研究也与专业相一致，专业是连接"产""学""研"三个方面的纽带，同时决定了三者的内容体系。①②

2. 高职教育产学研承载主体的社会职能分析

主体性决定承载某一职能的特定组织的特性，对该组织本身特性进行分析，是厘清其职责范围和划定职能边界的依据。在校企合作中合理划分院校与企业应承担的相应职能，应该符合其组织自身的特征，在合作中承担的，应是其组织性质自身性质适应的、与其组织自身发展密切相关的职能，简言之，既符合其特性又符合其需要。

"产"，指企业的生产和服务，是直接产出物质产品和服务产品的过程，是一个经济过程，主体是企业，价值取向是"效益""利润"。生产和服务是企业方自身功能的体现，企业作为一个经济实体，通过生产、销售、服务、运营获取经济利益，是其组织本身性质决定的。学校在一定程度上可以参与企业的生产，其至有的学校承担生产任务，在开展生产性的教学中客观上从事产品的生产或者服务，但由于组织价值取向和运行模式的限制，是从属性质的，不能作为"产"的主体，就是说"产"的主体，就是企业。

"学"，指学校学生的学习，即教学过程，其主体是学校，价值取向则是成长和积累。促进学生成长和积累办学实力，主要就是专业实力，表现为育人质量持续提高。培养人的过程应由学校承担，这是学校作为一种社会组织特有的本质属性。企业也有学习和培训，同样企业的学习与学校教育相比是零散的、针对现实工作需要的，而不是系统的培养。简单地说，学校的"产"最终目的在于"学"，而企业的"学"最终目的在于"产"。

"研"，指企业、学校对生产过程、专业内容、培养过程等各个方面的研究。是一个知识的生产过程，也是一个积累过程。价值取向是科学理论和对实践的指导性。企业与学校，都有开展研究的义务和需要，换言之，"研"的主体既可以是院校，与可以是企业。

二、高职教育"产""学""研"关系和合作职能分析

在明确"产""学""研"承载主体的基础上，分析"产"与"学"，"产"

---

① 赵志群. 职业教育与培训学习新概念［M］. 北京：科学出版社，2003：86.
② 姜大源. 职业教育学研究新论［M］. 北京：科学教育出版社，2007：37.

与"研"，"学"与"研"的关系，才能真正建立结合的机制。

1. 高职教育"产"与"学"的关系

企业的"产"与学校的"学"之间的关系，是以专业为联系的纽带，由企业性质所决定的劳动者职业与高职院校开设的专业对应，这种关系决定了企业从事职业劳动（包括技术劳动和智力劳动）的内容与院校开设专业设置的课程内容相一致。企业最新的技术必须及时反映到院校专业教学内容中，企业中职业劳动形式的变革也要及时反映到院校的教学中，才能促进院校培养人的过程与企业需求相适应。建立校企合作的关系，就是要把职业劳动的内容和过程与院校培养的内容与过程保持协调。院校的"学"，通过人才质量影响企业的"产"，企业通过"产"的过程的技术和方法的新信息，充实院校"学"的内容，影响院校"学"的过程。

2. 高职教育"研"的双元主体职能分析

以企业为主体的"研"。现代化的生产，核心问题不再是产量，产品竞争力关键在于创新，新产品的开发，成为关系到企业生命力、竞争力的核心因素，随之新技术的应用也就成为企业"产"的核心要素。在知识经济的背景下，企业的"研"，主要开展新产品开发和新技术发明。要保持企业持续的科研能力，也需要后续的科技人才的补充，与院校合作，相关专业教师可以在一定程度上补充科技队伍的缺口，另外，专业教师参与企业的技术研发，将企业的最新产品的相关信息和最新技术成果吸收到院校，充实院校教学内容，改进教学方法，院校的"研"成为企业"研"的补充。

以院校为主体的"研"。院校的"研"即高职院校内部的科学研究，作为高等教育的一个类型，承担科学研究是其社会功能之一。院校的科学研究活动，与企业的研究工作相比，更关注于学科的科学性和系统性、基础性、规范性的研究，参与企业的研究工作，重点在于吸收企业生产一线的新知识和新技术，充实到理论专业和学科理论之中，并通过研究成果形式，纳入课程教学内容。作为高职院校的"研"更经常的则是对教学过程本身的研究，高职教育作为高等教育的新领域，自身有许多领域在理论方面仍是空白，对高职教育的本质、使命、办学形式以及育人过程、教学内容、方法组织形式，还有专业建设、课程建设、师资建设、实习实训条件建设等课题的研究，是高职院校内部科学研究的重要领域①。

---

① 宣勇. 大学变革的逻辑［M］. 北京：人民出版社，2009：55.

3. "产""学""研"的承载主体职能结构分析

现代社会进入"知识经济"社会，知识的生产、传播、应用渗透到了社会各个方面。高职教育是高等教育的范畴，知识劳动是其主要的特征。从知识劳动的角度看，在高职教育的校企合作，呈现出以下特点：高职院校从事知识的传播，企业则从事知识的应用，科学研究则是知识的生产的过程。企业是生产产品的组织，是知识应用的领域，生产过程一个特定的过程，产出产品，实现其组织职能；院校是培养人的组织，过程一定的教学方法，把教学内容传授给学生，是知识传播的领域，通过传播知识而培养人才，院校通过人才培养影响企业的生产。企业要更好地生存，就必须开发新产品，运用新技术，实现这一职能就要依靠企业为主体的科研，属于生产知识的领域，新产品和新技术应该及时传递给院校，及时充实教学内容，才能培养与生产过程相适应的人才。另外，特定企业生产特定产品，其生产过程有着独特的性质，从业者的劳动特征体现着职业劳动的独特性，对职业劳动的特性进行研究，才能明确职业教育培养的目标，同时促使教学方法的改进，这也是科学研究的重要内容，这一领域的研究关注职业人的发展过程，与人的培养联系紧密，应该是以院校为主体科研。

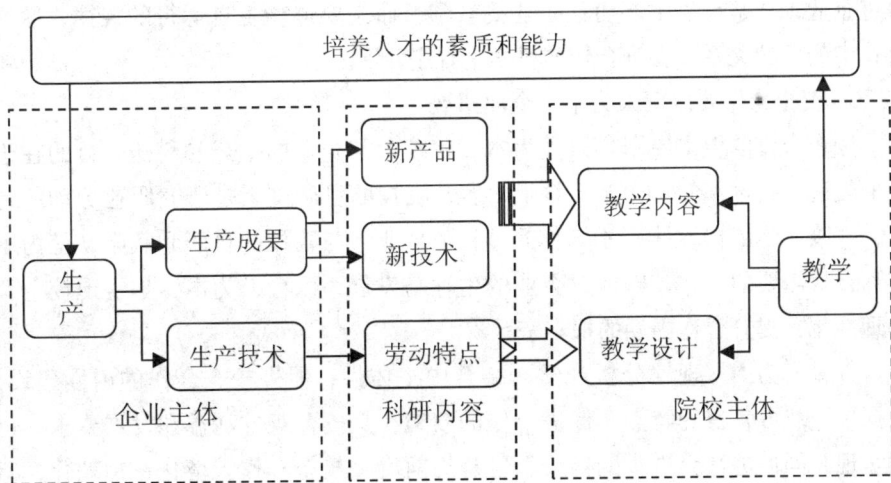

高职专业"产""学""研"关系图

三、高职教育产学研结合职能划分对实践的启示

对高职产学研相结合中各要素的主体性进行分析，意义在于从校企作为社会组织其内在的本质属性入手，找出双方合作的内在规律性，以更有效地依照

其本质的特点和机理去设计合作双方各自的职能，既实现符合组织本身固有的特征，又能实现有效的职能衔接。

1. 校企合作要以内涵为主，外延为辅

校企合作有其内在的逻辑关系，即人才的供需关系，信息的供需关系，从内在的关系出发，就是要力求从双方固有的需求出发，遵循内在的规律，促使院校的教学过程与企业生产过程相适应，通过合作吸收企业最新成果，实现积累和发展，企业积极参与合作，将自身对人才的需求前置到培养过程中，以获得持续的人才储备，以促进自身生产的持续进行和发展。校企合作的内部逻辑关系决定了校企合作是双方自身发展的需要，而相关立法、政策环境、政府平台等则是校企合作的外部因素，这些外部因素必须以内在的规律为根据，保护和促进校企双方内在的需求的实现，使内外一致，才能促进校企合作的健康发展。①

2. 校企合作要以理性先导，培育热情

校企合作是双方自身发展需求决定的，而在合作过程中，依据组织的性质和使命去合理划分职能，才能保证合作的合理性和持续性。合作热情必须建立在理性基础上，才能有所成就，校企合作不是简单地把生产搬进学校，把学生拉进企业，让学校搞生产而让企业搞教学，而是要遵循各自运行的规律，厘清合作中的各种关系，促进合作的科学、有序开展。

3. 校企合作要以育人为本，全面拓展

校企合作的根本原则是以人为本，院校参与企业的生产和科研，目的在于获取先进的技术和知识，充实教学内容，院校的科研重点是研究职业劳动的特征，并以此为依据设计人才培养的过程。企业参与院校的科研和教学，是为了培养自身需要的人才，以促进企业的生存与发展，以育人为本，是实现校企合作理性化，提升合作内涵的根本宗旨②。

以育人为本，理性分析产学研结合中主体性，促进校企合作的内涵建设，依据校企双方各自的特点，促进合作的双赢，是校企双方利益和发展要求，也是实现共同促进社会进步的需要，也是当前突破校企合作人情化、短期化、感性化而实现科学化、理性化、制度化的唯一途径。在这个过程中，政府担负着政策导向和宏观指导的职责，校企合作的真正主体是校企双方。随着大学体制逐渐由单方管理向多方治理的转变，政府、企业、社会将会更多地参与到院校

---

① 武文. 对高职教育的几点思考［J］. 职教论坛. 2010（4）：33.

② 武文. 高职教育改革中价值冲突及对策的思考［J］. 职业教育研究，2010（1）：22.

的事务中来，校企合作的格局将发生深刻的变化，但企业与院校始终是工学结合的主体，发挥双方主动性和自主性，才能走上理性合作的轨道，我们期待着高职教育校企合作在探索中不断前进。

工作随想：课程设置和教学的关键在于面对问题

2015年的某一天下午参加评课活动，发言过程中可能犯了我一贯的毛病，就是太过急于表达，总想着用最简洁的语言直达核心，不能够层层递进，娓娓道来。这个习惯几乎成了一个性格，所以想想如果这也是一堂课的话，今天参加会议的老师们，个个讲得比我好。我们的老师是优秀的，把课讲到那样精细，真的不应该再要求什么，这也正是我想表达的一个意思，现在的问题不是老师的问题，而是我们的课程性质的问题，学科知识传授式的课程体系和课程设置，决定了课堂教学的整体面貌。我打了个比方，现在的问题是路的问题，不是司机的问题。我们的老师讲课的技艺已经非常不错了，只是驾着一辆车走着一条旧路。尽管我们在这路上修修补补了不少，黄土路成了柏油路，还加了不少装饰，但还是一条老路。不是新修的高速路，因为高速路与平常的路相比，似乎不仅仅是速度更快，而是规则变了，开车的开法是不一样的。

我们说职业教育的课程，要从职业世界的真实问题出发，面向职业领域的真实任务或者说面对的是工作世界。这是职业教育课程整体结构转变的核心问题。孙老师的问题当然是有道理的，说职业教育毕竟是教育，不能仅仅局限于那个具体的职业活动，只有那点专业的知识和技能是不够的，当然是这样，我很同意，这本是我更看重的问题，更加温暖的、人文的培养当然是教育的真谛。但职业教育面向职业问题与这个以人为本的、促进人全面发展的价值诉求并不矛盾。

第一，面向职业问题而展开教学活动，要完成职业教育为促进职业劳动力再生产的职能。我们面向的是"职业问题"，这个词中"职业"固然重要，其实"问题"更加重要，我们不仅是要面对职业工作的要求，培养他们满足实际工作的能力，更重要的是让他们学会，面对"问题"的态度和解决问题的方法，培养的是解决问题的能力，是在工作中学会工作，不仅仅是在职业任务中学会完成具体的职业任务。这个问题上是两层意思，一是直接的职业技能和工作能力，二是面对问题的主动寻求解决的态度和解决问题时思维过程和思维能力，以及寻找答案的探寻的精神和面对问题展开学习的求实态度。后者是重点，但它要借助前者才能实现，解决问题的能力，是寄居在解决具体职业问题的过程中的抽象的人类劳动。简单地说，就是在解决具体问题的过程中，积累解决问题的抽象的能力，是在一个个看似重复却各具特点地工作着的过程中，积极创造性的能力，能超越的能力，即可迁移的能力。（这有点像马克思政治经济学中关于价值的阐述，是抽象的人类劳动。这个抽象的人类劳动，必然是要寄居在一个具体的劳动过程中）。看看，我还是个有比较抽象的人吧，但我还是要说，职业情境和职业问题，是具体的情境和具体的任务，概念上完成同一任务，这个人完成和那个人是不一样的，同一个人，这一次和下一次还是不一样。职业教育关注的是过程性的、经验性知识，说的是这意思，职业教育的关键不是书本上假想的空洞抽象的问题和解决问题的教条。自行车我们都会骑，可是怎么学会的？手负责方向和平衡，脚负责踩着前进，道理很清楚，可你骑的时候，并不是你说的那样简单。活动每一次都是不一样的，概念性的逻辑，要通过抽象，抽去的就是具体的情境，抽去的正是每次共同活动所不同的部分，简化成了一个公式，这一点学过点心理学的都应该承认，抽象概括就是要去除不重要的信息，保留共同的东西，那个共同的东西，不就是规律吗？学科化的知识，就是这样建构起来的，同样的活动过程，抽象的概念上是一样的，学科的理论上，原理是一样的，可面对具体任务时，完成任务的人面对的情境则可能是完全不同的。事物原本是一个丰富的有机体，根本性的规律是通过抽象概括等思维方式，建立起概念逻辑的知识系统，成为历史积累；被抽去的则是具体的劳动过程，懂得原理，不一定会干活，有时不懂原理却未必不能干活。现在会开车的人多了，然而懂得发动机原理的有几位？

第二，走进职业才能超越职业。人的发展当然是超越职业局限的，我们承认职业是社会分工的结果，有分工就可能有片面发展，有分工就会有人的异化。马克思在1844年就讲清楚了。全面发展的准确表达应该是社会化。然而，离开职业的社会化存在吗？没有职业的人，不能自食其力的人，算是全面发展的人，没有工作的人算是全面发展的人、人格健全的人吗？社会化是超越具体职业的，但又是借助具体的职业才能实现的。一个人的成长中，当然不应该被职业局限，但突破职业局限的前提是有职业。与前一个问题相同，社会化的过程是借助职业化来实现的，职业化促进人的发展，在职业发展中提升自我，最后才能突破职业的界线，超越职业。这是一个蜕变的过程，华丽的绽放是在长期积累之后的，在职业工作中积累，在突破职业中超越。这才是全面发展。

新的时代是信息的时代，知识丰富决定了任何知识都可以通过努力获得，只要你愿意。老师的职业关键就在于实现"学生愿意"。实现这个目标的唯一选择，就是创设"问题"，这个问题就是职业教育师生关系的纽带，便是师生关系的关键。

第五节 高职院校学术权力

学术，是高等院校区别于其他社会组织的本质所在，以此体现文化传承和发展的使命。高职院校作为高等教育的一个类别，同样是传递、生产、积累知识的主要场所，尽管人才培养定位与传统本科院校有所不同——以培养高技能人才为主要目的，然而技能的培养以知识传授为基础，技能本身是知识体系衍生范畴、是知识学习中形成的熟练化的行为方式。因此，学术同样也是高职院校的本质所在。在院校治理结构中，学术权力体现着这种本质。学术权力的实现应当体现在精神、组织和操作三个层面。

一、学术精神：学术权力的内在元动

大学崇尚学术，其本质是崇尚科学，这里的科学首先就是对真理追求的一种精神、同时包含分门别类的学科知识。这种超越功利的内部驱动力，是大学走向崇高的基石。同时，高等院校作为培养人才的专门机构，以崇尚科学、追求真理的精神去感染学生，是大学实现其社会功能的核心要素。

1. 学术权力基于学术追求。朱九思先生说："大学的根本特征可以概括为两个字：学术。"① 学术即大学实现汇聚知识、集约人才，实现发现、整合、传播知识功能的总称。崇尚学术，追求真理，应该是大学作为一个专门从事知识劳动的社会组织的根本价值体现，是组织及其成员在组织内从事知识劳动的内在驱动力。围绕学术活动来设计结构、制定规范、整合资源，是促进组织发展的根本原则。对学术的追求，不仅是大学组织功能实现的要求，更是大学组织成员提高人格修养，实现自我价值，升华生命境界的精神支柱。在高等院校中的学术追求，一方面应体现在组织成员的教学、科研等行为中；另一方面也应体现在院校的治理结构中。通过一定的组织方式，把内在的学术追求转化为现实的学术权力，以保障组织功能得以实现，反过来讲，学术权力基于学术追求。高职教育担负着培养高技能人才的使命，其重点在于应用技术及实践方法领域，但崇高的学术追求同样是其文化内核，崇尚真理、追求学术的内在诉求与传统大学并无二致。②

---

① 朱九思. 竞争与转化 [M]. 武汉：华中科技大学出版社，2001：89.
② 宣勇. 大学变革的逻辑 [M]. 北京：人民出版社，2009：68－70.

2. 学术权力来自学术权威。在大学体现学术追求、代表学术精神的，应该是在学术方面有造诣的学者群体，以其学识和成就形成学术的权威。学术权威是学术精神的人物化体现，以其人格和榜样的感召力，对大学的其他成员产生影响。学术权力则是学术组织以其组织的行为产生的合法权力，学术组织成员自身的学术权威性，是学术权力代表学术精神的保证，换言之，学术组织权力应当也只能建立在成员学术权威性的基础之上，学术权力来自学术的权威，学术权力是学术权威的组织化体现。高职院校的学术要体现生产和服务一线的运作和管理诉求，其学术组织成员的组成，应体现在应用技术方面和实践方面。在充分体现学科、专业的理论权威性的基础上，选拔一定比例的业内技术、技能方面行家，在应用科学方面的尖端人才或实践专家，共同组成一个合作的团体，作为实现和代表职业院校学术权威的群体，形成学术组织，履行学术组织的权力。①

3. 学术权力引导文化建设。高等院校的核心价值是学术，学术的积累和发展体现在科研的成果和育人的质量两个方面。一方面，对学科内知识、理论及实践运用的探索和追求，产生科研成果，这一过程不仅是知识的创造，也是学术精神的体现；另一方面，教学活动就是传授学科知识、培养能力和良好品德的过程，不仅是知识的传承，也是学术精神的传承。在高校内部，学术权力的外化和实现，不仅对科研活动和育人过程产生巨大的影响，而且对学校文化建设和教风、学风建设起到根本性的推动作用。高职院校学术权力，重在引导一种工作中实事求是，精益求精，倡导对技术和职业方法方面不断索求的精神。

目前，在高职院校有一种观点，认为我们的培养目标与本科、特别是研究性大学有区别，我们强调技能的训练，学术不是我们教育的重点，因此学术权力不是那么重要。然而，作为一所高等院校，放弃学术追求，则会失去精神上的归宿和依存。换言之，高职与本科的区别，只在于追求学术的方式和角度不同，而不能放弃对崇高的追索和向往。放弃学术追求，院校就会失去向上提升的内驱力，育人质量和文化建设及管理等方面都会受到严重的影响。②

二、学术组织：学术权力的承载主体

学术的精神，在高等院校的治理结构中，呈现为学术的组织，学术组织的

① 董仁忠. 高职院校治理结构研究 [J]. 教育发展研究，2011（07）：36 – 39.
② 管玲俐. 刍议当前我国高等职业教育人才培养的多元使命 [J]. 中国职业技术教育，2009（6）：25 – 27.

职能和权力的实现，一方面取决于学术组织成员个人的学术权威性以及在师生中产生的影响力；另一方面取决于学术组织本身的运行机制和效率。高等院校的学术组织的结构和运行模式，形成一个完整的、协调的制度体系，通过这一体系的运作，把高等院校学术权力的理念物化在组织行为中。

1. 学术组织的结构决定学术权力的功能。结构决定功能，是事物普遍的规律，在高校内部学术组织的结构，决定学术组织的性质和职能。高职院校学术组织的结构，应主要包括学校级委员会制的学术组织和基层常设的学术组织两个层面。学校层面的委员会形式的组织应是由选举产生的议事性学术组织，其最基本的特征是代表性和学术性，不具有行政管理的特点，而是院校纯粹学术的代表，即代表学术职能和权益、评议学术问题、提供学术建议，同时与行政职能相协调。基层学术组织是大学最基本的学术单位，如教研室、学科组等，在我国大学里它不仅体现学术组织的职能，也要体现部分行政管理的职能。基层学术组织负责管理内部成员的学术活动，同时管理成员考核和管理等，由此形成大学教师最基本的学科或专业归属。目前，高职院校设立的校级类学术委员会，或基本依照本科的学术委员会设立，或吸收校内外特别是企业专家，成立专家委员会，以体现专业建设的职业性需要；高职院校的基层学术组织，绝大多数以专业为依据设立，这种结构有利于专业教学中资源的统一配置，有利于专业现实需要的实现，但也存在学术事务与行政事务混淆、学术权力难以体现、学术活动乏力等问题。

2. 学术组织职能决定学术权力的效果。学术组织的职能指组织成员关系以及权利义务，组织性质及组织运作模式和制度规范，它规定学术组织的工作内容和基本方法以及职能边界。委员会形式的制度包含成员的产生和席位分配，主要职能及议事方式等，集中体现在其组织章程中；基层学术组织的制度，涉及基层学术组织划分，人员数量及结构，学术活动规律和规范。我国高职院校的基层学术组织职能一般与成员的管理职能同一，大体上是以学术活动为核心的实体组织，其管理制度体现在教师规范、教学规范、教研活动规程等制度中。目前，高职院校的院校层次的委员会主要承担专业、课程高估，教师教学能力评估，教学、科研等学术事务咨询和建议等，有时存在与行政职能边界不清等问题；高职院校基层学术组织的大都类似一级行政部门，全面负责一个专业的所有教学及相关事务，这种体制有利于具体工作任务的完成，也便于量化和管理，问题主要表现在事务性工作过多，学术活动被边缘化，不利于教师专业教学能力提高。

3. 学术组织制度规范教师学术行为。学术组织的设立和制度，保障了成员的学术活动内容、方法、节律、方向和质量，对成员的学术行为起到规范和促进的作用。院校层次委员会形式的学术组织，通过组织章程保障其学术行为的权威性和合法性，体现学术评价、监督和引导的作用，规范学院整体的、宏观的学术宗旨。基层的学术组织，具体落实院校的学术方向和目标，并通过日常管理制度，保障日常的学术活动的秩序，即通过制度的引导和强制作用，促使成员日常学术行为有计划、按步骤地进行，包括教师个人的学术行为，如教学行为和研究行为；教师间的学术行为，如教师间的合作与交流；教师集体的学术行为，教学研讨和课题研讨等。

学术组织是学术权力的承载者，是体现学术权力的主体。院校层次的委员会制的学术组织，一方面要承担引领、规范院校学术建设的职能，体现学术权力在院校治理中的地位；另一方面，应当厘清职能范畴，防止组织行为的泛化，以保证学术组织行为对学术权力的代表性，从而保证学术组织行为的专业性。基层的学术组织，其日常活动应以学术活动为中心，作为科层结构的基层，其承担的行政管理职能也应服务于学术职能。

三、运行方式：学术权力的技术支持

高等院校学术权力通过学术组织行为实现，在实践中必然要借助一定的实体部门和技术手段，才能落实到具体环节，发挥其效能。因此学术运行方式是学术权力转化为执行力的物质外壳，它包含了学术组织行为进行的物质条件、运行技术手段和形式、成果呈现形式、信息传递方式以及具体实施以上活动的部门及工作人员。

1. 学术组织的办事机构特点。学术权力办事机构问题，主要针对委员会形式的学术组织，如学术委员会等的秘书机构。基层学术组织与基层行政组织的同一性，不必设立秘书机构。作为学校一级的学术组织，要实现其职能，必须要有一个相应的秘书机构，以运作学术组织的事务，具体的学术活动流程也需要秘书机构去执行，以学术组织名义与学校其他方面的协调和信息沟通，也必须秘书机构去实现。在大学一般情况下，学术组织一般采用集体议事方式，成员平常在各自的工作岗位。学术组织不是常设的机构，其职能的实现必须有一个实体的部门去承载组织的运行。我国高职院校一般有三种模式：一是科研部门承担学术委员会办事机构职能；二是人事部门承担；三是单独成立秘书处或办公室。挂靠行政部门的模式，其特点是经济，与部门联系紧密，但缺点是缺乏独立性；而单独设立秘书处或办公室则正好相反。高职院校的学术组织，由于受师资条件和历史原因限制和体现职业诉求的特点，组织设立及秘书机构设

置模式不尽相同。①

2. 学术组织的事项工作流程。学术组织权力的实现，除了组织规程外，还必须借助一系列的物质的介质，所议事项的流程也要借助一定的技术流程以实现，其与外部的关联，结果的实现，必须通过一个通道去实现。如事项设立、场地安排及相关设施、保密设置、表决程序、结果呈现等，都需要严密的流程和标准的范式以实现，这些手段具体由办事机构相应工作人员去执行，其作为专门的学术组织的实体媒介，保证学术权力的真正实现。委员会制的学术组织的工作方式一般是集体议事和表决，并不是学校的常设机构，日常代表委员会的是其秘书机构，议事的结果也由秘书机构相应人员进行整理，通过一定的方式进行发布，督促相关部门执行。总之，就是实现学术权力的物质化和对象化，必须有一定的技术途径，以及物质方面的支撑。

3. 学术组织与行政部门的关系。我国高职院校基层学术组织划分的依据有两种，一种是学科；另一种是专业。以学科为依据划分有利于学术交流和积累，成员间专业相近，相互学习和竞争的气氛，会增强学科的实力；以专业为依据的划分，则是有利于事务性工作开展，有利于现实专业目标的实现，成员间专业差异较大，但容易以专业目标为核心，统一各学科的教学，有利于现实工作效率的提高。委员会制学术组织，作为体现学术在大学治理中的核心地位的代表，学术权力的体现与否及体现程度，直接关系到育人质量和科研水平。学术组织与行政部门的关系，体现着学术权力与行政权力的关系，一般情况下，学术组织的设置、具有行政领导职务的人员加入学术组织的情况，会影响到学术组织权力受行政权力的影响程度，也可能影响到学术组织权力的执行。目前，我国学术组织的权力实现必须借助行政权力才能执行。

学术的精神是学术权力最内在的本质特性，是学术组织及运行方式的灵魂；学术组织是承载和体现学术精神和学术权力的主体，是院校学术权力的代表者；学术运行方式是学术权力体现的外部表现，是学术权力与相关权力沟通的媒介。三者协调一致，才能真正体现院校学术权力，没有学术精神，学术组织及活动将形式化，失去本质意义；没有学术组织，则学术行为完全行政化，学术追求只是一句口号；没有物质基础，学术权力会成为空中楼阁，发挥现实的效用。在高职院校学术组织建设过程中，目前还存在基层学术组织学科布局不合理和行政化现象严重、学校层委员会制学术组织的职能边界不明晰、学术组织行为不够规范、学术精神体现不够浓郁等问题。因此在高职院校加强学术引导，提

---

① 史忠健. 国有企业治理结构 [M]. 北京：北京大学出版社，2002：1.

高学术品位，规范学术行为，引导学术氛围，是实现学术权力自身质量提高和学术权力体现的根本途径。加强各个层次学术建设，任重而道远。①

工作随想：体系结构的变革才能改变教学的整体面貌

2014 年以来常常被问及，你们的课改都到什么程度了？对于这个问题，感觉真是好无奈，不知道如何回答的好，当然不能说每一位发问者都是另有深意，但至少说明这个喊了两年的话题，到底有什么样的进展呢？说实话，似乎也刚刚有点找到办法的意思。当年在讨论课改任务时，曾有一个路径，就是整体从体系入手，确定一个合理的课程结构，形成职业教育特征的专业人才培养方案；中观从课程入手，建立科学的课程标准，微观从课堂教学环节入手，形成一个一体化的教学新方式。然而后来发现，在确定一个合理的结构之前，更加宏观的，是整个学校要有一个比较合理的课程制度。这样，就形成了一个四层次的改革模式。同时，不同角色的人，从这个框架中找到自己的位置，学院的教学管理部门重点在于建立制度，并引导整体上形成合理的课程结构；各专业带着人和骨干，重点在确立本专业合理的课程结构，并积极开发课程；各相应课程组则重点是参与开发并确定教学内容，确定课程标准；教师的重点在于参与教学内容建设的同时，重点进行教学方法的思考和设计并实施。然而，事情似乎并不是这样进行，在各种意见中妥协又受外界诱惑干扰，我们总是会背离初衷。现代化的信息技术引发的现代化手段，形成的各种各样的新名词和新形式，让很多人兴奋，认为这就是课改，把最先进的信息技术手段在教学中加以应用，体现的是时代的风格，这才是改革，要通过信息技术推出什么内容，这才是有成果，课改才是有效的。然而，真正的问题似乎并不在这里。

我们不得不回到一个基本问题，为什么要改革？改是因为现有的模式方法，与现实要求不适应。问题是什么不适应？当然是时代与传统的不适应。传统的知识传授式教学与信息时代多变的职场的不适应。传统的师传式教学与信息极大地丰富和便利不适应。问题是现代化的信息技术，知识的丰富，给教学带来的最根本的问题在于信息关系的变化，即教师与学生之间的信息关系，不再是传递，而更重要的是方法引导。知识不再稀缺，因此不再需要教师给予，而是信息冗余，真假难辨和知识对于工作的有用性甄别。就是说，引导学生从大量的知识中找到自己需要的知识，并把它们通过自己的方法学会，也就是说，在

---

① 武文. 高职教育改革中价值冲突及对策的思考 [J]. 职业教育研究，2010 (1) 22 – 24.

你的引导下完成他们自己的知识建构。这才是信息时代给教学的要求，而不是把信息技术仅仅地诉诸技术和效率，用最先进的技术包装一个最传统的传授式教学。

每一项改革，需要的是谨慎地尝试，因为教育是不能试验的。这是一个根本原则。一个新的动意，要至少一个周期，3年时间才能看到一点效果，教育本身周期长，这是客观存在，不以人的意志为转移，不因为领导急于成果，就能立见成果的。然而，我们总是急不得，要把尝试作为成果，要把思考当作经验，没有积累而过度的成果开发，必然要葬送我们原本的美好愿望。

最近通过听课和交流，越来越发现一个根本的问题，应该说是验证一个假设。任何事物都是这样，结构决定性质，性质决定功能，功能决定成效。课程也是这样，课程的体系结构是知识逻辑的，决定了其每一部分教学内容就是知识传授式的，我们的课程内容模式就是传授式的课程，你让什么样的老师讲，都会是传统的以师传的形式的知识教学，就不可能有培养出职业人的效果。根本上不发生变革的教学，就是因为结构未变革。因此，课程体系结构的变化才能彻底改变教学的面貌。

职业教育的本质，是面向就业教育，意指是教育和培养的目标和过程，要面向学生的就业，与他们未来从事的职业工作相一致，当然不是说职业教育只是为了找工作，提高就业率。实现职业化，就是通过一个具体的职业渠道，使学生实现社会化，以职业人的平台而成为一个社会人。职业教育既要面向职业工作，就是要以职业工作逻辑来设置课程和开展教学。以工作的逻辑确定课程的体系结构，就是我们课程改革所指的、能够改革教学面貌的结构，在这个结构下的课程，则是面向职业工作的性质，以职业工作组织的内容。老师在以这样的课程开展教学，就自然会延工作的逻辑教，就必须以解决工作问题为目的，就必须在解决问题的过程中寻找答案，去设计过程，去动手操作。是以职业工作是否实现为导向的教学，即职业行动的导向，就是行动导向的教学，就是职业任务驱动的课程安排和教学设计。

职业活动是具体的，解决的职业工作问题是具体的问题，而不是抽象的教条和方法、流程。实现职业活动所需要的知识、技能，未必能通过抽象的概念准确的表述，而更多的是寄居在具体的工作任务和实现任务的过程中，因此职业教育不能是概念逻辑式的教学，而是行动着的、面向具体任务的教学。就是所谓工作过程知识，是过程性的知识，与职业情境分不开，与具体的实践分不开。抽象只会破坏这种有机性和情境性，因此，职业教育的教学，不能是概念式的、抽象式的，纯粹的理论和知识的教学。教学的内容和教学的过程，永远是有机的、有生命的、活的实践的过程。做中学做中教的教学过程，就是行动导向的过程，就是情境性的、辅导学生学会工作过程性知识的过程。因此，体系结构的改革就是知识的概念逻辑下的课程体系，转变为情境性的、过程性的职业工作逻辑下的课程体系。这样的课程体系，是需要对职业工作进行研究和系统开发的，开发职业课程是需要科学理论和科学方法的。因此，当务之急，是运用科学的理论和科学的方法，进行系统的职业课程开发。与此同时，全面考虑课程的整体结构，使职业课程（专业课程）与其他素质课程相统一协调。

第六节　高职院校学术组织运行

高职教育是大学的一个类型，承担生产、传播、汇聚知识的职能，与一般大学有着大体相同的结构和内在规律，同样以学术作为基本组织特征。高职院校因其培养应用型人才的特定培养目标和职能，更关注技术和实用性、过程性的知识①，仍属于知识劳动。高职院校在学术的具体内容和学术劳动方式上与普通本科院校特别是研究型大学不同，组织结构和运行模式与普通大学大体相同，适用大学治理的逻辑。大学的学术运行包括学术生产系统和学术管理系统，学术管理系统是保障学术活动得以有序化、正规化和程序化，促进学术资源合理配置的联系和制度化安排，大学的学术管理系统包括学术行政管理系统和学术民主管理系统②。

一、高职院校学术行政组织的现状

学术行政管理系统是指依据一定的规章制度来管理学术事务的行政机构和人员，它有着垂直的等级制度、岗位职责和义务，上下级角色关系和运作程序已经形成惯例，呈现出规范化、程序化、制度化的特征③，运行效率高。

1. 高职院校学术行政管理组织设立

与普通大学的职能相对应，高职院校的学术任务，主要体现在技术应用型人才培养、技术开发与推广和校企合作开展项目服务，最核心的任务是培养人才，主要渠道是教学过程。由于高职教育最重要、最基本的职能是人才培养，

---

① 赵志群. 职业教育与培训学习新概念 ［M］. 北京：科学出版社，2003：30 - 31.
② 宣勇. 大学变革的逻辑（下篇）［M］. 北京：人民教育出版社，2009：659.
③ 宣勇. 大学变革的逻辑（下篇）［M］. 北京：人民教育出版社，2009：659.

大体上属于教学型大学，受传统高校组织模式影响，学术组织机构大都以专业作为学术组织划分和设立的依据设立①，就是根据专业设立专业教研室。教研室既是针对专业教学而设立的工作管理机构，也是主要承担该专业教学任务的教师的行政归属；既是学术组织最基本的工作单元，也是学校行政科层结构中最基层的组织。另外，某些院校根据科研发展需要和技术开发的实际需要，设立一些专业的研究所，基本上也以一个行政部门的形式进行管理。

2. 高职院校学术行政管理组织运行

专业教研室既是学术生产机构，同时也是一级行政组织，这种二重属性决定了教研室或者专业的研究所，大多以行政的方式管理学术，安排教学任务，开展教研活动，组织教学实施，评价教学成果，进行教师工作管理和考核评价，配置教学资源等一切活动，不管是行政事务还是学术行为，都用同一的刚性的行政命令方式进行，教师的工作基本都是执行上司分派的任务。由于行政管理方式背离学术运行规律，组织内部的成员不能根据自身的学术优势进行有效的研究和探索，学术活动的主动性、积极性和创造力不足。行政方式管理造成组织行为行政事务多于学术业务，或者学术行为行政化运行，教师不得已要完成许多来自行政方面的非学术性任务或者按照非学术性的方式完成学术任务，学术功利化严重，学术成本升高，学术实力得不到有效的积累。

3. 高职院校基层学术行政组织的困境

基层学术组织以专业为唯一的划分和设立的依据，组织内部成员学术背景不统一，有的甚至差异很大，难以形成学术气氛和内部契约，不同学科背景教师没有共同话语，交流和学术整合力量和协同能力较低。同时，有共同学科背景的公共学科类教师又被分配在不同的学术组织，他们在专业学术组织中常常处于边缘地位。教师的学科背景与专业组织归属不一致，容易导致教师内心归属感下降，学术追求被割断，学术信念减弱，价值观发生负改变。

二、高职院校学术民主管理组织的现状

学术民主管理体是依据学术特点和学术发展的规律来管理学术事务活动的组织、人员和权力关系，更主张营造民主宽松的学术氛围，强调创造性和享有自由空间，其结构是扁平化、松散的，便于重组和整合②。

① 宣勇. 大学变革的逻辑（上篇）［M］. 北京：人民教育出版社，2009：37.
② 宣勇. 大学变革的逻辑（下篇）［M］. 北京：人民教育出版社，2009：659.

1. 高职院校学术民主管理组织的设立

我国各高等职业教育，根据院校自身的实际情况，也仿照普通高等院校的通行做法，建立不同形式的学术民主管理组织，如部分院校成立学术委员会，也有院校成立教授委员会、专家委员会。这些委员会成员一般采用民主推荐方式产生，选举过程有的采用普选制，有采用席位制，委员按届别实行任期制和轮职制。一般院校委员会都制定章程，按照章程规定行使职能和职权，开展学术决策、学术评议、学术咨询等服务。另外，有的院校则采取以工作项目为依据的专门委员会：如教学指导委员会负责教学方面学术问题的评议和咨询，承担专业设置、专业、课程等方面的评议和遴选任务等；专业职务评审委员会，对教师的学术成果和学术水平进行评议和推荐等。

2. 高职院校学术民主管理组织的职能与运行模式

院校学术权力来自学术的权威，通过一定的组织形式体现出来，同时也必须有一个恰当的运行模式和支撑运作的办事机构[1]。委员会的运作一般采用会议方式工作，对评议事项进行评议和投票结合方式进行决策，对于建设性意见和咨询事项采用讨论式和表决方式决定，随着网络和信息技术的发展也进行网评等方式开展工作。院校相关委员会的办事机构大体上有挂靠式和专职的两种，一般以挂靠人事部门、科研部门居多，也有挂靠行政办公室或者教务部门的，以挂靠的行政部门作为委员会的办事机构，负责委员会的秘书工作和服务。也有成立专门委员会办公室或秘书处，单独成为一个行政部门，专门负责委员会的日常事务管理。一般来讲，挂靠行政部门的学术组织，往往会受到该部门的行政职能的制约，委员会的职能性质和工作范围与该部门相关性较大；专门的办事机构避免了这个问题，但专门机构又成为一个行政部门，运行成本较高。

3. 高职院校学术民主组织运行的困境

成立学术民主组织后，大学管理学术的成分一定程度上会有所增加，作为学校学术的代言人参与决策，是院校民主管理的重要进步。同时，至少在形式上实现了学术问题由学术的办法去管理。目前的运行也存在一些问题：一是参与学校决策和出席行政会议，更多的不是代表学术提出诉求，往往作为学术代表表达对行政的忠诚，不能发出真正的学术声音；二是学术评议成为平衡关系，用行政管理方式进行学术质量评价，不能确保学术的客观公正；三是提供咨询时的意见多是行政的传声筒。与我国普通大学一样，高职院校学术民主管理组

---

① 史忠健．武文．对高职院校学术权力有效实现的思考［J］．中国职业技术教育，2011（24）：5－9．

织所代表的学术权力，在整体上不足以与行政权力相衡，学术权力被行政绑架的现象或多或少存在。

三、高职院校学术组织建设的对策

改善高职院校学术管理，提高学术活动的质量和效率，必须从思想观念、组织行为、制度建设等方面着力，遵循学术运行的规律，解放学术生产力。

1. 首先树立学术信念

学术是大学的基本组织特征，也是大学教师的精神寄托。在高职院校由于以培养实用人才的目标定位和关注技术的指向，容易产生功利化、工具化，过分倾向实用主义，如只重就业指标、只重技能等，导致教师劳动对职业失去崇高感，对真理失去敬畏感，对学术失去权威感。学术追求层次不高，学术风气不正，学术氛围不浓。在高职树立学术的崇高地位，可以增强院校品位提升的内趋力，提高教师尊重科学追求真理的向心力，提振院校精神文化的聚合力。以高职培养目标和特色为基础，树立富有特色的学术观念，以严谨的治学态度和务实的精神重塑教风、学风，以良好的风气影响师生的行为。

2. 加强基层学术组织建设

大学是"底部沉重"的组织，"大量的思想群体是在基层工作水平上占有权力位置的"①，最具有学术生产和运行活力的是基层，院校人才培养、技术开发推广、社会服务等任务必须依靠基层才能完成，基层才是学术活动的核心，它决定了院校学术权威性自下而上的特征②。如何变革学术的生产关系，解放和促进学术生产力，是院校学术组织建设和改进的核心。具体来讲，一是在基层教研室设置时，做到以专业为主，兼顾学科，实现教研室内成员学科背景相近，有共同的话语，便于形成学术气氛和默契，发挥基层学术组织对学术劳动个体的聚合能力，提高专业教学水平和科研水平、服务水平；二是教研室日常运行要以业务为主，把大部分时间和精力用在研究教学和开展科研活动上，适当兼顾行政事务；三是加强教研室的学术带头人和骨干建设和梯队建设，提高带头人、骨干教师的专业学术水平，最大限度地优化教研室的学科结构、年龄结构、智力结构等；四是在评价中突出教育教学水平，关注年轻教师的成长过程，注重日常表现，兼顾学术成果。

---

① ［美］伯顿・R. 克拉克. 高等教育新论［M］. 杭州：浙江教育出版社，1988：135.
② 宣勇. 大学变革的逻辑（下篇）［M］. 北京：人民出版社，2009：440.

3. 提高行政的学术服务能力

大学的学术行为，需要从事学术劳动的人有相对独立自由的思维空间和工作空间。作为高职院校，最基本的学术产出是为学生提供有效的专业知识和技能教育、完成职业活动的方法指导以及适应职业工作的行为习惯教育，直接的劳动产品则是各类课业活动。学术行政管理组织或者说学院行政主要职能就是为学术生产提供有力的组织保障和资源支持。学校的行政要以教学、科研、社会服务等学术活动的需要为根据开展工作，一要努力营造自由、民主、宽松的学术环境，构建学术资源平台；二要尊重教师的学术劳动，树立为教学服务的观念；三要加强学术管理制度建设，简化行政流程，提高学术行政管理效能，减少基层学术组织的行政事务，促使基层教研室职能由行政管理为主向学术生产为主过渡。

4. 充分维护学术权力

大学以学术为基本特征，同时又是社会的组织。在院校内部有政党权力、行政权力和学术权力等，既要保证正确的政治方向，全面执行各级机关下达的行政任务，又要保障学术任务的完成，院校职能的实现，必须理顺政党、行政和学术权力的边界。一要加强各级党组织建设，发挥党在办学中的领导作用和先锋作用；二要加强行政管理，提高管理效能，减少管理成本；三要切实维护学术权力，完善各级学术民主管理组织建设，把该用学术方法进行的决策归还给学术，努力实现"去行政化"目标，体现学校以学术为本的特征，端正学术风气，尊重学术决策，完善学术制度，实现学术目标。

总之，大学以学术为基本组织特征，学术是大学的本质所在。大学行政的本义是学术行政管理，其运行以学术为根本价值核心，然而由于行政掌握资源的实际控制权并享有信息方面的优势，使得大学的行政权力泛化，基层学术组织职能异化，学术权力缺位或虚位，学术职能难以体现。高职院校也是一样，实现校企合作、人才培养、技术开发、社会服务等职能必须依赖基层组织，因此从基层学术组织建设做起，促使从思想观念、组织建设、权力配置、资源整合等方面，突出学术的中心地位，以实现院校整体职能的学术回归。

工作随想：避免学术问题过分纠结化

我们原单位后边以前有一排家属宿舍，一共8家，平房，每户是一个单独的小院子，院子里按老家农村的习惯，有菜窖和茅房。院子的前边自然是一个通道，因地势西高东低，各家的雨水从院子排出后，汇在这个通道，然后由一个水道，流到单位东边的另一家单位。这本来是自然形成，相安无事。后来，那个单位要修建房屋，跟我们领导谈，说我们的水不能再流到他们单位去了。

于是，领导指示，立即把水道堵死。

其实要改变水流的渠道，并不是不可以，应该把原来西高东低的地势改变，先把东边加高，把西边地面降低，让水自然由东流向西即可，可这要比直接堵死麻烦许多。不久，一场大雨，灌进了院子，进了茅房，也灌进了菜窖。

我们现在做事情，特别是学校做事情，却往往还是这样去做。包括政府也这样做，今天合并院校，规模越来越大，学科越来越全，校园越来越时尚，理念越来越超前，设备越来越先进，荣誉也越来越响亮。可所有的大学都成了一个样，同质化严重，各自的特色找不到了，优势的学科找不到了。争项目、比成果，形成的大家知道是什么。说要扩招就扩招，也不管什么实力不实力了，说转型就转型，而且豪言壮语，三到五年就建成现代职业教育体系了！转型，是那么简单吗？有了政策，培养人的过程就随之改变了？

当我们以一种虔诚的态度，面对教育问题的时候，当你还对课堂有一种神圣感的时候，你自己想想，教学改革、课程变革，应该需要做哪些功课，得多长的时间？课程改革，从整体上应该有三个层面，一是一所院校整体的课程的制度和结构，二是各个专业的教学课程体系及其内在的逻辑结构，三是具体的内容及教学实施过程。由一所学校拓展到一类院校，把共同的结构、一般的抽象概括，那就是这类院校课程的基本规律了。学院转型，这当然是最核心的东西。课程内容涉及学科知识依照专业培养的目标进行选择与重组，职业任务按照学生认识和心理规律而重新设计，整个培养过程要体现职业人才需求实现匹配。政策仅仅是最上层的那一个面，然后各个学院要重新建构制度、设计结构，内部各个专业要进行重新设计课程逻辑，每一部分内容都需要细致的尝试。转型，是每一个老师观念的转变、认识到位、方法熟悉、又不断尝试、效果反馈和不断地改进、积累的结果；转型是每一单元内容、每一节课程、每一个教学场所和每一台设备都要发生变化的过程。这样各小流才能汇成大河，治水在于导，而不在于堵，这是祖先就得出的结论，人人尽知的。

行政能做的，仅仅是政策，大行政管大政策，国家行政管国家层面的政策；小行政管小政策，一个学校的行政，自然负责这个学校的政策和制度；二级学院行政和部分行政管局部的政策。这上下协调一致又责任明确，目前可能就是一个难题，把它做好了，才算完成了政策这一层。接下来的是学术问题、教学模式的改进和不断的改进过程。

学术问题，是容不得杂念的，用行政的方法，做了学术的事，学术就不用做了，可后果大家可以想见。行政的力量，本是有限的，无限了，权力泛滥了……

第二篇

02

人才培养模式探索：
破茧&积淀

作为一种"类型教育"，核心问题是独特的人才培养模式。高职教育的人才培养模式，也在改革的实践中越来越全面、深入和科学。一所院校所走过的路，可以折射出人才培养模式探索的历程。

　　青岛职业技术学院经历了从国家示范院校建设到"双一流"院校建设的全过程，作为全国首批示范院校，曾经全力以赴进行以专业为龙头的人才培养模式改革探索，作为"双一流"建设院校，正在经历以内涵建设为核心的人才培养模式探索。学院发展的历史典型地呈现了从普通高等教育中"破茧"而脱颖而出到理性沉淀的过程。

第一章

"实境耦合" 人才培养模式

"实境耦合"人才培养模式，是青岛职业技术学院在国家示范性高等职业院校建设项目的推进过程中逐步形成的，极具高职教育特质的人才培养模式。"实境耦合"是青岛职业技术学院对"校企合作，工学结合"人才培养模式的特色化表述。这一模式的含义主要在于揭示了高职教育必须通过"校企合作"，实现高职院校与合作企业共同承担职业技能人才培养职能的格局；在这一格局支撑下，实现职业领域的工作过程与教育领域学习过程的融合与互动。校企合作是实现工学结合的基础条件，工学结合是校企合作的主要内容。"实境"就是指通过校企合作创设为了教学的工作实境，"耦合"就是指工学结合，达到两个系统动态协调的状态。

第一节 "实境耦合" 模式的总框架

近年来，高职教育不断为就业难和技工荒所困扰，一方面是许多高职院校毕业生难以找到工作，另一方面是企业所需的高技能人才无处可求。现实中往往因企业对校企合作缺乏热情，导致校企合作也仅仅停留在以工代学和放羊式的顶岗实习，学生只能学到粗浅知识，学生的综合技能难以得到提高。造成这一矛盾的原因虽然是多方面的，但直接反映出高职教育人才培养模式与社会发展需求的不相适应。2006 年 11 月，教育部、财政部联合出台了《教育部 财政部关于实施国家示范性高等职业院校建设计划，加快高等职业教育改革与发展的意见》（教高〔2006〕14 号）等文件，启动国家示范性高等职业院校建设计划。强调服务为宗旨，就业为导向，走产学研结合发展的道路的办学方针，积极寻求行业、企业持续有效的技术、设备和资金支持，努力形成互动互惠、效益良好的长效机制，促进办学模式创新，增强办学活力。其目的就是要解决高职教育中长期存在的理论和实践割裂、学与用分离、教与学脱节等问题，从现实角度来说就是要解决学生就业，为企业提供即时可用的人才。青岛职业技术学院经过不断的实践探索，总结提炼出的"实境耦合"人才培养模式得到了社会的广泛认可。"实境耦合——高技能人才培养模式实践与探索"成果获 2009 年国家教学成果二等奖、山东省教学成果一等奖。在"实境耦合"① 高技能人才培养模式下的 7 个重点专业改革带动了全院招生的 30 个专业和课程的改革，基于实境的课程体系趋于完善。面对后示范建设中的新一轮改革，系统总结学院办学实践，促进"实境耦合"人才培养模式深入、有效、持久的实施；深化人才培养模式理论体系研究，科学指导实践，形成理论实践成果；真正发挥国家示范院校的示范引领作用，促进成果推广应用已是摆在我们面前的又一重大课题。

一、"实境耦合"人才培养模式理论基本内涵

（一）"实境耦合"人才培养模式的概念

实境耦合人才培养模式是根据党的教育方针，针对学校所在地的经济建设、社会发展趋势，基于对高职教育面向生产、服务、管理一线培养高素质、高技能人才的目标定位，以实境训教为基点的育人模式。从广义的角度来说，实境耦合人才培养模式是在一定的制度环境下，为实现高职教育培养目标，在社会多方合作的基础上，以学校和企（行）业两个主体的结合为表现形式、以实践过程为导向、在真实学习和实践工作动态结合起来的人才培养模式。从狭义的角度说，实境耦合人才培养模式是职业院校和企业在完善的统筹规划下，以实践过程为基础进行学校和用人单位的全方位结合，共同建立课程模式和教学模式，并使学生获得有报酬的顶岗实习的培养模式。实境耦合中的"实境"，指的是真实的职业环境、职业情境，突出在真实的环境下进行训教。它既是有效地组织教学与实训达到预期效果的手段，又是职业教育改革的出发点。强调在校内外建设生产性实训基地，创设真实的职业环境，将企（职）业文化注入教学、实训、管理和服务等各个环节中，通过系统化的教学设计培养学生的综合素质能力。"耦合"是指学院与企业共同发展、互动共赢的合作。强调的是学校与社会各个部门以及学习主体与客体之间的积极的、相互促进的互动活动。耦合就

---

① "耦合"系借用语，在物理学中，耦合指两个或两个以上的体系或两种以上的运动方式间通过相互作用而彼此影响以至联合起来的现象。这里取用该词旨在描述学校与企业、行业、政府、社会乃至国外院校或组织间深度融合、相互影响、彼此作用甚至结为利益联合体的互动关系。学院的耦合，涵盖了校内外一切有利于促进职业技术教育的对象。

是要求寻找与合作者的共同利益，形成良性的互动关系，以满足地方区域性经济社会发展的需要。这既是实现实境的保证和途径，又体现了高职院校服务于区域经济，服务辐射的职业特色。

（二）"实境耦合"人才培养模式的产生与发展

青岛职业技术学院实境耦合人才培养模式经历了从教学外置—教学外置、校企耦合—教学外置、社区耦合—实境训教—实境耦合的发展阶段，其实施经历了艰难的探索历程。早在 2000 年，有着企业工作经历和奥地利访问学者经历的学院院长史忠健博士就指出，传统的隔靴搔痒的方法是培养不出实用型人才的。他提出了修能、致用的院训，并用三年的时间在全院教职员工中进行了充分的辨析、研讨。到 2004 年，在基本取得共识的前提下，经过教代会严肃认真的审议，修能、致用被认定为青岛职业技术学院院训。围绕如何构建人才培养模式、怎样保持与社会最先进的生产力同步发展等问题，他又明确提出：最先进的生产力、最真实有效的教育情景、最适用的教育资源在企业、在社区和社会。要体现高等职业教育的特色，就必须突破仿真教学实训，与社区的企业、行业合作办学，增加与社会的耦合度，实施嵌入式教育。基于这一理念和实践，提出了"教学外置，社区耦合"的人才培养模式①。2006 年，学院在制定示范院校《建设方案》时，在学习、借鉴国内兄弟院校与发达国家职业技术教育经验的基础上，确立了"实境耦合"高技能人才培养模式，即学院将教和训的最优过程置于真实职业环境中，在与企业、行业、政府等社会人才应用系统持久优化互动中，培养高技能人才。"实境耦合"人才培养模式集中体现了学院"教＆学以致用"、开放办学、多元办学、大师资、大实训馆的办学理念和服务于地方经济与社会的办学宗旨，是院训修能、致用核心思想的体现。目前，在实境耦合人才培养模式统领下，各专业已形成各具特色的人才培养方案并指导新一轮的教育教学改革。

（三）"实境耦合"人才培养模式的理论依据

1. 建构主义教学哲学观。实境耦合以建构主义教学哲学观以及情境学习理论为理论基础。建构主义学习理论是把情境、协作和意义建构作为学习所必需的要素。建构主义认为，学习总是与一定的社会文化背景即情境相联系的，在实际情境下，建构主义学习是社会性、真实性的学习，学习者在一定的复杂的、

---

① 牛节光. 学院实境耦合人才培养模式的由来、发展与思考［J］. 青岛职业技术学院学报，2008（2）：24－28.

真实的环境下进行学习，并通过积极的行动或活动参与学习过程，充分发挥自身的主动性，对原有认知结构进行改造与重组，通过同化与顺应达到对新知识意义的建构。学院强调培养人才过程就是融教学做于一体的实境，就是要在真实的职业环境中育人。这正是顺应建构主义学习环境的要求而提出来的。实境耦合人才培养模式符合建构主义理论。该理论强调外在整体环境的重要性，认为环境为学习者提供着丰富、良好的多重刺激，是促使认知结构完善和发生变化的根本条件。完善的环境应包括真实的问题情境、先进的物质设备环境、经过精心组织的教材环境和教师创造的、和谐的心理环境，他们共同为学习者的自由探索和自主学习提供具有支持作用的场所。

2. 陶行知"教学做合一"① 职教思想。实境耦合继承和发扬了陶行知生利主义、教学做合一的职教思想。陶行知认为，生利主义之职业教育，师资必须具备生利之经验，以书生教书生不能称之为职业教育；职业教育教学设备来源有二，一是自备，一是利用职业界固有设备；教学做合一是：教的法子根据学的法子，学的法子根据做的法子。事怎样做就怎样学，怎么学就怎么教。②

3. 耗散结构理论③。实境耦合印证了比利时化学家、物理学家伊利亚·普里戈金的耗散结构理论。耗散结构理论强调一个开放的、成长的、充满活力的系统是一个耦合的系统。而高职教育同样是一个开放的系统，实境耦合反映了高职教育开放和耦合这两个特性。

二、"实境耦合"人才培养模式特点

"实境耦合"人才培养模式既是校企合作、工学结合特色的体现，又是对建构主义学习观和情境学习理论的继承和发展。其主要特点：（1）强调多主体结合，具有开放和实践性。实境耦合是多主体的结合，即政府—行业—学校—企业多方的、有机的结合，突出学校和企业两个操作主体的地位和作用。通过学校和企业共同参与教学与管理，建立完善的制度环境、组织环境、运行环境，达到互利互惠、共同发展、合作双赢的最佳效果。实境耦合是过程的结合，即理论知识学习过程和实践工作过程的结合。过程结合动态地表现在培养目标与

---

① 陶行知. 陶行知全集（第一卷）[M]. 成都：四川教育出版社，1991.
② 毕明生. 职教视野中陶行知"教学做合一"思想的再认识 [EB/OL].（2009630）[2010310]. http://nanjingxyfx2008. blog. 163. com/ blog/ static/ 665524332009715 93215951/.
③ 伊利亚·普里戈金. 耗散结构理论 [M/OL].（2010226）[2010228]. http://baike. baidu. com/view/62783. htm.

用人标准相协调，专业设置与企业需求相协调，技能训练与岗位要求相协调。实境耦合是指高职院校与外部耦合对象的共振、优化、互动和相互促进，是多个组织相对独立而又相互促进的和谐关系。实境耦合是对实境的驾驭，它不同于嵌入式，后者指校企融为一体，易使两者功能发生错位；耦合也有别于校企无缝对接和零距离，后两者未能体现校企的融合和共生共存，无法实现互动和共振。实境耦合人才培养模式具有实践的属性。在教育实践中，是以学校与企业合作作为表现形式的理论知识学习与实践工作相结合的教育形式；学生在真实的实践环境中掌握实践技能，培养出符合行业、企业和社会需要，具有良好的职业理想、职业道德，具有较强综合素质、实践能力与创新精神的人才。

2. 实践规范，具有操作性。实境耦合更突出在真实环境下进行实训和教学。让专业链深入融入产业链、教学链深度融入服务链；人才培养目标与产业人才规格相对接，人才培养过程与产业工作过程相对接，教学内容与职业标准相对接，实训条件和环境与产业条件和环境相对接。形成了教学做一体、工作过程导向、任务驱动的情景化教学模式。使学生在真实的工作环境中通过多元方式参与工作过程，完成典型的工作任务，并在完成任务的过程中，在与师傅、同伴的相互协作的过程中，保持同化与顺化的动态平衡，逐步从新手成长为职业领域入门时期的行家里手，获得解决现实岗位及未来成长需要的知识、态度与技能。具有更强的操作性和规范性。

3. 目标具体，具有现实性。耦合就是要求寻找与合作者的共同利益，形成良性的互动关系，以满足地方区域性经济社会发展的需要。学院与企业共同为学生提供脚手架和镶嵌知识单元。学习学期和为工作学期所需的知识能力提供必要的脚手架，企业按阶段及关键工作环节进行培训。学校专业和企业为学生编写指导书，促进学生发现问题和解决问题的积极性，目标更加具体。这既是实现实境的保证和途径，又体现了高职院校服务于区域经济，服务辐射的职业特色。实境耦合模式的综合改革和应用实施，实现了学院办学理念、培养模式和管理机制等方面的全方位创新。

4. 提升工学结合，具有广泛性。工学结合是从产学研合作和产教结合发展而来的。工学结合是一种将学习与工作相结合的教育模式。

工学交替、半工半读是其基本表达形式，也就是主要使用在职业教育，以中等职业教育为主。工学交替中的工和半工半读中的读的指向均是学生，即学生工作和理论学习交替进行，因此概念的主体只有一个，即学生①。所以，工

---

① 陈解放. 产学研结合与工学结合解读［J］. 中国高等教育，2006（12）.

学交替和半工半读这两个概念均是单主体概念，它们虽然和教育与生产劳动相结合具有同一性，但只具有第一层含义，即生产或工作与学习相结合，不含有对象结合的意义。实境耦合是强调高职教育培养高技能人才，两种不同的教育环境和教育资源，采取情境教学与学生参加实际工作有机结合，来培养适合不同用人单位需要的应用型人才的教育模式。正如院长史忠健博士所说：该模式一方面强调高等职业教育教和学的最优过程应该在真实的职业环境中或以真实的职业环境为前提和基础，同时又强调这一过程的最优化应为与大学生存环境与服务体间持续、系统、交互影响的耦合状态。

三、"实境耦合"人才培养模式框架

实境耦合人才培养模式框架分为基本要素、管理模式、运行机制三部分。

（一）实境耦合人才培养模式基本要素

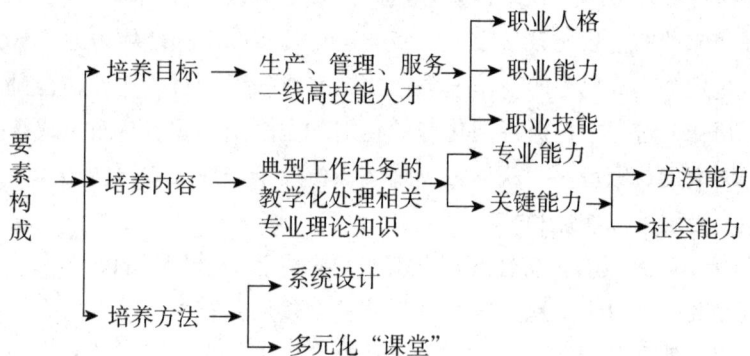

图1　"实境耦合"人才培养模式基本要素构成

实境耦合人才培养模式基本要素是模式构成的核心，主要有培养目标、培养内容和培养方法。总体目标是以就业为导向满足社会经济需求，培养具备良好职业道德的数以千万计的高技能人才；具体目标是培养符合行业、企业和社会需要的具有较强实践能力与理论素养的高技能人才。培养内容是以典型工作任务的教学化处理相关专业知识为核心，与职业工作经验相结合，培养学生的综合职业能力。综合能力包括相关的专业能力、职业工作的方法能力和社会能力，三个方面协调发展，形成与职业相应的职业品格。使培养内容既具有针对性，也具有适应性，既能服务当前职业需要，也能满足终身学习的要求。综合职业能力即专业能力和关键能力，专业能力是适应职业岗位的能力，是作为岗位技术人员必备的能力；关键能力是一种可携带的、职业岗位迁移能力，是学

生适应社会发展、技术进步、岗位变换及创业发展等所必须具备的能力。主要有处理人际关系的能力、解决问题的能力、心理承受能力、组织管理能力和发展创新能力等。培养方法是系统设计、整体构建，以行动过程为导向，以多元途径（顶岗实训、社团活动等）按实境训教校企共育人才。在校企耦合中使企业参与教学过程，共同实施教学；让学生有效地参加生产、实践和顶岗实习，以提高动手能力、解决问题和创新的能力。

（二）实境耦合人才培养模式实施框架

实境耦合人才培养模式从三个层面实施（见图2）。

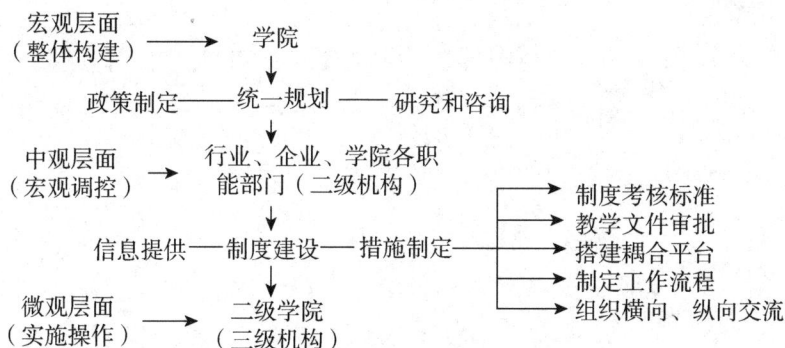

图2　"实境耦合"人才培养模式实施框架

第一个层面是宏观层面（决策层或理念层），对实境耦合人才培养模式进行领导和统一规划构建，根据社会和经济发展的需求、模式运行的监控反馈、模式理论实践研究成果，制定相应的政策、法规，制定合理的资金管理和使用政策，加强对内对外的宣传，营造社会氛围，为实境耦合培养模式提供适宜、宽松的政策、资金和社会环境。第二个层面是中观层面（管理层或制度层），对实境耦合进行主导和调控，利用合作企（行）业的优势，依据企业和高职院校的发展需求，制定相应的制度、措施，提供结合的信息，促进企业和学校双方的交流，为实境耦合培养模式提供规范、便利的制度、信息和交流环境。第三个层面是微观层面（操作层或执行层），即二级学院和合作企业，进行实境耦合的实践操作。操作的核心是制订具体的人才培养方案，包括：培养目标、培养方案、模式类型、教学计划、课程标准、师资配备、课程设置、课程编排、教材编写、教学方法、评价考核、实习就业安排等细则，操作过程中体现学校和企业双主体的结合、企业教师和学校教师双师资的结合、课堂和现场双场所的结合、课堂学习和现场学习双过程的结合。

（三）实境耦合人才培养模式运行机制

适应实境耦合人才培养模式建立保障机制（见图3）。2001年起青岛职业技术学院建立了专业指导委员会，2005年建立由学院、企业、行业、政府主管部门组成的产学合作指导委员会，各二级学院建立了校企合作委员会，并在校外基地建立了实训实习管理组织，以联席会、工作例会、项目团队等方式开展工作。通过五基三化制度①、1＋N＋1制度②、三证书制度③、三方协议制度④，使实境耦合人才培养模式在实践层面得以落实，改变了训教模式，丰富了训教方法，教师主导地位与学生主体地位得到充分体现，确保整个模式有效运行，确保学生就业落实。

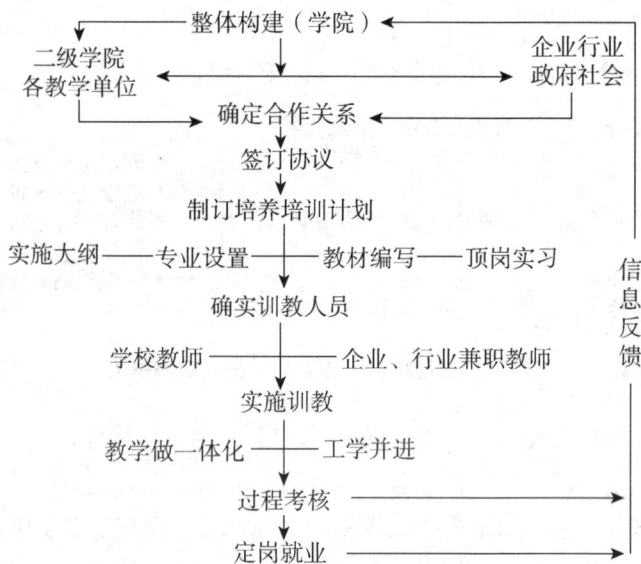

图3　"实境耦合"人才培养模式运行机制

学院与企业、行业、政府等充分耦合，创设了校内外训教实境，形成了专业设置及人才培养与社会和企业需求、发展耦合、互动的机制。通过校企共建

---

① "五基流程"是指基于职业能力的培养目标——基于实境的课程体系——基于实际项目的训教内容——基于行动导向的训教方法—基于等级制度的考核方式；"三化标准"是指学习过程工作化、工作过程学习化和实习就业一体化。

② 1＋N＋1制度：各专业至少与一个大企业、多个企业、一个海外教育机构合作。

③ 三证书制度：教师三证指职业资格证书、技能等级证书，企业（行业）工作经历证书；学生三证指职业资格证、工作经历证、毕业证。

④ 三方协议制度：在校企合作协议的基础上，每次学生顶岗实习都要与企业、学校签订法律文本，明确各方权益。

专业、联合培养人才、合作开发课程、共同管理等途径，构建有效的校企合作机制和职业化育人环境。系统规划设计教学实训、顶岗实习、工学结合等环节的实施程序，形成科学规范的执行文件。把保证训教成效和人才培养质量作为人才培养模式改革的重心，强化岗位技能培养、学生综合素质提高、持续发展能力培养与毕业生三证有机结合。实境耦合人才培养模式理论阐释了高职教育立足实境的理念，创新了学校与社会人才应用系统耦合培养模式和运行机制，建立了实境训教的五基流程三化标准，为继续深化高职人才培养模式改革提供了依据，为青职模式在高职教育领域和社会经济发展中持续发挥作用奠定了基础。

工作随想：职业教育的"职业"是生命意义的实现还是局限？

教育是培养人，提升人，让人幸福的。职业教育是面向职业工作，满足未来工作需要，适应现实的职业要求，能够完成工作任务。简单来说，一般意义上的教育，是一个崇高的事业，是要让人获得生存和生活的动力和能力，进而获得超越现实和精神享受；职业教育最直接的意义是职业化。职业化的意思就是要针对具体的一个职业，面向现实的职业工作就是要诉诸一个有限的职业工作环境。这看来还真是个问题。培养人的最高目的，是要突破物的局限，提升和拓展，职业化则要直接物化。这里，人的发展和职业化之间会出现一个冲突。这个矛盾使我们的职业教育常常左右摇摆，使我们价值定位总是出现偏差，让我们相互之间总是争论不休。

然而，无限和有限本就是一个久远的悖论。人活着，当然要永久，要无限，可实现无限的，就必须通过一代又一代，一个又一个有限的生命来延续这种无限，没有有限的个体生命，无限的类的生命是不存在的，而有限的生命又不是类的生命本身。肉身有限是灵魂无限的场所，没有这有限无限无所依托，可有限的肉身又极大地限制着灵魂。一切具体的有形的都是有限的，有限的总会消亡的，而无限又必须依赖这有限而获得实现。

人的无限和拓展，不仅是身体的成长和肢体技能的增长，也不是头脑的丰富和智商的提高，也不是二者叠加获得所谓成功，而是内在的一种展示、表达和实现，这种实现会受到具体的任务、事件、东西、荣誉等的限制，而变成一种局限，可内在的展示、表达和实现又必须通过具体的成功来显示其存在。教育要拓展人、提升人，也必须通过具体的知识、技能、能力，通过做成事，获得成功来标志这种拓展和提升的进度。职业教育要实现职业化，职业化就是社会化，以某一职业的全部意义具体实现人个体进入社会角色。同时，职业化也可能限制社会化，使人的社会性需要局限成了职业的成功。职业教育中这个职业的实现和局限，可能就是这个东西。

统一人的发展和职业化，就是职业院校教育的一个重要课题。一方面涉及教育教学内容和量和具体的内涵，职业的东西多了，人文的东西就会少，因为时间和精力是有限的。另一方面，单纯的职业化会工具化和功利化，人会被异化为工具或动物，物性的东西；单纯的人文教育又过于空泛，会造成空谈和眼高手低。于是，我们就找这个度。

仅仅数量的度的概念，是不能解决根本问题的。因为人千差万别，这个度随人而异，整体的教育教学，是难以做到恰到好处的。根本的问题在于，职业化本身是不是具有人文的维度，人文的道理是不是也具有具体实现支撑的问题。其实是有的，有生命参与的、自觉积极的职业化，就有人文教育；同时，真正切实的人文教育必定内含了方法。这样，我们的教育路线，是不是有了一条新的线路、新的希望呢？

小时候，有一篇叫课文《卖油翁》，技艺高超，能"自钱孔入而钱不湿"，自己说是因为手熟，长大了，自己倒油时，体会过这个过程，虽然达不到那么精细，但油瓶子口还是挺小，一下倒进不难，感觉难的是一直保持一个状态，坚持时间不易，而且这里最怕的不是手的问题，是心，烦躁、浮躁时，都坚持不了，一念之间手就会偏。还有中小学过的那个庖丁解牛的故事，好像并不仅仅是手的问题。而且这个事件，放在"养心"篇，其实说的是修养个性的问题。就是说，技艺本身就蕴含着人格问题。《大学》提出修养的八条目，目的是达到"止乎至善"，然而这八个层次，也正是一个方法，格物以致知，知才能诚意，职业教育也一样，了解职业，了解你自己，才能对要从事的职业有诚意，意诚则心正，职业操守才能培养出来，职业才能成为事业。然后才可修身，就是训练行为，行为不仅包括技能，也包括职业的纪律和规则。提升，可以影响别人了，成为榜样了，所谓齐家，最后也可以成功，自我实现，治国平天下。每个外在的功绩，都内含着人格的提升。其实，人与职业是可以共同发展的。

教育，就是要突破肉体和具体的有限，去拓展，个体拓展到社会，教育的过程，就是社会化过程。社会包含了许多职业，一个职业即是一个局部。但人要实现社会化，总是要和自己以外的社会发生关系的。最现实的关系，可能就是职业。职业化，就是社会化。然而，职业化把人的社会化局限在一个领域，又可能限制社会化。当职业给予个体具体的收益的时候，仅仅是一个不得已，受虐式的活动，即使是职业的成就也不过是一个外在的套，或者是一个面具，职业是生命的限制；同时，个人把自己的生命直接指向外在的职业目标时，个体的一切诉求全寄托于职业的成功时，个体生命的全部意义就是职业工作时现实的获取，职业是个体作为人的他方，仅仅是一个工作，职业也是个体发展和生命的局限；如果你赋予职业活动以生命的意义，它是实现你自我信念的方法和对象和渠道，职业活动成为个体的生命一部分，职业活动就是生活的一种方式，职业成为事业时，个体的诉求是纳入这个事业中，有限的生命通过事业的无限延伸了，这时职业就是生命的实现。

第二节　"实境耦合"模式教学过程

青岛职业技术学院首次提出并实践"实境"与"耦合"人才培养模式①，人才培养主要通过教学过程，理所当然"实境"与"耦合"成为教学工作的总的指导原则。在几年的探索中，积累了丰富的、鲜活的经验，然而，教学过程是一个严密的过程，是学校工作的核心，是实现教育目的的主渠道，应该也必须有一个比较完备的教学论理论指导，教学改革的新模式，应该上升到教学论的科学理论层次上去研究、论证，以期更具有普适性和推广性。教学过程有其自身的客观规律，需要借鉴前人理论研究的方法和成果，规范与概括教学改革的本质和规律，才能使改革的步伐更稳健，探索的意义更深远。笔者试用自己所学教学论的观点和十几年从事教育工作的体会，对学院"实境"与"耦合"模式下教学过程进行思考，提出以下观点，以资各位同行批评。

1. "实境"与"耦合"模式下教学过程，是全面促进学生职业素质提高的过程。正确处理学生作为职业人个性全面发展与为直接就业突出技能训练的关系。

作为职业院校，把就业当作办学的生命线，是职业院校的本质决定的，是职业院校生存和发展的必然要求。就业就是检验职业院校办学质量最直接、最有效，也是最现实的标准。与其他高等院校不同，职业院校的目标就是培养社会、经济发展中生产、服务一线的应用型人才，只有培养出了社会、经济发展急需的人才，学生毕业才能找到合适的岗位就业，发挥其作为应用性人才的作用，那才是高质量的职业教育。而实现这一目标，就必然要求突出岗位（群）技能的训练，学生只有熟练地掌握了从事某一岗位必需的操作技能，才能顺利

---

① 曹永慧．教学外置社区耦合——高等职业教育育人新模式［M］．青岛：中国海洋大学出版社，2005：12.

地进入职业岗位（群）角色，实现顺利就业。职业教育的"职业"，必然要求突出动手技能。

另一方面，科技不断进步，生产和服务一线岗位（群）对从业人员的技能要求始终处于变化之中，有些简单重复的操作很可能很快被机器所取代。这向高职教育提出了一个不能回避的问题，就是人才培养的过程，绝不仅仅是"动手"技能的训练，更重要的是要通过技能训练，发展学生的职业能力。就是说要把技能内化为能力。只有能力才是人的个性有机部分。高等职业教育的"高等"意义正在于其教育目的必然是高于具体操作技能训练的。

教育是培养人的社会活动。职业教育是培养职业人的社会活动。高职教育更要以促进人的全面发展作为根本目的。我们的目标必须定格在"培养人"的根本目的上，职业教育就是完成适龄青年"职业化"的过程，这个过程是青年"社会化"的一种形式，就是把自然人转化为一个职业人。在教育过程中，通过知识传授、技能训练、心理辅导、思想品德教育等途径，训练学生的职业行为习惯，使之内化为职业品格，把职业技能内化为职业能力，为学生终生从事某一职业的可持续发展奠定基础，就是要促进学生个性整体发展。只有促进人的全面发展，才是"教育"最本质的含义。

教育目的的定位，决定着办学路线和办学指导思想。在教育教学过程中，要处理好学生全面发展，为一生的从业奠定"心灵"的基础和突出技能训练，为学生直接就业创造条件的关系。从本质上讲，二者具有同一性，终生从业和毕业后直接就业并不矛盾，职业能力全面发展就包含岗位（群）技能，技能可转化为职业能力，成为个性的组成部分；具体实践中，二者又存在一定的斗争性，如何合理安排教学过程，兼顾两方面的要求，是从事高等教育的人必须面对和解决的课题。

我们有一批学生，如青岛职业技术学院有8000余名学生，把他们全部培养成较高水平的技能人才，成为将来工作的佼佼者是不现实的。笔者认为，培养目标应该有不同的层次，培养他们掌握一个岗位（群）所要求的技能，能够顺利就业，自食其力，这应该是最低的标准，是我们高职教育人才培养的底线，是最低的层次；把大多数学生，培养成为生产、服务一线的技术骨干或一线管理人员，成为所从事的岗位（群）的比较优秀的人才，能得到同事、同行的认可，成为企业的骨干力量，这是我们人才培养的中层目标，也是我们的主要目标；把一部分优秀的学生，培养成为能够在职业生涯中升华，超越职业局限，成为社会、经济发展的管理者、开拓者，这应是高职教育人才培养的较高目标。这样，在整体上把握教学的深度和难度，同时根据不同学生的具体情况，教学中有所侧重，以实现高职教育的目标。

2. "实境"与"耦合"模式下教学过程，是整合校内校外教学资源，培养学生职业素养的过程。正确处理院内教学与院外教学的关系。

青岛职业技术学院院长史忠健博士提出，一切真知都产生于工作当中，用粉笔讲生产，用书本谈服务，在教室讲营销，这样"隔靴搔痒"是不行的。必须打破传统大学"象牙塔"式的教学模式。几年来，青岛职业技术学院在"实境"与"耦合"人才培养模式过程中不断探索和实践，在院外建立实训基地，并探索与知名大企业联合办学，特别是与海尔集团联合成立"海尔学院"，与海信集团、青岛啤酒集团、交通银行、青岛香格里拉大酒店等联合培养，建立专业方向，提倡教学要走出教室，走下讲台，到生产、服务一线的"实境"中教学，促进教学过程与生产过程的耦合，促进学院与社区的耦合，在校企合作方面，取得了令人信服的成绩，得到了各级政府与社会的广泛认可。"实境"与"耦合"的意义，正在于"把高等职业技术教育的教和学过程，从传统的、封闭的高校教育情景中解脱出来，并以较大的程度置于校园课堂以外的真实社会环境之中，通过教学、实训与社会实际嵌入式胶合而不是模拟式、仿真式结合来及时满足现实社会和经济发展对高素质技术应用性人才的需要"。

这里需要思考的是，最真实的是否一定是最适合教学的？什么才是最适合教学的环境呢？这就需要处理好校内与校外的关系。既要走向企业，走向第一线，又要保证基础的知识和技能以及文化素质整体提高。它要求在教学的不同阶段，选择最适合的教学场景和教学媒体，整合书本、音像等间接材料，特别是直接的"实境"两方面教学资源，适应学生心理发展的客观需要，循序渐进地开展教学和实训，逐步实现学生"职业化"的目标。

一般来说，校内的教学包括理论知识传授、文化修养的提高、基本技能训练、职业心理定向等，要快速地提高学生的人文修养、学习必要的理论知识、训练其从事职业的基础技能以及对职业活动的意义在思想上有一个充分、全面和准确的认识，为其真正身临其境打下基础，做好活动前的定向，校内的教学和实训是必不可少的，它是校外顶岗实习的准备；由于职业教育的本质特点决定，理论课程是为职业能力服务的，以"必须"和"够用"为度，校内实训以生产性实训为主。这就要求对理论课进行重组和整合，既通俗而凝练，又扎实而灵活，校内的技能训练也要注重基本技能，训练扎实达到自动化程度。

校外的教学则是让学生真实地感受企业的环境，体会企业文化，熟悉企业管理方式和工作方式，训练岗位（群）技能，实现学生到准员工再到员工的角色转化。职业教育的特点，要求必须突出技能，在"实境"中认识、感受、体会，在不断地"工作"中"学习"，提高职业认识，培养职业情感，锻炼意志，形成职业品格，发展职业能力，这个过程是以校内的教学为前提和基础的，特别是以校内实训为基础的。同时，在校外的实训、实习过程中必要时也需要进行理论的补充。一般来说，在学生整个学习过程中，开始以理论教学为主，实践教学以实验为主，中间以校内实训，特别是校内生产性实训为主，然后校外实训、实习逐渐增多，到最后顶岗实习，实现就业。

教学实践中，教师是设计、组织、引导教学过程的主要因素。校内准备，到校外实现学生"职业化"，返校后进行总结、补漏、反思、提高，为下一次的"外置"做好准备，这样循环、提高，才构成了教学的全过程。高职教育打破传统闭门式教育是其发展的必然，然而高职教育毕竟还是学校教育，必须保证其教育教学的基础性和普适性，为其一生职业生涯奠定基础。校内校外教学应该是相互补充、相互促进的有机整体。

3. "实境"与"耦合"模式下教学过程，是学生在校内外教师的引导和指导下，发展职业能力，形成职业品格，提高职业素质的过程。处理好教师与学生，校内教师与校外教师的关系。

任何学校教育，其最活跃的因素都是人，包括教师和学生。可以说学校的本体并不是图书、设备，不是房子，而是教师和学生。

任何学校教育都要以学生为主体，现代教育最明显的特点就是突出学生的主体地位。学生是学习的主体，教育目的的实现过程，学生是内因，一切教学手段和教学策略，都必须通过学生自身的领会、练习、思考、体验来转化为学生自身的能力和品格。职业教育的教学过程，是学生学习和练习的过程，更是学生经历、感受、体验、内化的过程。职业教育的教学过程是指向职业岗位（群）的掌握知识、训练技能、发展能力，形成情感和行为方式的过程，是感受、体验、经历和实践职业岗位的过程。以学生为主体，促进学生全面发展，提倡自主、探究、体验、历练，是实现职业教育培养目标的最佳途径。

教师在教学过程中的引导作用，是学生实现这一过程的必要条件。教师要对教学内容进行选择和整合，对学习方法进行指导，对教学过程进行设计，传授必需的理论知识，训练基本技能，组织教学活动，控制和评价学生学习质量。学生的主体性过程不是自发的，是需要教师引导的。高等职业学校的教师队伍，有其区别于普通大学的特点，就是以实践教学为主，以培养一线"实用"型人才为主，其组成结构也应包括理论教师、实践教师，要大量引进企业技术人才，构建一支"双师"素质和"双师"结构的教师队伍，同时，还需要一大批企业的兼职教师。教育教学的目标要依靠这支队伍来完成。

高职教师要走出校园，了解和体会企业生产和服务的实际，才能真正完成高职教学的任务，培养一线的技能人才。利用校外资源包括大量聘请企业兼职教师担当学生技能实训和实习课程的教学，以补充实践教学的师资不足，是高职教育的本质要求。如何处理校内教师与兼职教师的关系，也是一个比较重要的问题，就是要回答我们依靠学院教师呢还是依靠企业的问题。根本上讲，一所学校的发展，完全依靠合作方的思想是不正确的。全心全意依靠校内教师，互惠互利争取企业合作，应该是比较正确的选择。管理者特别是教学管理者，要充分认识依靠教师的意义，因为我们本身职业也是教师，要相信广大一线教师，与广大教师应该有血浓于水的割不断的情感，才能取得一线教师的信任和支持，以调动他们工作积极性和创造性，团结企业兼职、指导教师，共同为实现培养高技能人才而协同工作。

4."实境"与"耦合"模式下的教学过程，是面向社会职业需求、内外结合的有机过程。处理好"外置"教学的"量"和"质"的关系。

"实境"与"耦合"人才培养模式，本质意义在于把教学的过程最大限度地置于校园之外的真实环境中。现代教育突出个性发展中的经历和体验，强调人的发展是一个完整的过程，经院式的课堂教学，是不能适应现代教育要求的，更与高职教育的本质相矛盾。要打破教师一个学期在教室里、讲台上，用一本教材，期末一次考试来完成对活生生的生产、服务、经营的教学过程的现状，要从讲台上走向生产、服务一线，在真实的场景中教学，让学生从活生生的生产过程和服务过程中体验锻炼自己，在经历和实践中提高职业能力。为此青岛职业技术学院制定了《青岛职业技术学院实境教训，社区耦合"指导意见》（技术学院〔2006〕68号），规定学生50%以上的学分要在校外真实的教学环境中获得，教学的50%以上要安排在校外真实的环境中。学院教学从此发生的巨大的变化，全院上下进行了大量探索，校企合作进一步广泛而紧密，联合培养形式越来越丰富。建立校外实训基地近90个，可利用教学资源4.5亿元，数量可观，说明校企合作成绩显著。"量"是"教学外置"实现"社区耦合"的保证和基础，要真正实现高职教育为生产服务一线培养技能人才的目标，校企之间广泛与深入的合作，必然要求一定的"量"。高职教育教学过程中，要有相当比例的内容和时间在企业一线进行生产性实训和实习，使学生获得直接的职业感受、职业认知，在实境中训练职业技能，发展职业能力，身临其境真实的经历、实践职业岗位，在整体上发展职业素质。"教学外置"在"量"的方面提出要求，并且最大限度地增大"实境"中训练的比例，是必然的和必需的。

校内、校外教学具有相对意义。教学过程的组织从生产一线的实际流程出发，设计教学过程在理论上为岗位（群）能力做铺垫，从各个方面、多角度培养学生适应岗位（群）生产服务的实际需要，培养目标指向真实的生产服务岗位（群），内容、方法基于生产服务流程，并在校内进行基本的技能训练。根据教学进程实际，教学场所选择在校内的教学也能赋予了"实境"的意义，与校外基地的教学密切配合，为职业能力发展打好基础。这种校内的教学是必需的，也是符合"实境教训"整体原则的。相反，虽然把教学场所选择在校外，但放任管理，完全依靠学生自觉的行动的"放任式外置"教学和只是把场所选择校外，而继续进行书本知识的课堂式讲授的"形式外置"教学，都在本质上背离了"实境教训"的内涵要求，降低了教学质量，则是不可取的。因此，"实境"与"耦合"的原则，更主要的是"质"的要求。从某种意义上说，"外置"的教学本质，并不在于49%或者是51%的教学时间和内容安排在校外，更重要的是教学过程整体上是否体现"教学"过程与"生产"过程的耦合，体现基于"生产过程"的教学内容和方法，体现教学为培养"生产服务"一线培养人才的目标。教学过程是一个有机的过程，合理配置各种教学因素，优化教学过程，为教学目标服务是一个系统性的设计工作，要求教师转变教学思想，整合教学资源，改革教学方法，优化教学进程。机械的和形式化的"外置"不仅无益，甚至是有害的。

处理"外置"教学的"量"和"质"的关系，要求教师首先要走进生产服务一线，了解生产和服务的实际流程，体验职业岗位的需要，教学要"外置"，教师必须先"外置"。教师了解职业岗位的前提下，还要进行教学法的研究，要进行教学理论的思考和实践探索，精心设计整个教学过程，教学中做到心中有职业岗位要求，口中讲职业岗位的知识，手中抓职业岗位技能，把职业岗位的目标，体现在知识传授中、技能训练中和教学组织管理中，实现教学"灵魂"的"外置"。

"实境"与"耦合"人才培养模式作为青岛职业技术学院特色和首创，要真正成为全国高职教育的品牌，还需要进一步实践和探索，更需要反思和总结。学院发展的本质在于积累，特色的根基在于教学质量的提高。在注重"实境"教学，以实现与生产服务过程的"耦合"的原则下，凝聚全体师生员工的集体智慧，继承潜心探究，严谨治学的大学精神，发扬"卓越、惟是、协同、学习"的学院精神，在实践中大胆开拓，在理论上潜心研究，必将使学院的特色更加鲜明，学院的发展更具生机。

工作随想：讲课，关乎情怀

很久以前，当我第一次从一个普通的讲课的教师，要承担函授管理任务的时候，因为当时单位人手不够，也因为要保持中师《心理学》教学的连续，我一个学期不得不身兼二职。领导谈话时，说这样你辛苦，也挺委屈的，但说真的，我没感到委屈，一来年轻，上点课没有什么。其实是有点舍不得讲台。我是一个讲话比较木讷的人，不太会说话，但只有在课堂上可以滔滔不绝，经常忘情，或者说就是在那时候表达是顺畅的。到现在可能也是这样。所以，那时候很享受讲课，那时候有尊严，那时候有自己，那时候是生命的释放。现在看来，那应该就是职业的尊严。

后来管函授、教务，到干脆做办公室行政。做了几年"工作没多没少，吃饭不饥没饱，睡觉没迟没早，受气没头没脑"的办公室主任，其实就是个大干事。还是一直怀念讲台。不过由于长期从事行政，总会让自己的价值观蒙上点功利甚至势利的色彩。那一年，到小学支教一年。刚开始真的好委屈，要跟我们天天培训的学员们做同事，因此不舒服。可去了以后，天天要面对是朝气蓬勃的孩子，没过两个星期，感到的却是异常清爽，课堂上面对的是小学生，纯真而充满希望，课下是小学老师，个个积极正向。这一年的生活，让我感到要比成人师范或者师资培训，每天面对比我们还要大的中小学教师，面对他们的不满，面对他们的世故，面对他们的死气沉沉要好得多。讲台、课堂，还是神圣的地方，就是再改革，方式在变化，课堂真的应该是一个让人敬畏的所在。

那天晚上有课，吃饭时有位同事聊起来，说白天行政部门工作就很忙，晚上上课太辛苦了。是挺辛苦，可我还是舍不下。因为咱就是个当老师的，老师不上课，算什么老师？不管工作在什么岗位，可总是教师这个职业，这个职业的基本形式，就是上课，教学。舍不下，是一种情感。我曾有一次在课堂上给同学们讲，人最根本的是情，这个情不能仅仅是情绪，那种东西，动物也有，人当然有，这是第一层次；第二层应该是情趣，要有点有好，文学的、艺术的、娱乐的、体育的，不管什么都好，不过尽量是高雅点的，别总是麻将和扑克吧；第三个层次，是情义，对人要有情，而这个情不是或者不仅仅是私情，是要讲正义的情感，富有同情心，要爱；第四层，最高的应该是情怀，是超越个人狭隘的感情，而能对人类整体有益的、对事业的，那种充满理性、智慧的，为了信念无怨无悔的情怀。

有的人关心成功，有的人关心情怀。教育事业是一个崇高的事业，努力让自己的心灵具有这种崇高性，就要每一节课都倾注一种生命的追求，不懈地去努力，对事业的情怀，就承载在每一节课堂上，对课堂充满敬畏。只为了"老师"这个称号，只为了已经做了二十多年的老师这个职业，只为了为此产生的那么多的感动、期待……

第三节　"实境耦合"模式的教学模式

高职教育的教学改革，涉及课程体系、教学目标、教学内容、教学方法、教学评价等教学流程中的各个环节，也涉及师资及实训条件等教学资源的综合改革。青岛职业技术学院在实践中逐渐形成了"实境耦合"人才培养模式，在这个模式践行中，首先从教学流程再造开始进行大胆改革，形成了教学过程的"五基三化"模式的新结构，本文试将这一模式进行总结与探讨。

一、教学流程再造观点的理论依据

在"实境耦合"人才培养模式下，探讨教学流程的新结构，就要依据职业需求的逻辑起点、学工交替的过程设计和校企结合的综合评鉴等方面理论和经验进行。

（一）职业需求的逻辑起点

高职教育服务于职业工作，高职教育的目标就是培养直接从事职业活动的高端技能型人才，它体现了高职教育自身本质诉求，也决定了职业教育的价值指向和高职教学流程的要求。因此职业需求是教学流程再造的逻辑起点。高职教育的专业设置、课程体系及教学内容、教学方法和模式、教学组织管理方式、教学资源的整合等都必须基于职业的实际。因此，进行高职教学流程再造就要以职业需求为基础。职业是高职院校专业课程建设和教学工作的逻辑起点，高职院校要深入行业、企业进行人才需求和人才规格的调研，了解不同行业从业人员职业生涯发展的特点，找准高职教育培养的方向和层次的定位，确定典型的目标工作岗位，并针对这一岗位工作任务过程进行分析，以此调整教学内容和组合方式，针对目标工作岗位劳动特点，设计教学过程和模式。①

要体现职业需求在高职教学设计中的基础地位，就必须深入进行校企合作。高职院校根据当地社会经济发展的形势，进行针对性的调研，以调整专业布局。

---

①　姜大源. 职业教育学研究新论［M］. 北京：教育科学出版社，2007：34.

专业设置要主动地与企业进行深入广泛的合作，通过校企双方多种形式、多层次的合作，了解熟悉企业的人才需求特点，引入企业人力资源管理思想，根据企业人才需求确定专业培养目标及培养规格，以就业为检验标准，提高人才培养质量。

（二）学工交替的过程设计

实现高职教育的培养目标，要突出教学流程中的实践教学，体现"实境"的环境要求和"耦合"操作方式，最基本的形式在于工学交替的教学设计，即学生的学习活动与实践活动交替进行，促进课堂教学传授理论知识和技能得到及时实践应用，并实现内化和巩固，同时促进实践中遇到的现实问题及时得到理论的理解和支持，促进学生职业思维能力和职业操作能力的同时提高。

学工交替体现在校内的课堂教学与技能实训过程，在课堂上教师传授专业理论知识，对职业活动相关的基本原理进行系统传授，以提高学生相关的职业知识水平和职业思维水平。高职教育的理论教学，在知识逻辑性的严密性和系统性方面不必有太高要求，基本原理的含义和应用性理解是理论教学的重点[1]；在校内的实践中，重点是进行基本操作技能的训练，对于综合性的工作技能，在学校可进行分解式的阶段训练，最后通过模拟任务，形成综合技能，为校外顶岗实习奠定基础。

学工交替体现在学生的顶岗实习中，在学生掌握一定职业理论知识和职业技能的基础上，到企业进行"实境"训练，从事真实的职业活动，完成实际职业工作任务。顶岗学习的关键是有效地实现提高学生实践能力的典型工作岗位。

（三）校企结合的综合评鉴

高职学生学习结果的最终检验，是实现顺利就业，取得持续稳定的工作岗位并不断获得职业生涯的发展的基础条件。学生的成绩检验和评价，应该体现校企双方共同参与的评价和鉴定。

学校是学生在校期间学习活动评价的主持者，一方面负责理论课程的知识性评价，即对学生理论知识和基本技能的考核与评价；另一方面负责组织校企双方实践课程教师，共同对学生的职业技能和实践类课程进行评价；另外还要委托企业对学生顶岗实习期间的表现进行评价。

对学生的评价是原则性与灵活性的结合，校企双方在评价中的角色各有侧重，既要有明确的分工，又要强调协作，根据课程具体内容和实际情况，综合

---

① 陈宇. 技能振兴：战略与技术［M］. 北京：中国劳动社会保障出版社，2009：133.

制定课程考核评价方案，客观公正地给予评价。在评价中注重过程评价与结果评价相结合、定性评价与定量评价相结合、教育性评价与甄别性评价相结合、相对标准与绝对标准相结合。

二、教学流程再造基本原则

教学流程再造在依据职业需求的逻辑起点、学工交替的过程设计和校企结合的综合评鉴等方面理论和经验中，要坚持学习过程工作化、工作过程学习化和实习就业一体化的基本原则，体现职业教育的教学过程规律。

（一）学习过程工作化

教学过程的主体是学生，有效实现教学目标的关键在于学生有效的学习过程。职业教育要实现学生职业能力的提高，核心问题是要学会处理职业活动中现实的问题，完成职业工作任务，要实现这一目标，除了相应的专业理论知识和基本技能、技巧外，更为关键的因素是与职业劳动相关的、带有情境性的和经验性的知识，即除了陈述性的知识外，更关键的是操作性的知识。这些经验性的、操作性的知识，不能通过语言传递，必须在职业的行动中习得，这就是德国工作过程导向理论所强调的工作过程的知识，以及整合以上两类知识后，在职业行动中获得的可实现任务迁移的关键能力。因此要实现职业能力的提高，则必须"在工作中学习如何工作"，即实现学习过程工作化。

学习过程工作化，体现在课程中，则表现为根据职业成长的规律，在学习的不同阶段，选取不同的典型工作任务，并针对这些典型工作任务相关的知识内容安排课程结构。随着任务层次的提高，完成职业活动完整的知识、技能系统的心理建构，实现学习过程各个方面的有机成长。学习过程工作化，要求教学媒体，包括教材、音像资料以及实训场所等要素立体为学生提供学习的信息和环境资源，促进学生在职业化的环境中，主动地开展工作着的学习活动，完成学习任务。

（二）工作过程学习化

在学生"学工交替"过程设计上，对于"工作"环节要体现出学习的要求设计。从工作环境的布置、工作组织和管理、工作内容选择和评价，在体现真实工作情境和工作过程特征的前提下，要为学生创设相对优越的学习条件，体现在读学生教学计划内的职业活动，体现学习的性质和目的，其核心目标是促进学生学会工作，杜绝目标异化而过分功利化。

在教学计划内安排的工作，属于实习性的，服务于学习目标的工作，应该满足以下几个条件：一是工作任务内容是经过精心选择的，能体现教学计划和课程结构的意图，符合典型工作任务；二是在教学计划内安排的工作，应该体现校企合作的宗旨，体现专兼职师资的有效合作；三是教学计划安排的工作，应该以学校为主，满足学校育人的条件，在过程中可能由企业方进行日常工作管理，然而从整体上这个过程是学习过程的一部分，应该遵循培养人的教育规律；四是教学计划内的工作环境，应该满足学习的信息资源、用于讨论和学习的区域空间和适合学习尝试的管理模式。

教学计划中的工作环节，是整个专业教育的一个环节，是由学生转变为职业人的关键环节，即职业教育教学过程的中心环节。这里我们既要改变原来以课堂为中心的传统教学模式，也要避免教学中的工作环节比例过大，用实践教学代替全部专业教学的环节造成理论基础弱，职业思维缺失，职业生涯发展后劲不足的局面。

（三）实习就业一体化

在学习过程中的工作，即实践教学，包括校内的基本技能训练和校外基地的顶岗实习。一般校外的实习活动就是要在真实的职业岗位开展的实习，是学生入职前的最后学习环节，是综合运用所学的知识、技能，解决职业工作实际问题的过程，它的特点是有限保护下的职业实践，所从事的工作和完成的任务与职业工作完全相同，不同的是作为实习生，企业方与院校方会给予适当的保护。

顶岗实习的最终目标是就业，从学生成长的角度看，是学校在读的最后环节，是进入职场的预备阶段，也是检验学生现实职业能力的有效途径，能通过实习胜任职业岗位工作标志着该学生具备职业从业资格，经过一定的选拔程序可以实现就业，这是在校企合作背景下高职教育顶岗实习环节的真正职能体现。就是实现实习就业一体化。

实习就业一体化，是校企合作成功的标志。校企合作的根本动力是人才的供需矛盾，企业通过与院校合作，实现人力资源的持续补充而实现人力资源的再生产，院校则通过与企业合作，不断修正培养过程，通过学生成功就业，体现院校培养工作的成就。

三、教学过程结构重新构建的内容

教学过程是从制定教学目标开始，确定课程体系，选择教学内容，设计教学方式和方法，最后进行考核评价的过程序列，是教学过程必须完成的环节组成的系统。教学过程结构重新构建就是针对高职教育的性质和目的，对教学过程各个环节进行重新设计和建构的过程。它既是理论的逻辑推论，也是实践经验的总结和概括。

（一）基于职业能力的教学目标

高职教育的专业教育目标，集中体现在职业能力的培养上，这一目标首先包含了职业基本理论知识的学习，它可以提高学生未来职业活动中理论对行为的指导性，职业活动在理论指导下会减少盲目性，在职业实践中进行思考，是实现职业生涯积累和提升的关键；其次包含职业工作基本技能的练习，这是完成职业任务的必备条件，是从事职业活动的基本要求。而在操作技能和问题思考的基础上，独立自主地完成职业工作任务，则是知识、技能和方法的综合运用，这就是职业能力。

高职教育的教学过程设计，要基于职业能力，它体现了教学的目标与职业岗位要求的一致性，是引导教学过程其他环节的根本原则，也是检验其他教学环节、整合教学资源、设计教学过程、设计教学效果考核评价的依据。同时，也是在教学过程中不断修正教学设计，控制教学节奏，管理教学进程的依据。

（二）基于工作过程的课程体系

高职教育的教学过程，是针对职业活动中从业者完成任务的过程来展开的，教学的最终效果体现在学生未来职业工作过程中。在高职教育的教学设计中，以职场工作过程为基本进行教学设计，将工作过程的要求体现在教学过程中，是高职教育教学过程的本质属性。所谓工作过程，是从业者完成工作任务时经历的必要的环节，是寄生于具体的职业任务过程中的一个内在的心理结构，不管完成的具体的任务呈现为什么内容和结果，实现目标的过程是基本一致的。德国基于工作过程的教学设计的本质，就在于在变化的典型工作任务的学习中，获得完成任何工作任务都必须具备的不变的工作过程结构。这个过程即是培养关键能力的过程。关键能力是实现可迁移的职业悟性。①

按照工作过程进行课程体系的设计是按照工作过程的流程进行的课程设计，它颠覆了传统课程体系，使学生的学习不再沿用传统的学科体系，而代之以基于实际项目、案例的课程体系，学习的针对性、有效性、职业适应性得以大大提高。②

---

① 赵志群. 职业教育与培训学习新概念［M］. 北京：科学出版社，2003：55.
② 赵志群. 职业教育工学结合一体化课程开发指南［M］. 北京：清华大学出版社，2009：40.

（三）基于实际项目的教学内容

高职教育的教学过程，要实现培养关键能力的目标，或者培养较强的职业能力，必须通过"理论—实践"一体化的教学设计，就是"在工作中学会工作"，整个过程的性质是学习的过程，但学习的过程表现为工作的过程。"学习—工作"的内容应该是与特定的职业活动一致的，社会职业与院校专业的对应性，决定了"学习—工作"内容。

选择和设计教学内容的依据，是与特定的职业活动内容相匹配的，一个特定的职业总有其区别于其他职业的工作任务，这就是"典型工作任务"，它决定了这个职业之所以是这个职业的内在质的规定性。与职业的工作任务对应的知识、技能，就是院校安排教学内容选择的依据。根据职业的实际任务设计项目活动，即基于实际职业项目的教学内容，是体现专业与职业一致性、教学内容与未来工作内容的一致性的核心。

在高职教学内容设计中，利用企业实际项目，一是有利于提高学生学习的积极性和主动性，二是有利于整合相关教学内容和资源，三是有利于综合运用包括传统课堂讲授在内的各种教学方法，实现教学目标，四是有利于改善教学过程中的师生关系，体现学生的教学主体地位，五是有利于提高学生团队合作和协作能力，完善个性品质。

（四）基于学做合一的教学方法

高职教学改革的关键，在于改革传统的传授式的教学方法，就是改善过去由教师包办一切，安排学生一切学业的状况。就是用师生共同完成教学项目任务代替学生被动接受教师安排的局面。在项目启动时，学生从教师那里取得项目；在进程中学生在教师的帮助下，推动项目进展，并解决遇到的困难和问题；在项目结束时，学生完成项目任务，形成项目成果，并接受教师的检验。整个过程类比于实际的工程项目，师生双方类似于招投标双方的协议关系。

在高职教学设计中，以项目为依托，学生在项目的驱动下学习项目所涉及的相关知识，学习的过程不再是单纯地为学习而学习，也不是仅仅立足于知识系统的学习，而是与任务目标相联系的知识，是学与做的合一。学生在项目中整合相关知识，在内心建构知识体系，同时体验任务完成过程，促进过程方法的反思和内化，促进职业能力的生物式成长。

（五）基于职场适应的考核方式

高职教学的最终目标是实现就业，而就业的标志则是职业的适应性，包含职场工作对知识、技能的适应性，对人际关系的适应性，对实际工作环境的适应性，对工作任务的适应性。以职场适应性为根本依据的考核和评价系统设计，是检验教学质量的基本尺度。①

高职教学的评价环节，即对学生学业的考核过程，是测量学生职场适应性的具体体现。学生学业的考核，要体现出职场完成工作任务的实际能力，因此要改变传统高校学生学业考核只重知识、只重分数式的考核方式，而代之以关注综合实践能力，关注学习过程的考核方式，即用等级制的计分方式代替百分制计分方式，用相对模糊的方式，增加定性评价成分，引导学生更加关注实际的思考和综合应用知识的能力，减少对记忆的考核成分，增加思考力的考核；用过程与结果考核相结合的方式，全面客观反映学生的学力水平。考核方式的改革，更有效地促进教学过程与教学目标的统一。通过更全面反映职场适应性的柔性化的考核，检验教学效果，完成教学目标。

四、教学流程再造实践探索

青岛职业技术学院从建院开始，就开始对富有高职教育特征的人才培养过程的探索，提出最先进的技术在企业，高职院校的教学必须与企业的生产、服务同步，提出"教学外置，校企耦合""教学外置，社区耦合""实境训教，社区耦合"，进而修改为"教学外置，社区耦合"，在示范院校建设时确定为"实境耦合"人才培养模式。在国家示范性高职院校建设过程中，各专业进行了积极的实践探索。机电一体化专业与海尔集团合作，学习借鉴德国"双元制"模式，推行"任务驱动"式的项目教学；旅游管理、酒店管理专业与荷兰开展NAFFIC项目合作，借鉴"CBE"模式，开展基于专业的项目教学；市场营销专业与青岛啤酒股份有限公司合作，以"案例库建设"项目为载体，开展"非常6+1"项目教学活动等等。学院总结各专业教学改革的经验，在剖析不同的专业与相关的企业开展深入的合作，共建专业并开展教学改革的成果的基础上，进行理论的分析和提炼，借鉴国外先进的职业教育理论和实践模式，在"实境耦合"人才培养模式下，重构教学流程，提出了"五基流程"，即基于能力本位的培养目标，基于工作过程中课程体系，基于真实企业项目的教学内容，基于行动导向的教学方面，基于等级制度的过程考核方式。通过"五基"流程规范各专业教学过程的环节，同时提出"三化"目标，即学习过程工作化、工作过

---

① 武文．高职教育改革中价值冲突及对策的思考［J］．职业教育研究，2010（1）：22．

程学习化，实习就业一体化，作为教学流程进行中的基本原则和宗旨。①

本文以学院实践探索为基础，并在理论方面进行必要的修正，力求建构一种高等职业教育的教学环节结构模式，既对学院的教学改革以理论归结，也期望得到同行的批评执政，以资借鉴。

工作随想：聊一聊职业教育体系构建

近两年，职业教育体系构建，一直是一个大家关注的话题，国家各个层面也很重视，当然是因为我国人才需要结构性的需求和供给的矛盾，促使国家各个层面形成了这样一个共识。同时，职业教育自身的发展也确定需要系统完备，就是说也是自身发展的要求。然而，做起来，总让人感觉忧心。

我们学院从前年后半年就提出要进行课程改革，可一年过去了，系统的改革还是很难破题。传统的知识学科教学和传统的课堂讲授以及假意交流、形式化的项目仍然普遍，老师们的观念还是转不过来。我们知道，观念这个东西，是教学改革的源头，观念不转变，改革的行动，就是形式化的、机械化的。可观念的转变，又恰恰需要在实践的体会。这样逻辑上就是一个循环，是一个似乎无解的方程。两个变量，互为因果，所以永远没有确切的值。这样一来，改革的每一个项目或行动，都是一个不确定的。

这说明一个问题，就是转型是非常艰难的过程。一个课堂转型就很难。一所学校转型呢？一批院校转型呢？听广播说，国家将有一个政策，600 所近年升格的本科院校，将转为职业院校，开办职业教育。这个政策的初衷当然是好的，是改革我国高等教育结构的必需。但困难也是大的。转型，并不是你一个命令，让他转型，他就转型了。高职教育这么多年了，要创新人才培养模式，都探索这些年了，高职定位还是一个不确定的，本科院校一下子让它转型，办职业教育，这个转型的阵痛要多长时间？

想当年的 211 建设，很多院校合并，结果是大批原来很有特色的专业和学科没有了，实力不再是学术的内涵。学术组织人员的重组，打破了多年自然成长的规律和进程，新的学科优势必须重新培育。所有的大学，特别是 211 大学，几乎都成为学科部类全的大而全，水平相差不了多少。高职院校的示范建设和骨干院校建设，最后结果是什么，并不明朗。新一批本科转型又要开始。

问题一定会有，但问题在于这些改革，不是从教育内部，从学校内部开始，

---

① 武文 . 基于"工作过程"还是"能力本位"——对高职人才培养借鉴国外模式的几点思考［J］. 青岛职业技术学院学报，2009（2）：47.

并不是市场的力量，激活人才培养的供需这些自身内在的动力，改革不是学校真正认为或者是学校的主体——教师的共识——认为不改不行。而是总是外在的政策和行政的手段，提倡改革，提倡转型。学校，加了高等的字样，骨子里就要追求学术。我们不是去思考，技术和职业的教育与学术的意义和价值，寻求拓展学术的界阈，甚至说是构建另一种学术。而是否定淡化职业院校的学术，它带来的后果是，否定了这些院校的教师（应该是学校的主体，领导和机关不是学校的主体，学生是主体，但学生是流动的，院校一般真正的主人，一般来讲，还是教师）的追求，等于阉割了他们的生命动力，要求他们有创造性，是不可能的。这种现象不止在中国，前些天参加市教育局的国际交流活动，一位加拿大的专家，也公开承认，在加拿大，人们也普遍认为白领、学术，比技术工人更体面。就是说，不光中国人有士大夫的意识。对于人的身份价值认同，全世界差不多。低头看看我们的现实，说点真话，办点真事。或者比想当然的政策更有意义。

第四节　"实境耦合"模式的专业发展模式

高等职业教育的专业建设的特点，是与区域经济和社会发展紧密联系。近年来，高职教育的改革实践，最终体现在专业的建设问题上来，如何实现校企合作，如何体现系统教学规律，如何借鉴国外先进经验等等，无论从宏观的办学方式的变革，还是中观的人才培养模式创新以及微观的教学方法和组织形式的改革，都以专业建设为最终落点。形成一种具有相对完整的体系，又适合在院校中推广应用，即构建一种高职专业建设的范式，具有十分的必要性，通过实践探索，及时总结和理论建构，也具有可能性。

一、高职专业建设原则

高职专业建设，必须遵循满足社会需要，为社会培养人才的要求；必须遵循学生个体身心发展规律，促进学生职业个性的全面发展；必须遵循教育教学规律，维持正常的教学秩序，全面提高育人质量。

1. 社会价值原则

（1）高职专业建设必须满足社会价值。高等教育的职能，包括人才培养、科学研究和服务社会。人才培养就是为社会培养大批各行各业有用之才，高职教育的职能是培养社会所需要的一线的技能型人才，更强调培养人才的实用性，再明确地讲，就是培养直接适用于各类产业生产、服务一线的高素质人才。高职教育为社会培养高端技能型人才，是高职教育自身的生存和发展需求决定的，也是高职教育必须满足承担社会责任的具体体现，高职院校的办学根本目的，就是培养地方经济和社会发展所需要的人才。高职院校的职能，要体现为社会服务的宗旨即体现育人的社会价值。

（2）行业标准体现专业的社会价值。高职的专业，是社会分工形成的行业、职业类别在教育领域的反映，专业与相应的社会生产和服务的行业相对应。每个行业因其外部关系特征和内部运作特征，决定了从事本行业的人员自然形成了特定的劳动特点，为了保障行业运作的质量，行业会形成对行为过程的规范和工作标准，它规定了该行业的从业者应具备的基本标准。专业教育的培养，要以其相对应的行业标准作为专业培养的目标，简言之，行业标准体现专业的社会价值①。

2. 个体发展原则

（1）专业建设必须促进学生个体发展。学校教育教学的目标是培养人，而培养人的本质就是促进学生个体的身心全面发展，这里一方面是说教育教学必须满足学生身体的健康成长和心理各诸要素的全面发展，包括学生的认知水平、情感态度、意志品质及行为习惯的全面发展，在面对社会职业工作时，能够适时调整自己的行为方式，与职业环境与职业活动要求保持协调，并完成职业工作任务，获得职业成长。另一方面的含义是，高职专业的建设必须满足不同学生的个性化要求，每一个学生都能够在自身原有的水平上，获得职业志向、信念、职业兴趣、职业观，并在职业品格和职业能力方面的富有个性的发展，即促进学生职业个性的发展。这是高职专业促进人的个性发展的价值体现②。

（2）企业岗位体现专业的个体发展价值。企业的工作岗位，是为实现企业经营和生产的目标而设立的，不同的岗位有不同的工作环境、工作平台、工作任务、工作职责，形成相对固定的岗位名称、岗位职责、岗位性质、岗位目标，由此形成一个岗位群和岗位系统，协同完成企业的任务，维持企业的正常运转。企业的工作岗位，体现着企业对从业者工作具体的要求，在企业工作岗位的多样性，决定了对从事岗位劳动者要求的多样性。因此，企业岗位体现着高职教育专业培养过程促进学生个性发展的要求。

---

① 陈宇．技能振兴：战略与技术［M］．北京：中国劳动社会保障出版社，2009：1．
② 武文．高职学生职业个性形成的心理结构及培养策略思考［J］．青岛职业技术学院学报，2011（6）：30－32．

3. 教育规律原则

（1）专业建设要遵循教育规律。高职专业建设，是高职院校教育的重要内容，必须满足作为高等教育专业的组织建构基本规律的要求，专业的建设和专业教学运作过程，也应该遵循教育教学的基本规律，即要求专业设立和组织建构符合学校教育的组织结构，专业发展符合学校专业发展的要求，专业教学遵守学校教育的教学原则，专业教学模式各环节，遵守学校教学组织的规律，接受学校教学质量监督等，它体现教育规律的逻辑价值。

（2）国际化体现专业的发展趋势。学校教育的规律，是全世界历史的经验的总结和概括，在促进教育规律的认识和教育理论创新中，加强国家间的交流合作，是促进教育理论发展和实践进步的必然要求，积极借鉴国外先进的高职教育经验，学习国外先进的高职教育理论，促进高职教育国际化，体现了高职教育发展的趋势。

二、高职专业建设"1+N+1"模式

高职专业建设的"1+N+1"模式，是指专业建设要依托"1个行业组织"、合作"N家相关的企业"、联合"1个国外职业教育机构"，它体现了高职专业建设的外部结构，侧重于与专业紧密相关的几个外部因素及相互之间的关系。

1. 专业的使命与依托行业组织的价值分析和意义。高职专业的使命，就是培养地方各行各业所需要的高素质技能型人才，学校为了满足不同行业对人才的不同需求，而设立不同的专业。要真正培养适合某一行业的适用人才，就必须实现学校专业与相关社会行业的紧密联系，这是评价一个专业的根本标准和尺度，它体现了专业的社会价值和社会使命。行业组织，是一定区域内负责协调、管理本行业各企业和机构间关系的机构，因此，高职专业建设必须依托行业组织，才能与行业保持良好的信息沟通与合作。高职专业必须依托一个行业机构。

2. 专业教学环节与多家企业开展紧密合作的实践价值和意义。对学生个性化的培养，是渗透在整个专业教学的每一门课程或项目、每一单元内容或步骤、每一教学环节和全部过程，在开展专业的教学过程中，把每一方面的教学或每一门课程的教学，都建立在与该课程或项目相关的岗位工作内容上，即把专业教学的具体环节，与企业的环节相结合，为了保障大多数的课程和单元内容都有企业具体岗位的支撑，在专业教学进程中，就离不开与多家企业的合作，一方面在数量上，只有与多家企业的合作，才能满足岗位工作内容与课程对应的全面性；另一方面，只有多家企业的合作，才能体现教学过程中教学方式的多

样性，满足学生个性化的需求，体现学生个性发展。即专业教学要建立在与 N 家企业合作的基础上。

3. 专业发展与联合国外教育机构的需求和意义。专业的发展，要与区域内的行业、企业建立紧密的合作关系，更要与国外教育机构建立合作关系，引进优质教育资源和先进的理念、理论、模式。这是教育的普遍规律和教育理论发展规律决定的，也是我国目前高职教育发展的历史背景决定的，与一所国外教育机构建立合作关系，及时流通交流教育信息，共同促进高职理论的发展和实践层面的相互借鉴。只有加强交流和沟通，才能促进发展，专业的长久发展，需要具有国际视野，更需要合作，与至少一所国外教育机构建立联系，势在必行。

三、高职专业建设"1 + N + 1"模式的实践

青岛职业技术学院从 2008 年起，在各专业推选"1 + N + 1"模式。其中旅游管理专业是该模式典型的代表，而且通过建设，专业实力增强，社会声誉提升，专业发展跨上了新的台阶。

1. 旅游管理专业与旅游行业的合作

旅游管理专业服务地方经济，积极探求与青岛市旅游局与旅游行业组织的多方合作，通过合作，掌握了行业发展的前沿动态，走在了行业技术咨询与服务的第一线，提升了专业发展的活力。

2008 年，旅游管理专业参与了世界级高尔夫欧洲挑战巡回赛赛事的组织和服务，参与修编了《青岛市旅游业发展总体规划》竞标工作，合作举办了"西海岸旅游教育论坛"，2010 年，我院旅游管理专业与中科院地理研究所合作中标了青岛市旅游资源普查项目，旅游管理专业承接了青岛市十二个区市的旅游资源普查工作。在普查工作中，完成了 800 余人次的技术培训，完成了近 4000 个旅游资源单体的收集、整理及网络上传工作，合作完成了青岛市旅游资源调查与评价报告。2011 年 6 月，承担了青岛市地方会议标准制订的前期准备工作。2012 年 4 月，旅游管理专业师生参加了中国旅游交易博览会的会议服务工作。在此基础上，旅游管理专业与市旅游局和各区市旅游部门、会展部门在师资研修、课题研究等方面也开展了更为宽泛与深入的合作。目前已与青岛市旅游局、各区市旅游局建立了稳定的教师研修机制，教师在研修过程中，掌握行业动态、开展课题研究、引进服务项目，形成了良好的合作互动。

2. 旅游管理专业的校企合作

旅游管理专业积极与企业、行业合作，共建立了港中旅国际（山东）旅行

社有限公司、中国旅行社青岛有限公司教学基地、青岛中青旅国际旅行社教学基地、青岛电视塔景区、青岛极地海洋世界等31家校外教学基地，学校与企业深度耦合，旅游管理专业已经形成了富有特色与创新的校外教学基地建设、运行与管理模式。在保证校企合作实训基地"量"的基础上，进一步加大校企合作的深度，开展深层次合作，达到校企合作"质"的目标，以保证旅游管理专业"实境耦合"的人才培养模式的实现。

在建立大量实训基地过程中，以合作章程为依据，按照相关程序有步骤规范地进行。建有规范的旅游企业信息库、实训基地信息库。把企业中优秀的员工、真实的工作场景、先进的硬件设备、技术优势和信息优势、整合为学校优秀的教师资源、教学环境资源、教学软件资源，从而达到校企合作的更高级阶段，校企合作实现从"量"走向"质"。遴选紧密合作型实训基地，利用其品牌优势，校企双方在场地、设备、职业氛围营造等实境训教条件方面共同投入建设，建成校内外教学基地并组织实境教学。校企双方人员相互兼职，聘请企业知名专家担任兼职专业带头人，聘请企业骨干担任专业兼职骨干教师，聘请有丰富实践经验的师傅担任实习指导老师。教师通过在企业研修，提高自身职业素养及一线企业实践经验，同时，服务于企业，协助企业解决工作过程中的问题，提高自身的"双师"素质并发挥"双师"作用。校企共同进行项目教学，完成来自企业的实际项目，企方全过程参与。遴选优质实训基地，在企业开展为期一年半的顶岗实习（含就业实习），按照顶岗实习方案和顶岗实习工作流程，有步骤、规范地开展顶岗实习工作，制定《顶岗实习过程控制程序》，使实践训教管理体系化、程序化、文件化、规范化。

旅游管理专业通过与企业深入紧密合作，将校内外实训基地建设成为实训内容、体系和考核有机结合的集实践教学、社会培训、技能鉴定为一体的实践教学系统，满足学生顶岗实习和教师顶岗实践培训、横向课题及专业技能研发、教学案例收集的需要，成为全国旅游高职教育校企合作、工学结合的典范。

3. 旅游管理专业与国外教育机构的合作

青岛职业技术学院与 INHOLLAND 应用科学大学的合作历程。双方的合作始于 2006 年 9 月，荷兰 INHOLLAND 应用科学大学副校长率领代表团访问我院时，达成初步合作意向，并签署了两校合作备忘录。此后，INHOLLAND 应用科学大学多次派教师来学院交流和培训，合作的内容和方向逐渐清晰。2007 年 9 月至 12 月，青岛职业技术学院选派了 3 名英语水平高且具有专业能力的老师赴荷兰研修 3 个月，11 月派遣旅游管理专业 1 名教师赴莱顿大学研修培训，培训内容包括荷兰 INHOLLAND 应用科学大学、莱顿大学能力本位教育体系、教学管理及国际合作、旅游管理、休闲管理专业课程体系等内容。同时，为荷兰 IN-HOLLAND 应用科学大学的师生教授中文并为荷兰 INHOLLAND 应用科学大学设计中文教学模块。2007 年 11 月中荷两校长双方在荷兰签订了两校合作协议书。2008 年 3 月 31 日至 4 月 14 日荷兰 INHOLLAND 大学派出 4 名教师，到青岛职业技术学院继续进行学分认证和休闲服务与管理专业师资培训，使参加培训的老师从操作层面对项目教学的具体运用产生了很好的理解和应用效果。2008 年，青岛职业技术学院派出了 5 名教师赴荷兰 INHOLLAND 应用科学大学研修，对于前期学习和交流中尚不明晰的问题有了进一步的认识，改革思路逐渐明确。2008 年 5 月 13 日至 15 日，INHOLLAND 应用科学大学代表团 Dales 校长一行三人来访青岛职业技术学院，就双方目前的合作和未来前景进行交流，同时观摩在青岛职业技术学院进行的 NUFFIC 培训项目课程。2010 年 7 月，荷兰高校教育专家观摩了旅游管理专业学生的项目展示，对旅游管理专业实施项目教学取得的成果表示了充分的肯定。

"中荷合作、本土化设计"，创新开发了高职旅游管理专业能力本位课程体系。建立在与荷兰 INHOLLAND 应用科学大学旅游与休闲管理专业国际交流平台上，在充分的企业行业岗位调研基础上，校企合作开发的三级能力体系，以能力为中心开发项目，围绕项目整合课程，设置项目课程（与项目内容直接相关）、项目辅助课程（支撑项目运作）、个人发展课程、选修课程等四大类课程。以项目为载体，在全面推行等级制考核基础上实施知识考核、案例考核、项目考核并行的三重考核体系。

国内首创专业下的项目教学模式。不同于课程教学中的项目教学法，项目化教学模式是以项目为载体构建课程体系。项目设置基于专业整体能力的培养，在专业整体能力归纳的基础上，开发了一系列的基于企业真实任务或职业能力并充分体现高职教育规律的项目。开发了指导教师项目手册与学生项目操作手册，规范项目教学的流程、角色与职责、运作模式。专业下的项目化教学模式是对专业教学模式的彻底革新，完成了教师和学生角色、作用的根本转变。项目教学实施过程中，学生成为学习的主体，"学中做、做中学"，从"要我学"转变为"我要学"，促成了学生在角色体验中获得职业能力的提升，学生在项目操作中担任不同身份角色，主动完成项目任务。教师的角色则从"授人以鱼"转变成"授人以渔"，从以传授知识为主转为学生学习的引导者和指导者。

开创性的"基于能力本位的课程体系和专业下的项目教学模式"被教育部选中作为推广项目，面向全国同类院校开班培训。2008—2010 年旅游管理专业举办了三期全国培训班，培训了来自 56 所院校 142 人次的骨干教师。2009 年 7

月，在青岛职业技术学院主办的"2009高等职业教育国际论坛"上，做了"旅游管理专业群基于能力本位的课程体系开发与项目教学"的主题介绍，反响热烈。"基于能力本位的项目化教学模式"的成功实施极大促进了学生综合能力的提高，青岛职业技术学院旅游管理专业学生凭借强大的综合能力在各类大赛中屡获嘉奖，成为用人单位青睐的对象①。

四、高职专业建设"1+N+1"模式的探索

高职的办学，是从对传统的本、专科大学的教育的专业设置和管理模式改革而来的，高职的专业应该既有与传统大学专业相似的结构，更应该有与传统大学专业不同的特征。对于传统大学专业的设立和发展，应该经学科的建设为基本目标，以此实现对知识的继承、传播和创造，增强大学的学术水平和综合实力，高职的专业更多地应该服务于社会职业的要求。

1. 高职专业的本质问题

高职专业的本质，可以从以下几个角度来认识：第一，高职专业是社会职业，特别是技术岗位分工在教育领域的反映，它的设立以社会职业分工为逻辑起点，却并不是一一对应，是社会职业分工按照教育规律而进行的归纳，是同类职业（岗位）的共同劳动特点经教育化的概括的结果，从这个意义上讲，高职专业是社会职业的教育学抽象，体现高职教育的社会价值；第二，高职专业体现一个知识体系，而学科是知识的基本存在方式，是学校传授全部知识的共同来源，高职专业的知识当然也不例外，高职专业是基于专业培养目标对学科知识的选择和重新整合，从这个意义来讲，学科是专业的基本知识来源，高职专业依赖于学科发展，这是专业的学术价值的体现；第三，高职院校的基层组织基本依托专业建立，服务于同一专业的教师组成一个团体，共同承担专业相应的培养任务，高职专业是面向培养目标的一级学校学术组织，这一本质特征，体现了专业建设的现实性；第四，高职院校的教学和办公场所、设施及实训条件等配置，都以专业为基本单元，从这个意义来看，高职专业是整合各类教育资源的载体，这是专业的物质外壳。青岛职业技术学院"1+N+1"模式，通过与行业、企业建立多层次的联系，体现了专业与职业的关系，通过与国外教育机构的联系，使教育模式的交流与合作更加深入，体现了专业的教育属性②。

---

① 青岛职业技术学院旅游管理专业改革综述，201.10. 青岛.
② 宣勇. 大学变革的逻辑［M］. 北京：人民出版社，2009：12.

2. 高职专业的结构问题

高职院校专业的结构，应该从外部和内部两个方面来看，外部结构指高职专业跟外部世界的关系，一个专业以社会职业为基点，那么与该专业相关的行业及其组织机构的关系、专业与其他院校相近专业及专业指导委员会等组织的关系、专业与本院校其他专业的关系等等，它涉及了专业的逻辑关系和依存关系、也反映了专业的横向和纵向关系。专业的内部结构则指专业内部各要素及相互关系，如课程结构、师资结构、资源配置等，专业内部结构会反映外部结构的信息，同时通过内部结构的运作，实现外部结构的协调，换言之，即通过课程体现专业内涵，通过师资体现专业实力，通过资源促进专业水平提高，通过学生反映专业培养质量，最终实现为行业培养合格人才，为院校提供育人载体，为同类专业提供范式。内外结构相互制约和相互促进，是专业生存和发展的基础。"1 + N + 1"模式，体现了专业与社会行业、职业的相互关系和专业与相关教育机构的关系，作为一种特色性的专业模式，较好地体现了专业的外部结构，既符合专业人才培养的社会价值，又保障了教育规律在专业中的运用和体现。

3. 高职专业的发展问题

高职专业的发展，体现在内涵的积累和外延的拓展两个方面，丰富的内涵表现在专业的课程体系和教学内容的不断更新和优化，专业师资数量和结构合理增长和提升，并形成团队意识，团结协作，专业教学设施基本齐全，实训基地满足教学需求，最核心的要素应该是课程和师资。专业发展的外延拓展包括专业与社会行业广泛而深入的合作关系以及广泛的校际合作、国际合作，及时学习借鉴最先进的教育理论成果和先进模式，来改进专业教学。内涵的丰富体现积累，外延的拓展体现创新。"1 + N + 1"模式，是高职专业建设的创新性成果，不仅体现了专业的外延的拓展，而且也将促进专业内涵的不断丰富和提升。

工作随想：职业教育梦给我们的是什么？

所有接受过职业教育的人，每个职业院校的毕业生，他的一言一行、一举一动都体现出良好的职业修养；每所学校每年都有出类拔萃的高级技术技能人才走向社会；企业从一年级开始就参与职业院校的教学过程成为社会的普遍现象；职业院校学生在校学习的过程成为一个享受的过程。这是教育部职业教育与成人教育司司长葛道凯关于职业教育的四大梦想。

这梦想让人看了，真是是好感动。前几天在一节课堂上，偶然有感，一个国家、一个民族的强盛，一个时代的辉煌，不仅仅是一个概念，它体现在这个时代、这个国家或民族的政治、军事、外交上的强盛，也体现在建筑、服饰和休闲娱乐，甚至体现在了人们的信仰、爱情婚姻等各个方面。并不像小时候背过的历史课本里几行字，那几行字是高度浓缩了的，删去了细节的结果，然而支撑这个辉煌时代的一定是丰富的，有时甚至是血腥的事实，做这些事的人创造强盛、创造了辉煌，可自己却有着无尽的煎熬和挣扎。就是说让人记住的是可见的结果，让人感动的或许是过程。职业教育也是一样，国家的强大时代要求职业教育做出贡献，做出成果，那么这一开始就注定了从事职业教育的人，要承受非议、承受茫然、承受指责、承受无果的责难。我们不能再按我们做学生的那样教学生，我们不能按我们想的那样做工作，我们不能……职业教育作为一个新的课题，新的领域，构筑国家的梦，可这梦要变成现实的时候，我们就必须承受教育本质的考问，承受职业要求的考问，承受社会的考问，承受学生和家长的考问……最终要承受的是我们自己的考问，这梦不仅是司长的梦，它本来是我们自己的梦。

　　每个毕业生都体现出良好的职业修养，这意思不仅仅是职业知识和技能吧，更主要的是"一看就是个内行"的意思吧，一眼看着是个内行，就是在完成职业工作任务时，不表现出外行的行为，不能看着一个职业工作不知从何入手，不能做着一个工作不熟练而不了解这个工作的要求和规范，特别是对于行业长期形成的职业的规范和工作流程非常得体，所涉及的行规和行业习惯都与那些行业的"里手"配合默契。用葛司长的话说，就是必须是在学校受过严格的规范的训练，理工科专业程序性强的工作流程和技术操作要经过规范的训练，服务性的专业要在操作要领和体型、沟通方面达到一般从业者的水平。这个要求其实是很高的，不管在什么层次上，得要完全是个适应职业工作的，毕业就是能够从事职业劳动的人。它要求职业院校有规范和严格的专业教育和地道的职业现场实训，达到相应层次的职业准入资格，并取得同行的认可并成为他们的一员。这是第一个梦。

　　每所院校都有比较优秀的高级技能人才，与第一项相统一，水涨船高，一般严格的职业教育中培养出优秀者，在一般教育培养水平普遍提高的基础上，出个明星，应该是正常的。这是第二个梦。

　　企业从一年级就开始参与职业院校的教学过程，变得普遍，关键在于职业教育办学体制、机制的转变，企业不再是学校的他方，参与培养不再是"协助"学校，而是自身人才储备和自身发展的必须，企业参与学校培养，不再是给另个实体服务，而是自己的一部分时，这个问题就容易解决了。现在学校是学校，是事业单位，由教育部门管理，企业是企业，是经济实体，服从于市场规律，无论如何强调合作的重要性，也是"体外"协作，让企业成为办学的主体，让培养过程进入市场循环，合作就不再是"体外"，而是体内的运作，合作就是理所当然的事。这是第三个梦。

让职业院校学生的学习生活成为幸福的事，这事的关键是学生的职业认同，职业学习就是职业生活的一部分，职业生活是其作为人的社会生活的具体化和载体，职业不仅仅是谋生手段，而是内心自我实现的一部分，职业就是事业，职业活动与个人追求一致，职业具有生命意义时，职业活动是幸福的因素，职业学习这个阶段也应该是幸福的过程。这是第四个梦。

第一、第二个梦，讲培养过程，从课程到教学过程，要规范、严格，要系统、严谨。课程设置、课程标准、课程内容和方法，都要从职业分析开始，科学地进行课程开发和设置，规范教学过程行为，严格进行考核评价。无论是能力维度还是人格维度，都要从严。第三个梦是制度的问题，与现代职业教育体系相配合，实现政府、行业企业共同建立的董事会下的职业院校管理体制。第四个梦则要求职业教育者，首先具备职业教育的情怀，你把职业教育当作生命的过程了吗？职业教育的教师在工作中感到幸福了吗？当我们自己有了职业幸福感的时候，我们把职业教育当事业和自我实现的渠道的时候，学生就可能会感到职业学习的幸福了。

第五节 "实境耦合"模式的人才规格

高职教育的目的在于培养社会经济发展所需要的服务于生产和服务一线的技术专家，即以培养高端技能型人才为宗旨。在高职人才培养规格的制定中，不仅体现了社会经济发展对人才的需求，也体现了学生个体全面发展的需求。掌握一定的系统专业知识和技能，具有处理职业活动中的问题的能力，适应职业岗位工作，能够独立完成工作任务，并具备职业反思能力和职业自觉，能持续地实现职业积累和生涯的提升，是高等职业教育要完成的使命。在十几年的不断探索中，青岛职业技术学院提出了一套体现上述目标、表征学生毕业时具备的素质的标志性要件，即"三证一案"模式，并建构相应的制度体系，从不同的方面反映学生在毕业时所达到水平的基本标准。"三证一案"模式就是指学生在毕业时必须获得三件证书和一个系列档案，"三证"即专科学历证书、相应的职业资格证书、在读期间工作经历证书，"一案"指职业成长和规划档案。目前，这一制度雏形基本形成，而且正处于深入探索的过程，以此文与同行共勉。

一、专科学历与专科学历证书

学历即学习经历，是参加某一特定的学段系统学习的标志，它记录和标志了一个人接受系统学校教育的历程。专科学历是接受专科层次教育的标志。

1. 专科学历与专科学历证书获得

专科学历。我们通常讲"学历"，是指一个人最后，也是最高层次的一段学习经历。经教育行政部门批准，有权实施学历教育、颁发国家认可的文凭的学校或其他教育机构，向学生颁发的学历证书，作为学历的凭证。学历是特指一个人在教育机构中接受系统科学、文化知识教育和训练的经历。专科，是指在接受完全中等教育后，接受专科层次高等院校教育，以此区别于本科层次的一种学历。取得专科层次学历，应具备以下条件：一是首先取得国家承认的专科院校的学籍，二是在专科院校或相应机构学习，完成某一专业教学计划规定的课程学习，取得合格成绩及相应的学分，三是经学校和相关部门审核符合毕业条件，四是由院校颁发专科学历证书。按照教育主管部门的专科学历获取的条件，2~4 年完成专业教学计划，可以毕业。

专科学历证书是教育部门统一印制，院校制作并经教育行政部门核发的规范的学历证书，是专科学历的标志。专科学历是学生学习经历的体现，是代表其经过了国家教育计划专科层次学习内容，并获得合格成绩的标志，重点体现的是学生在知识方面学习的结果，包括基本理论知识、专业知识等。获得专科学历，是高职院校培养的基本要求，也是在校生学习成果的基本表征。

2. 弹性学制的实施。所谓弹性学制，狭义的定义是指学习内容有一定的选择性，学习年限有一定的伸缩性的学校教育教学模式。它是在学分制的基础上演进而至，是学分制的另类发展和表现。弹性学制的最大特点是学习时间的伸缩性（可提前毕业，也可滞后毕业）、学习过程的实践性（可半工半读、工学交替、分阶段完成）以及学习内容和学习方式的选择性（学习课目有必修和选修之分、学习方式有校内和校外之别）。专科学历通常教学计划规定 3 年修完全部课程。由于高职院校强调校企合作，工学结合，半工半读，国家提倡学生修业年限上实现弹性管理，只要学生修满学分，通过毕业鉴定，就可以毕业。弹性学制有利于学生在校期间自主、自觉地安排学习和工作，修业年限不受固定年限的限制，选择和规划自己的学习，促进个性的发展，特别是促进职业能力和自我意识的提高。对于高职弹性学制的要求我们认为可以放宽到七年，即七年内修满学分可以毕业，取得的学分七年内有效，该门课程取得的学分超过七年就无效，必须重修。

3. 学分制的实施。学分制是一种教学管理制度，与学年制对应。学年制以学年为单位衡量学生学业完成情况；学分制则把规定的毕业最低总学分作为衡量学生学习量以及取得毕业资格。经过 100 多年的发展，学分制形成两种比较成熟的类型：学年学分制和完全学分制。我国高职院校一般采用学年学分制，它兼具完全学分制和学年制的特点：既保留了学年制下，教学计划性强，专业分类比较严密、完整的特性，又具有学分制在对课程的选修方面，给予学生在一定范围内的自由度等长处。高职院校实现弹性学制，就必须促进学年学分制向完全学分制转变，提高学生选课的自由度。

4. 学有余力的学生辅修第二专业。就是学生在完成本专业教学计划相应课程的同时，辅修本专业以外的其他专业主要内容。这一制度更有利于扩大学生学习范围，促进学生知识结构更加完善，最终拓展了学生就业的范围，也提高了学生职业适应能力。辅修第二专业必须是在完成本专业学习前提下，学有余力而根据自身条件，选择适合自己个性的其他专业进行辅修。在学校层面，辅修专业制度是在学分制和弹性学制的前提下，选择专业实力较强，培养过程较为完善、专业积累相对完善的专业，为其他专业提供辅修机会。协调好主修专业和辅修专业的关系，是院校实施辅修专业制度的关键。当前在高职教育中，一部分专业对于人才的要求上，也需要借助辅修第二专业来完成专门人才的培养，如软件技术专业、服务外包类专业，既需要很强的软件和服务外包的专业能力，也需要较高的外语水平，这些专业学有余力的学生可以辅修外语类第二专业。

5. 院校间开展学分互任。高职学校之间、本专科之间、国内外之间院校建立合作关系，在相同的教学科目进行广泛的合作和深入的交流，在学科背景及学科认识等方面实现基本的契合，在此基础上，相同科目的学分实现互认，以促进学生在不同院校间的交流，打通学生学历取得过程中国与国间、层次间、院校间的壁障，实现多方的互通，实现快捷、经济的多渠道和多层次的立体交通网络，为学生方便学习提供便利，实现高职教育的集团化。

6. 探索高职的学位制度。国外的副学士学位与高级文凭在性质上有很多地方相似，一般来说，副学士学位课程涵盖较多通识教育科目，而高级文凭和专业文凭则较注重专业知识。副学士学位与高等院校毕业文凭相比，侧重于专业的基础理论知识学习，适当减少技能的培训因素，同时提供较短学制的高等教育课程，使学生可以选择在较短的时间内获得高等教育学历，以课程之间的衔接为纽带，入读本科课程或高级专科。大学及其他有权颁发学历、学位证书的高等院校及教育机构，还有技术与继续教育学院（TAFE）和注册的培训机构

（RTO 等，）都有权利授予这一学位。副学士（Associate's Degree），是一种源自美国和加拿大的学位等级。学位由社区学院、专科学院（又称初级学院）或某些具有学士学位颁授资格的学院和大学，颁授给完成了副学士学位课程的学生，该课程等同于四年制大学的前两年课程。在美国和加拿大，副学士是学位之中等级最低的一种。2000 年，香港引进了副学士学位，等级上等同于高级文凭（higher diploma）。副学士课程由大学里的相关学院提供。高职院校属于高等教育，而与大学本科属于不同类型，学制相对较短。探索在高职院校颁发副学士学位，有利于对高职毕业生学历在国家制度层面给予认定，更有利于促进高职教育的健康发展。

二、职业资格与职业资格证书

职业资格是从事某一职业工作必须具备的相应资格，是国家职业准入制度的体现。希望从事某一职业的人员，通过学习获取该职业相应的基本知识和技能，并通过相应的测试，获得相应的职业资格证书的，被认为具有相应的职业资格。国家行业组织受权颁发的职业资格证书，是获得职业资格的标志，也是职业教育最终实现学生"职业化"的目标体现。职业资格的获得，是学生通过学习而获得满足职业准入的表征，也是学校教育与职业鉴定两个系统实现协调和接轨的结果和标志。作为高职毕业生的定位是高端技能型人才，一般要求达到高级工，但目前只有少数学生达到这个要求，多数学生即使取得中级工证书也很不容易。对于高职院校职业资格证书可以从以下几个方面改进。

1. 国家改进对于高等职业教育证书体系的管理体制。目前高等职业教育学历证书由教育部门管理，大部分职业资格证书由劳动管理、人事部门综合管理，而教师资格证书又由教育部门管理。其他各部委办又颁发各自行业岗位培训证书。这样，职业教育证书的多头管理，导致了我国职教资格证书在实施过程中存在许多问题，如不同种类职教资格证书在内容要求上缺乏沟通，职教证书认证过程互不相认，使职业资格证书认证的科学性、严肃性和权威性大打折扣，影响了职业资格证书在高职院校的顺利推行①。

2. 国家对于高职院校职业资格证书的相关要求要兑现。中国自 1994 年实行职业资格证书制度以来，到目前已基本建立与国家职业资格相对应的，从初级、中级、高级技工直至技师、高级技师的五级职业资格培训体系。2005 年 10 月 28

---

① 马静. 高职学历证书与职业资格证书并存的实践和完善［J］. 经济与社会发展，2007（11）：206.

日颁布的《国务院关于大力发展职业教育的决定》中提到，加强职业院校学生实践能力和职业技能的培养，取得职业院校学历证书的毕业生，参加与所学专业有关的中级职业技能鉴定时，免除理论考核，操作技能考核合格者可获得相应的职业资格证书。2010 年，进一步发文指出，有条件的高等职业院校都要建立职业技能鉴定机构，开展职业技能鉴定工作，其学生考核合格后，可同时获得学历证书和相应的职业资格证书。但这些政策还没有完全兑现。

3. 高职院校制定相关政策，要把相关专业获得相应职业资格证书，作为其学生毕业的条件之一，在颁发专业学历证书前，努力使符合条件的应届毕业生通过职业技能鉴定获得相应职业资格证书。

4. 高职院校改变自身存在课程归课程考试、职业资格证书归职业资格考核，两者不能融通，无法互换的问题。教学的改革要制定与国家职业资格证书考证的标准相一致的课程教学标准，使学生修完该课程后可以换取资格证书。贯彻劳动和社会保障部、教育部、人事部联合发出的《关于进一步推动职业学校实施职业资格证书制度的意见》的精神和要求，积极推进职业院校教育教学改革，进一步创新人才培养模式，引导院校进一步转变观念，使职业院校的专业布局和设置，与人才市场需求相匹配，课程教学内容与国家职业标准实现衔接。依据国家职业准入标准，结合职业院校的特点、人才培养目标、专业布局设置、教学标准要求，制定职业院校毕业生参加职业资格考核鉴定的实施办法。

5. 进一步研究国际性的职业资格认证。借鉴国外的职业资格证书制度，如英国的国家职业资格证书制度（NVQ）、剑桥信息技术考试（CIT）、微软信息技术认证（MCP）、网络安全专家认证（CIW）等，根据国际化的需求，制定适应学生国际化能力培养的标准与要求，使我国的职业资格证书认证进入国际性的职业资格认证行列。

三、工作经历与工作经历证书

工作经历这里特指，学生在高等专科院校在读期间，在完成教学计划相应的课程的同时，从事与专业相应的工作，具备相应的职业工作经历。由学校与用人单位共同对学生的工作情况进行考核，合格的核发工作经历证书。工作经历是学生在理论学习的基础上，从事职业实践，整合所学的理论知识和技能，解决工作中的具体问题的过程，也是在实践中获得职业体验，巩固和升华职业情感，锻炼职业意志，形成职业行为模式，并获得比较充分的职业个性成长的过程，最终获得相应的工作经历证书，表明学生具备从事相应的职业的能力，胜任相应工作要求，能够完成相应岗位工作任务。这是实现学生所学习知识和技能实现实践上的统一，并具备现实工作能力的标志。

1. 工作经历概述。随着高等教育的不断改革，大学生在读期间从事职业活动越来越普遍，根据自己专业学习和职业发展的需要，在大学在读期间，从事与专业相关的职业活动，对真实的工作环境和工作过程有系统的体验，通过实践活动提高综合运用专业知识的能力，独立地解决工作中的实际问题，积累一定的工作经验，为从事职业工作奠定基础。

2. 工作经历的获得。指高职学生在读期间，由教学计划内安排的实践环节、利用假期自主选择从事与职业相关的工作，连续工作形成一个整体的职业活动经历，院校与企业共同考察认可，确定其获得职业工作经历。作为学业成绩标志的学生工作经历必须具备以下三个要件：一是连续工作时间至少达到一个月，二是工作内容必须与所学专业相关，三是在读期间的工作经历必须经过用人方和院校的共同认可。

3. 工作经历证书的颁发。学生工作经历证书，是学生在读期间从事与自己所学专业相关的职业工作经历的证明，它体现院校面向职业的实践教学环节及学生实际工作的事实证明，也是学生通过教学中的实践环节，特别是顶岗实习过程，综合运用所学的理论知识解决实际问题而获得现实工作能力的标志。院校与企业共同进行学生工作经历的评价和确认，并制定的规范，经过一定的程序，向学生颁发相应的工作经历证书，成为标志学生职业能力的一个重要载体。证书由院校统一制作，学生所在企业进行确认并对工作实绩进行评价签章后，以学生毕业时与毕业证书一并作为学业合格的标志。青岛职业技术学院积极探索学生工作经历证书的管理模式，制定相应的制度，在校企合作的平台基础上，校企共同对学生的工作经历进行管理，统一印制"学生工作经历证书"，建立了初步的框架。

四、职业规划与职业规划档案

学生在接受专业的知识技能传授和训练的同时，还受其专业所指向的未来职业行为的影响，从而形成相应的职业认识和意识、职业态度和情感、职业规范和职业操守等心理倾向和心理素质，即个体面对职业时潜在的动力系统和行为模式系统①。

---

① 马静. 高职学历证书与职业资格证书并存的实践和完善 [J]. 经济与社会发展，2007 (11)：205.

1. 职业生涯与职业生涯规划

职业生涯就是一个人的职业经历，它是指一个人一生中所有与职业相联系的行为与活动，以及相关的态度、价值观、愿望等连续性的延伸的过程，也是一个人一生中职业、岗位的变迁及工作目标、职业理想的实现过程。职业生涯是一个动态的过程，它并不包含在职业上成功与否，每个从事某项工作的人，都会形成自己的职业生涯。职业生涯规划是指通过个人和组织共同开展，对一个人的职业生涯历程的主观、客观条件进行跟踪测定、分析、归纳的基础上，对自己的兴趣、爱好、能力、特长、经历及不足等各方面进行综合分析与权衡，结合时代特点，根据自己的职业倾向，确定其最佳的职业奋斗目标，并为实现这一目标做出有效的安排。职业生涯的规划的真正意义或许不在于能制订出一个完全的可操作性的行动计划，而在于完成对自我的理性认识和对未来职业生涯的战略思考，价值主要体现在职业理性的唤醒和反思品质的形成。大学生职业规划是学生在专业学习的过程中，对从事相应的职业认识不断深化和提高的过程，与职业认识相对应，其对将从事的职业所做的设想的谋划，通过计划的引导和职业生涯规划活动，推动学生进行必要的职业认识的分化和自我调节，促进学生产生职业自觉，形成职业理想和职业信念的过程记录。职业规划档案记录了学生由感性到理性、从模糊到清晰、从笼统到分化、从被动到主动的职业认知过程和职业态度深化过程。

2. 职业生涯规划的实施

（1）开设《大学生职业发展与就业指导》课程

教育部《大学生职业发展与就业指导课程教学要求》的通知（教高厅〔2007〕7号），提出了要对大学生职业发展与就业指导切实加强领导、明确列入教学计划、加强师资队伍建设、改进教学内容和方法、落实经费保障等五项具体要求。要求通过专门的职业生涯课程，以激发大学生对未来职业生涯发展的自主意识，达到树立正确的就业观，促使他们理性地规划未来的发展，并在学习中自觉得到体现，自觉地增强职业意识，在态度、知识和技能三个层面均达到教学目标。青岛职业技术学院提出了以人力资源开发为着力点，围绕学生自我探索（性格探索、职业兴趣探索、职业技能探索和价值观探索）、职业探索（职业环境探索和生涯机会论证）、决策和行动等环节的互动式教学，帮助学生建立职业生涯发展的自主意识，理性地规划自身未来的发展，提高就业能力和生涯管理能力。青岛职业技术学院为了规范课程的开设，制定了《大学生职业生涯发展与规划》训教任务书，主要包含课程提纲、训教进度表、等级制考核方案、等级制考核记录及总评等内容①。

（2）实施大学生《职业生涯规划书》

青岛职业技术学院提供《职业生涯规划书》的规范模版，通过自我认知、职业认知、职业生涯规划设计三个方面，体现和规范学生职业规划的内容。在学段内的不同时期，要求学生做出不同的《职业生涯规划书》，定期地、系统地引导学生对未来的职业进行重新认识和思考，随着自我意识的增强重新谋划自己的未来。

（3）举办"大学生职业生涯规划大赛"

青岛职业技术学院近年来，每年的10月和11月学院大学生从业指导中心举办全体学生参加的以"面向基层就业，拓展职业空间；规划精彩人生，成就职业梦想"为主题的"中国移动"杯"大学生职业生涯规划大赛"，通过初赛、复赛和决赛，评选出"职业生涯规划潜力之星"10名、"职业生涯规划之星"10名（其中特等奖3名、一等奖3名、二等奖4名）、优胜奖10名、纪念奖10名、优秀组织奖3名、优秀指导教师奖6名。为了比赛的进行，学院详细制定《大学生职业生涯规划大赛评分规则及评分标准》，内容包括《复赛评分标准》（参赛作品评分细则、现场展示评分细则）和《决赛评分标准》（参赛作品评分细则、现场展示评分细则、职业角色模拟扮演评分细则、加试题评分细则）等操作文件。

（4）职业生涯规划档案的记载。职业生涯的规划，是一个职业认知、职业情感和职业意志、职业行为习惯的不断分化和发展的过程，这个过程中学生的自我意识不断增强，自我评价不断清晰，自我职业定位不断准确，职业能力得到不断增强，职业观念不断深化，职业生涯规划水平不断提高。通过在不同时期开展的职业生涯规划活动，记录学生职业意识发展的进程，反映学生职业理性成长的历程，综合标志学生的职业化过程，也是职业院校实现教育目的的重要体现，也是学生修业期间完成学业的重要标志之一。

工作随想：高职院校的素质教育

素质教育，是基础教育课程改革初提出的教育理念，是我国教育改革的总体方向，它的内涵其实很明显，就是提高学生素质的教育。那教育的目的本身不就是提高学生素质的吗？那么，教育的本质和素质教育的本质就是一样的，试问教育不是为了提高学生素质的吗？不以提高学生素质为目的的教育，是教

---

① 《青岛职业技术学院2008年工作要点》

育吗？素质教育，其实就是根本上的教育的本质。提出素质教育，是与应试教育对应的一个概念。我国长期以来，偏离教育正确轨道，事实上形成的"应试教育"的现状，教育的本质被"异化"。各级各类学校的教育，不再是为了"培养人"，而是为了考试，各级各类的升学、选拔考试，即使是大学，还有研究生考试、入职考试。在处处以考试为入口的社会，务考成为学习的唯一目的，教育也就是为了考试的培训。这种教育，严重地背离了按照学生身心发展的规律，背离了促进学生全面发展的目的，背离了提高人的素质的要求。教育改革，就势在必行，改革就是改变应试教育的现状，让它回归到培养素质的教育本质。相对于"功利性"甚至是"工具性"的应试教育，提出素质教育，意义就在于改革，改革在于回归"人本教育"。因此，素质教育就是教育本质的回归。

高职院校也是我国教育的一部分，教育的改革其实也不外是"功利教育"向"人本教育"的转变。所谓"功利教育"，就是说把职业教育过程，即对学生施加的职业教育的行为，作为学生未来求职和从事职业活动的准备阶段，直接为学生的职业行为而教育，为他们在未来职业工作中取得成功而教育。有时甚至是为了他们能够完成未来职业工作的任务而教育，那样甚至连"功利教育"都算不上，而是"工具教育"，与职业技能培训没有什么两样。人本教育，就是要回归到培养人的本质上来，以人为中心，以促进学生作为生命体的活生生的现实生活和未来生活而教育。教育是为了发展人、提升人，教育是为了让人有善的意图和善的能力，教育是为了让人更幸福。这样的职业教育，才是真正的职业教育，职业院校的素质教育，也就是要以提升学生的职业素质的教育。这个职业素质，是他们作为一个成长着的生命，对未来从事的职业的一种精神认同和与职业紧密结合的未来生活的认同，是要把谋生的职业提升到人生追求的事业的一种全面素质。这样，他们的学习，不再仅仅是工作技能技巧，也不再是为了一个小小的成功，而是把职业生活当作未来生活的一种内心体认和自觉。实现这一转变的关键，是学生的职业觉醒，就是不是完全依赖外在的形式化的因素，而能够进行自我肯定的自我反省、自我驱动的职业行为。职业学习不仅仅是发生在校期间，它将贯穿于一生；职业生活也不是参加工作以后才有，在校期间的职业学习，已然是职业生活的第一阶段。职业不再仅仅是工作，而是生活，它将与你的生命、你的个人生活、你的幸福融为一体。

第二章

现代职教体系下高职培养新模式

在建设现代职业教育体系的背景下，以"类型教育"属性为根本视角，服务于经济结构调整和新旧动能转换，产业升级换代的新的历史背景下，高职教育的人才培养模式探索，呈现出更加全面、更加深入、更加理性的特征。

第一节 高职教育课程建设的内涵

高职教育的发展，经历了规模扩展到内涵发展的逐步深化的过程。因其与行业企业的紧密结合，建立一套全新的课程模式，培养技术应用型人才，适应了我国经济社会改革和发展的客观要求，获得了我国教育系统重要的"一席之地"而不可或缺。与此同时，对高职教育课程的理论思考和研究也未曾间断，高职课程要区别于普通高等教育，应回到其价值目的，从"原点"进行梳理，找到内在的逻辑规律，才能准确地定位未来发展，获得发展的空间。

一、本与末：能力本位与人格本位

教育是培养人的社会活动，高职教育当然也是教育的一部分，这就决定了其核心价值或者根本目的在于"培养人"，也就是促进人的发展。马克思主义关于人的全面发展的学说，指明了所谓全面发展，就是避免片面发展，消除"异化"。教育的目的，就是促进学生的认识、知、情感、意志等心理因素以及生理因素得到全面的、谐调的发展。这一目的也是课程建设的终极目的①。

在高职教育的发展过程中，经历了从"知识本位"到"能力本位"的转变，也就是从作为传统本科教育的"压缩版"，到校企合作共同开发和建设课程及教学体系的过程。这个过程是在根本指导思想上从传统的高等教育"知识本

---

① 黄济. 教育哲学［M］. 北京：北京师范大学出版社，1985：15 – 19.

位"的教育模式中解放出来，提出理论知识以"必须"与"够用"为度，重视知识的实际运用，培养具有适应行业企业生产和服务工作需求的知识、技能和行为方式的人才，强调适应职业工作的"能力本位"。这一转变，解决了高分低能的问题，在教育的实践中解决了"60分"万岁的问题，一大批技术技能型人才在职场的优秀表现，使高职教育获得其应有的地位，成为高等教育大众化的主力军。

随着高职教育的发展，过分强调技能训练而忽视学生基本文化素质，过分强调企业需求而忽视学生个性发展需求的问题也显现出来，高职教育和社会各界重视高职学生人文教育和全面发展的呼声越来越高，强调遵循教育规律和人的发展规律，重视学生作为人的全面发展，成为高职现阶段发展的新的价值原则。如何在职业需求与人的发展需求中找到一个结合点，既保持适应经济发展需求的优势，又遵循教育促进人的全面发展的内在规律，是高职教育理论研究的一个热点问题。姜大源教授提出高职教育是"跨界"的教育的观点，认为高职教育的目的，有显性目的和隐性目的，其显性目的就是为行业、企业培养技术技能型人才，满足社会劳动力再生产的需求；隐性目的就是促进人的全面发展①。也有人提出人格本位的观点，认为高职教育，是教育的一部分，就理所当然的服从教育的基本规律，教育要培养人，那么高职教育首先要培养全面发展的人，再谈职业化的问题；还有人提出"大课程观"，认为高职教育要以人为本，在学校专业课程为"职业化"服务的同时，学校的公共课程、群团活动、校园环境与校园文化等，都是构成学生全面发展的要素，都要作为课程，进行统一设计，促进学生的职业化和社会化②。

人的发展问题，最终是生理发展和心理发展，而教育的核心问题，是促进其心理的发展，就人的本质而言，心理因素更为内在和核心。从一般意义上讲，教育必须促进学生诸心理因素的和谐发展。研究学生的发展问题，最终要回到心理学的角度，去分析这些因素之间的关系。从知识本位到能力本位，从能力本位到人格本位，各种观点的实质，也要通过对知识、技能、能力、人格这些概念的澄清而更明晰。知识，是人类历史经验的总结，是人类认识世界的成果的历史积累，知识体系是人类的共同财富，是人类共有的信息资源。技能，是人通过练习而获得的习惯化了的行为方式，是在训练中固化了的行为方式。能力则是人个性心理的一部分，是个体可能性方面的个性心理特征。人格则是包

---

① 姜大源.职业教育学研究新论［M］.北京：教育科学出版社，2007：1.
② 黄济.教育哲学［M］.北京：北京师范大学出版社，1985：6.

含了气质和性格两个部分的个性心理特征，是在气质的基础上，形成的对待自己和他人以及世界的一般的、典型的、本质的态度体系和行为方式的总和。知识和技能人类共同的、外在的、客观的，能力与气质、性格则是个体独具的、内在的、主观的，心理学认为，性格在个性心理中具有核心的意义，由此决定了人格培养在培养过程中的根本地位①。

知识本位、能力本位到人格本位，是高等职业教育发展的不同历史时期的价值体现，与它们各自所处的历史条件和现实密切相关，有其历史的合理性。以现阶段高职教育改革的现实为依据，提出人格本位也是其发展的历史必然，然而片面强调人格本位却是不正确的。一方面，职业能力是在掌握相关知识、训练技能的过程中形成的，培养职业能力的目标要依托知识和技能学习的过程；另一方面，人格的养成根植于能力发展，二者是同一过程，个体的成长是一个综合的成长过程，不可分割。不同课程价值目标的发展是一个不断历史性的进步的过程，而不是一个否定的过程。以人格为核心的价值目标，要有效地继承知识本位教学和能力本位教学的实践成果，把知识学习、技能训练与能力、人格的培养结合在一个有机的培养过程中，这是高职教育课程建设的根本依据。

二、体与用：师生的沟通与课程建设

教学过程，是学校教育目的实现的基本途径，教学过程中的人，是教师和学生，教学过程的对象，是课程。我们还是回到教育本质，当然也是教学过程的根本规律，即培养人的社会活动。第一部分我们着重讨论的是目的问题，现在我们讨论过程问题。教育是一种"社会活动"，即人的群体性活动，而且学校是一种结构化的、专门的教育机构，是社会的一个构成环节，教师与学生是学校里特有的社会角色关系。教育的本质既然是社会活动，那就可以解读为师生的社会角色定位所形成的关系以及以这种特定关系开展的活动，才是真正的教育。这里强调，教育的根本不是传递信息、训练行为，更重要的是师与生两个生命体的彼此影响、沟通。就是说，在教育教学的诸多因素中，只有师与生之间作为人的交往，才是核心和教育的价值所在。

笔者认为，人与人的沟通分为三个层次，一是陈述性的沟通，就是关于事实的沟通，其对象是客观存在的事实，只要客观地说明事实是否存在，是什么样子就可以，也即我们常说的"沟通情况"；二是思维性的沟通，就是对某一件事物或某一事件，不同的人有不同的认识，个体在了解事物的真实情况后，通

---

① 章志光．心理学［M］．北京：人民教育出版社，1987：3.

过思维活动，对事物做出判断，形成自己的观点，即我们常说的"沟通意见"；三是感应性的沟通，就是对事实认定清晰和各种观点明了以后，对陈述事实和发表意见的人内心产生的价值观上的认同，实现心灵的共鸣，就是我们常常说的"沟通心灵"。在师生关系中，对科学规律的传授和学生作业反馈的客观判断，基本属于事实判断，即陈述性沟通；设置开放性的问题，引导学生表达自己观点，进行讨论和交流，属于思维性的沟通；通过教师个性化的教学，以教师严谨的治学态度和务实的作风，唤醒学生的心灵感应，激发他们的内在追求，影响学生的人格，属于心灵沟通。

由此可以看出，在教育教学过程中，人是决定性的因素。在课程的结构和课程内容确定的情况下，不同的师生关系会产生不同的教育效果。传统的教育教学，专注于传授知识，并进行不断重复性的技能训练，强调标准化的认知，掌握的是客观的知识内容，师生之间是陈述性的，对客观事实上的沟通。长期以来，我们强调知识本位，教师在教学中关注的重点是一个一个的知识点，在知识的数量和准确性方面下功夫，到最后达到知识和技能熟练程度达到自动化输出，以应付考试和各类甄别性的测试，在普通教育表现为"题海战"，在职业教育则表现为技能比赛，以应对功利的形式的评价。

职业教育提出新的人才培养模式，强调能力本位，对传统的教育教学模式进行改革，通过一定的手段，引进职业领域的工作任务，进行项目化设计，进行开放或半开放的教学，教师与学生角色转变，由传统知识训练技能变为组织指导，学生在教师的指导下独立面对任务，学生个体以独立或者合作的方式完成任务。这个过程中，师生之间以项目任务为载体，形成了建设性的独立思维和交流，从而培养学生解决问题的能力。在实践中表现为项目教学、专题教学、案例教学等[1]。

在职业教育的教学中，传授"实践性知识"，就意味着要靠师生之间内在的心灵感应，个性化地传授工作过程的"默会"知识。同时，渗透职业道德、行为作风、职业理想和信念等因素。教师通过"口传心授""言传身教"，不仅实现技艺的传承，而且实现价值传承。目前高职教育大力提倡的"现代学徒"模式，正是通过制度化的设计，继承传统师徒培养方式，建构一种新型的师生（徒）关系，实现高层的沟通和职业文化的传承[2]。

在教育教学中，课程是指引师生完成职能的途径和载体，作为有目的、有

---

① 周明星，张柏清. 创新教育模式全书［M］. 北京：北京教育出版社，1999：49－53.

② 赵志群. 职业教育与培训学习新概念［M］. 北京：科学出版社，2003：212－218.

计划、有系统的影响活动。课程体现着社会和教育者的意图，是教育理念和原则具体化的中介，是教学方式方法选择的基本依据。科学合理的课程体系和内容，精美、简单的呈现方式，有利于引导教师开展富有成效的教学，提升都是团队的整体实力和教学水平。然而课程内容本质上是相对固定的，而人是有能动性的。在教育教学过程中，师生之间内在高层次交流活动是教育的根本，俗语说，"眼睛是心灵的窗口"，心灵的交流要有一个必要的通道，就是"眼睛要看着眼睛"，它以通俗的方式表达了教育的本质，即必须师生"在场"，即用行为产生直接的影响。

在教育教学过程中，师生沟通交流的活动为"体"，课程建设为"用"。课程作为师生活动的载体，是为师生之间的活动服务的，能够支持师生之间的高层次沟通的课程，就是好的课程，否则课程无论有多先进，制作有多精致，也只是一个好的"展品"，起不到好课程的作用。

三、道与术：新型信息关系与信息化课程

随着信息技术的不断进步，"互联网＋"、云计算、大数据等，新技术不断出现，也不断地改变人的工作和生活，电脑、智能手机已经成为当代大学生的"标配"。教育也随之发生重大变革，微课、慕课、翻转课堂、混合式教学、共享课程等项目成为热点。这一切都预示着教育教学将进入一个新的时代。面对教育教学的信息化热潮，如何在新技术与教育本质之间找到结合点，也产生了不同的声音。有人认为，信息技术可以实现远程教育，优质的教育资源可以通过网络得到广泛的共享，它将让传统的教育教学活动消失；也有人认为，通过开发网络共享课程，可以实现课程的校际共享，混合式的教学将成为未来主流的教学模式等等。那么，信息技术究竟给教育教学带来了什么呢？首先，是丰富的信息资源，知识的传递变得异常方便，学生可以利用网络获取几乎所有的知识；其次，是让课程内容的呈现方式越来越精美，通过技术手段和专业的制作，可以将原来只能呈现在书本的文字，变成文字、图形、图像、音频、视频等整合而成的立体化课程；再次，可以实现教学时空的远程连接，校际可以实时共享课堂教学，校企之间可以实现场景共享，把企业生产的环节直接呈现在课堂上，也可以把学校的教学呈现给企业；最后，可以实现随机的学习，课程可以变成"碎片化"学习资源，随时进行分散式的学习。然而，这些变化都是把课程作为教育教学的核心作为前提条件的，单就知识或信息的传递而言，信息技术的确带来了极大的便利，实现知识教学和技能训练，甚至开展项目教学，都可以通过信息技术手段，让教学面貌焕然一新。

我们前面已经论证过，教育教学的本质，其实不是信息及其载体，而是师生的有效沟通活动，信息技术只能改变师生的活动的工具和方式，而不能替代师生的活动，特别是不能否定教育要"在场"的本质要求，信息技术永远是作为一种手段而存在的。在这个前提下重新思考信息技术给教育教学带来的变化，我们发现它彻底改变的是师生之间的信息关系。由于信息技术的便捷，学生随时随地可以获得知识，传授知识不再需要课堂和老师，传统教学中课堂作为"传授"的职能减弱。随之而来的是网络信息资源的甄别、选择成为学生学习的难点，教师有义务选取和开发优质资源，并通过现代化手段提供这些资源，越来越成为教师的一项重要工作，开发优质共享学习资源和课程资源，意义就在于此。

教育教学的本质是师生之间的沟通和相互影响，在新的技术条件下，转变课程职能，实现"翻转课堂"，引导学生利用网络课程资源和其他信息化手段，自主获取知识信息，把获取知识的主动权还给学生，才是信息技术条件下教学改革的真谛。目前共享课程开发中出现的片面强调学校信息化课程建设数量，甚至通过引进专业公司过度包装等等，是课程信息化建设的一个误区。师生活动是教育教学之"道"，信息技术是"术"，实现以道御术，才是真正的教育现代化。

综上所述，课程改革的价值目标，是实现职业个性的和谐发展，课程建设的本质是为师生实现沟通提供优质的媒介，信息化课程开发是为了方便学生主动学习，是推动教育教学现代化的手段。

工作随想：人本主义是实用主义的精神

我们常常有一个认识，就是一般情况下大家反对只谈空洞的说教，反对没有实干精神，或想法不切实际。希望一切从实际出发，这在工作中便有了一种最常见、却是不正常的现象，就是为了我当时，或者是某一时刻最实实在在具体任务的完成，让我做完一件事。本来这无可非议，无论多大的伟业，也是一件一件的事情来积累成功的。正所谓天下大事，必作于细，天下难事，必作于易，聪明人用笨办法，慢慢积累，才见产效，光想光说，天天"高大上"，不见实际的功效，这是我们反对的。脚踏实地，从实际出发，才是真正有价值的。提倡实用主义，不搞空想和空谈，这本是实用主义。然而，是不是说全然没有一个理念，只看具体的现实效果呢？未必，有时候我们是为了一个形式，而实实在在地去做，或者说是实实在在地做形式，根本背离了教育的本义，只是搞了实实在在的花架子，实实在在的虚假成果，那我想应该另当别论了。实用，一定是实质性的有意义的实用，而不是为了一时政绩和成果，努力凑合出来的看起来实实在在的效果。对教育而言，一切不能背离了"培养人"促进人生命的发展和提升，包括个性的提升，认识水平提升，道德层次的提升，人文审美境界的提升。这是教育的本，是一切具体工作事件最根本的大方向和大原则，实际的效果必须是在这个大原则下，符合这个价值取向的实实在在的效果，而不是为了应付工作任务，应付领导而"作"了一个"物化"的实实在在的成果，这样的成果背离了教育本真，却看起来有明显的效果，有实实在在的物化成果。这种背离教育本真的教育工作业绩，形式化的和肢解式的成果，是打着教育的旗号，坐视甚至实践着教育的堕落。卑微的目的，并不能代表实用主义的本质。

席勒认为：人本主义是实用主义的精神。意思是说，所谓实用，是真实有用。是对人真实有用，实用主义的教育，也是对人真实有用的教育。这种教育为了人的生活，为了人的幸福，或者更趋向于幸福，不是通过现在的教育让人将来幸福，而是不断地受教育，而得到幸福。教育就是一种生活方式，这种方式应该让人幸福，应该对人走向幸福而言，是真实的、有用的。从这个意义来讲，实用主义不是狭隘地为了一个现实的、具体的事件有没有直接的用处，为了一个外在的目标，有没有明显的意义，这是工具主义，不是实用主义。杜威先生提倡的实用主义教育，并不是这样的教育。因为对人的成长、生活是真实有用的教育，指向人的内心，指向人的成长，指向人的幸福，是以人为本的。

杜威实用主义教育的基本观点，应该从这里出发。生活是一个连续过程，现在的生活，并不比将来的生活不重要，青年人现在接受系统教育，本身就是他们的生活，是现在的生活，这一阶段的生活，并不是为了将来生活做准备的，也并不比将来的生活不重要，那么现在的教育生活，就应该是幸福的，而不是为将来幸福做准备。将来的生活，也要幸福，那么将来的生活，也离不开教育，生活是一个连续的过程，教育也是一个连续的过程，教育本身一直伴随着生活，就是生活的一部分。这说的是生活即教育，教育即生活。

我们现在教育学生，是为了未来的职业发展，但并不是要牺牲学生现在的快乐和幸福。教育本身，就应该是既为了他们未来的职业生涯幸福，也要让他们现在的学生生活幸福。现在不是工具，不存在吃得苦中苦，要做人上人的问题，而是要他们意识到未来的职业需要，也意识到目前学习的需要，把二者统一起来，找到合理的结合点，教师要努力让他们在教育中得到幸福感，让他们的人格得到尊重，让他们参与教育过程。杜威教育中重要的一环，是参与，而且他认为真正的知识不是书本中的那些符号，而是这些符号在与学生的思维发生关联后，在学生参与知识的思维中，在学生头脑中建构起来的经验，那才是真知。参与，就是民主的过程，教育教学和学习的过程，就不是被动的传输，而是共同参与下的信息和能量交换。

做到这一点，教学过程最重要的是教学中的参与，达成参与的途径，是师生民主，关键是双方的相互作用。核心是诚意，当教师付出真心的时候，学生一定会有感受的，他们能够感觉得到你是发自内心的还是为了某一外在目标而装出来的。课的好坏，也就不在于知识系统不系统，讲解流畅不流畅，教学艺术性好不好。这就是为什么大师的演讲，有时其实真的没有演讲技能，但还是能感动人。为什么越是大师，讲话越是通俗。只是一样，他一定很真诚。教育者与被教育者，在这个过程中是一个相互感化和激荡的过程，也是相互之间情感升华和心灵碰撞和净化的过程，这样的交感和伴随，是双方共同享受着、表达着的共同进步的过程，是双方都能获得成就感，并对对方心存感激的过程。实实在在促进学生的学习，和实实在在把学生绑在课堂上、绑在作业上、绑在分数上是有截然区别的。教师要用为师之较高之"业"和为范之"德"，要用对事业充满敬意的情怀影响学生，而不是为了完成任务而做完一场场表演。我们可以用很多看来有效的办法，把学生逼到课堂，并把他们逼进规范内，但万万不能忘却的是，强制的目的是让他们受到教育，获得进步，而不是满足我们自己的利益。实用主义，必须以人本主义为灵魂，要不然，实用主义会成为目光短浅的庸俗作风，它不仅不能积累而促进教育，反而会助长堕落。

第二节 高职新型课程体系构建

我国的高职教育目前正处于高速增长的历史时期，而高职教育的课程体系总的来说是从普通高校的课程改造而来，甚至有些就是直接从普通高校移植而来的，课程的结构和内容不能适应高职教育的特点，不能满足培养技能人才的需要，对现行的课程进行改革势在必行，如何构建适应我国高职教育的课程体系，是每一个从事高职教育的人应该思考的课题。笔者在参与全国示范性高职院校建设方案的制订和修订中，一直在努力思考一所高职学院课程改革的途径，因为课程的改革必然会引起教学方法的变革，对于长期受传统大学教学方式影响的教师来说，是一个痛苦的自我否定过程，所以力求以一个教师的角度，谈谈自己对高职课程构建的思考，以资与各位同人共勉。

一、高职教育课程构建的依据

（一）培养高素质的技能人才是高职教育课程建设的根本方针

确立高职教育课程的根本方针，必须从高职教育的本质出发，高职教育的本质，笔者认为应该从以下几个层次来理解。高等职业教育指高等职业院校的教育，学校教育就是有目的、有计划、有系统的"培养人"的过程，是促进人的社会化的过程；职业教育就是培养"职业人"的教育，其社会化就体现在"职业化"意义上，教育的特点要突出操作技能，培养职业能力；"高等"又决定了不能单纯训练技能，要在发展职业能力的基础上，关注人的全面发展。学校教育是其本体属性，职业教育是类别属性，高等教育是其层次属性。培养具有较强操作技能和职业能力，又具有健全人格的高素质的人才，是高职教育课程建设的根本方针。

（二）以工作过程为导向是高职教育课程建设的理论指导

教育部高职教育研究所姜大源教授倡导高职教育的课程体系要以"工作过程"为导向①。其理论要点如下：

工作过程的知识不同于科学理论知识，也不同于工程学知识，而是在真实的工作过程中，完成工作任务过程中积累的知识，就是我们平常说的"工作经验"，这些知识包含了专业理论和工程知识中的功能性的有价值的知识，也包含了在实际工作中完成任务的过程性知识。

工作过程知识的学习，不同于理论知识和工程学知识的学习，是不能通过课堂传授加验证式实验的方法来传授的，它必须通过经历完成任务的过程来磨炼体验而得到。学生经历每一个过程都必须是形成一个完整的过程。

工作过程为导向的课程体系，可以有不同的实现方式。北京师范大学赵志群博士列出了一些具体的教学方法，如项目教学法、任务驱动法，还有案例教学法、引导课文法、问题教学法、实境演练法等，这些方法共同的特点就是着眼于实际工作过程，设置完整的解决实际问题的情境或工作情境，强调学生自主探索和体验。②

（三）区域经济对人才的需要是高职教育课程建设的操作标准

区域经济对技能人才的需要，是我们高职教育存在的基础，为区域经济服

---

① 姜大源. 职业教育学研究新论［M］. 北京：教育科学出版社，2007：17 – 18.
② 赵志群. 职业教育与培训学习新概念［M］. 北京：科学出版社，2003：90 – 95.

务，依托区域经济，与行业、企业之间建立广泛深入的合作，以企业生产和服务的工作环节为基本依据来设计教学，这是高等职业教育课程建设的基本特征。

二、高职教育课程体系的结构

（一）对"课程"含义的理解

"课程"就是课业的进程，学校教育教学的课程，实质就是对受教育者的学习进程的一个规划，职业教育的课程，就是学生职业化进程的一个规划，就是他们将要经历的一个历程、道路。我们设置课程，就是为学生的职业化制定一个动态的行动规划，它要体现一种方向性和过程性。这里笔者试以练习书法为例，说明学生形成一种能力的几个环节。

练习写字的过程，要经过读帖、临帖、背帖，然后独立地进行书法创作，写一手好字需要下苦功夫去练习。读帖就是要明白每一笔动笔的方法，比如要学习永字八法，明白点的写法、横的写法等所有笔画的写法，就是说要对写字这个活动有个心理上的准备，在心理学叫活动定向过程。读帖过程一般是在练习写字之前，但在以后的过程中仍需要不断地读，甚至成名的书法家在遇到一幅好字时仍要读帖，这是下在心里的功夫，是写好字的前提；明白写字方法后，必须找一家适合自己的成帖，去模仿，这就是临帖，这是练习书法用时间最长，下功夫最多的一个环节，就是看着别人的帖子去写，反复地练习，这是技能形成中量的积累过程，是一个无法跳跃的过程，同时，临帖也不是一次性完成的，达到可以创作的水平后，也需要适时临帖；背帖就是在临帖达到高度熟练程度，把帖子烂熟于心后，临自己心中的帖，这是从量变的积累到形成技能的质的飞跃过程，是把帖子完全内化的结果，这时可以独立地离开帖子去写字了，但从本质上讲还是心中有成帖的，还不能是真正意义上的创作。最后的过程就是超越帖子，从别人的框架中走出来，形成自己独特的书法风格，独立地进行创作，而达到这个境界，单纯依靠帖子是永远做不到的，其中还有做人的因素，与个人的文化修养、品格有着极大的关联，即在帖子以外的功夫，正所谓"字如其人"，必须在练习帖子的同时，加强自我修养，包括学养和品格修炼。

高职教学进程可以类比，一定行业岗位的工作过程，是有一定的规范性和规律性的，尽管不同企业的相同部门、相同岗位会因企业整体动作方式的不同而存在明显差异，但其要完成的任务职能还是有共性的，也就是本质的内容，这就是职业岗位的关键能力。要使学生掌握这一关键能力，实现独立完成这一职业岗位的工作任务的目的，其过程可分为三个步骤，即职业定向、岗位技能训练、岗位实习经历。

（二）高职课程的结构

职业定向就是学习与职业相关的基础知识和职业岗位知识，包括完成职业岗位任务所必须具备的基础知识、职业岗位活动的环境知识、完成职业岗位任务的方法知识等等，这些知识必须以工作过程的逻辑来组织和展开，以实现学生在头脑中建立起未来职业岗位活动的准确全面的定向，这个过程一般在职业教育的前一阶段，包括职业基础理论知识学习、职业工作流程知识学习、职业环境实地观摩等，在后续的进程中，仍然需要进行必要的知识补充，如工作中人际交流、工作信息传递、工作进程方法知识和理论知识的补充等等，这是学生职业化进程中基础性的环节，以提高认识为目的。

在准确全面的职业定向基础上，要对完成职业岗位所必须掌握的基础技能进行训练，学生要反复地练习各种操作技能，达到训练掌握并运用自如，这一阶段是要根据对现有的职业岗位技能的分解而成的各个技能单元进行分别练习，再综合形成初步全面的技能链，这一环节重点是基础性的、共性的、技能性的内容，在练习过程中，促进其逐步内化为职业核心能力，即专业能力，这是保证将来从事职业岗位工作时能顺利完成工作任务的必要条件，是职业教育教学的基本任务。

在掌握基本操作技能的基础上，还必须在真实的岗位中进行实习，因为技能训练过程着重于共性的、基本的操作技能训练，而真实的工作情境中的岗位行为是丰富的，各具特色的，活生生的，不断变化着的，学生必须亲身经历岗位的实际工作，才能真正地从一个自然人变为职业人，这是岗位技能训练的量的积累完成，并发生质变的飞跃。这是一个个性化的过程，更注重综合性的、个性化的、能力本位的整体发展，是极具个性的岗位特征与学生个性特征充分融合，实现个性职业定型的关键环节。经过这一环节，学生就可以成长为一个相对完整的职业人，从而完成职业化过程而走上职业道路，实现就业。

这里还要特别说明的是，成为一个职业人，顺利完成职业任务，只是职业教育的一个方面，能不能在这个职业上有所成就，则与个人的人格修养，特别是职业品德有着密切的关联。职业教育不仅要培养学生的职业能力，更要培养学生的健全人格和职业道德。事实上，一个人是不是有成就，关键不在能力，而在于心灵，一个心灵富有的人，会磨炼成各种能力，相反一个心灵贫乏的人，有能力也是暂时的，甚至是危险的。人格教育特别是品德教育和文化熏陶，是任何一种教育都必须重视的，也是高等职业教育应该始终贯穿的，把品德教育渗透在职业教育的每一个环节，才能培养也真正合格的高素质的技能型人才。

由以上阐述，应该得出这样的结论：高等职业学生职业化的进程应该包含职业定向、职业基本技能训练、岗位实习经历和职业能力个性化发展以及最终现实就业几个环节，而个人品格教育特别是职业品德教育要贯穿整个过程。由上述观点，我们可以把高等职业教育的课程分为四大板块：人格及品德教育板块、职业定向课程板块、基本操作技能训练板块、岗位实习历练板块。

三、高职教育课程内容构成和实现形式

（一）教学环境建设

教学环境，就是教学及实训过程所在的环境，青岛职业技术学院经过实践探索，形成了"实境耦合"人才培养模式①，"实境耦合"就是把教学和实训过程，从传统的、封闭的高校教育情景中解脱出来，最大限度地置于真实的职业环境之中，通过与社会实际嵌入式结合，校企合作共振，育炼社会和经济发展需要的高素质技能英才。这里我们着重强调的"实境"，就是一个教学环境。职业教育不是抽象的概念和理论推导，必须与生产的实际情境、工作进程、操作方式方法、工作质量反馈等相联系，因此必须打破传统知识、理论教学的框架束缚，还原工作过程的"实境"，以更有效地培养适应"职业"要求的能力和素质。

职业教育强调工作"实境"，必须体现职业情境的一般性和典型性，因为即使是同一职业岗位，在不同企业，由于生产工艺的不同和企业组织形态等因素，具体的工作过程会有很大差异，但同一职业岗位必然有其特有的工作内容和程序、形式，我们所要求学生掌握的正是这些共性的，也就是本质的内容，呈现给学生的工作"实境"，必须具有典型性。

在教学过程中，"实境"应该包括以下几种形式：

虚拟"实境"，就是在职业定向类的课程教学中，通过描述性的手段，使学生通过想象而体会到的"实境"，如创设的问题情境，提供案例形成的案例情境，通过引导课文创设的学业任务情境，还有通过多媒体手段和现代化设备手段形成的虚拟的工作环境等等。

模拟"实境"，就是在校内通过专门的设备或引进企业生产项目或工作项目形成的相对真实的，模拟真实的生产环境的教学环境。它是把实际操作、训练

---

① 曹永慧. 教学外置，社区耦合——高等职业教育育人新模式［M］. 青岛：中国海洋大学出版社，2005：12.

区域和讲解说明、学习区域放在同一空间，在同一空间安排实训和教学两个不同功能的区域，使学习和练习可以随时交替进行的一种更适合于职业技能培养的教学"实境"。

岗位"实境"，就是在企业建立实习实训基地，在企业真实的职业岗位上，学生进行全真式的职业环境实习，它的前提是校企间紧密的合作，在企业中选择典型性的职业岗位，专门进行"准员工"式的训练，这些岗位随时可以灵活地进入和退出企业的整体生产流程，并在这些岗位附近设有讨论和辅导的设施，以便即时地进行研究、讨论、交流。

（二）教学媒体建设

教学媒体是教学过程中教师和学生借以学习与交流信息，开展各种活动的介质。随着科技的发展，教学媒体的种类越来越多，信息呈现的方式越来越丰富。对于职业教育来说，除了纸质的和多媒体影音等媒体外，更重要的是实际操作工具，模拟训练的操作工具和岗位实习的工具作为教学媒体，以具体工作项目或任务作为载体，是职业教育与普通教育本质区别的体现。

纸质教材，就是以纸质的书本、讲义、教程、操作规程、工作指导等共同形成的教学介质，是教学最基本的教学媒体，它通过文字、图形、符号等形成一套完整的、针对某一职业能力形成的相对独立的信息群，为完成相对独立的教学任务的相对完整的材料集合。在高职教育教学改革的时期，要求摒弃原来从普通高校教材中沿袭下来的学科式教材和知识呈现方式，根据职业岗位工作过程的逻辑，重新组织教学内容，也就是说教学内容的选择要依据职业岗位工作过程和岗位职业能力的培养来确定，内容的安排也要充分体现职业岗位工作的实际要求，对知识性的内容要变以结构性、逻辑性理解为主为以功能性理解为主。目前的重点是根据职业教育教学的特点要求，重新构建适合我国高职教育的课程体系，在新的课程框架下，整合现有的教材内容，编写体现工学结合的适应本校学生学习的讲义和教程。

音像教材，就是以录音、录像、计算机多媒体技术来呈现职业环境场景、职业工作流程、职业背景材料、工具运行的方式等等，它能虚拟各种难以直接接触或文字难以描述等客观上无法实现最真实的情景的对象，音像媒体是现代化教学手段在高职教育教学中的应用的体现。这里包括制作岗位工作过程的音像资料、体现工作过程的案例资料、教学课件等。这里需要说明的是，音像教材的内容不是书面纸质教材的翻版，而应突出纸质材料无法表现的而学生又难以接触真实的场景的信息。它的优势在于既可以超越文字信息表现相对真实的实物形象或场景，使教学不再是纸上谈兵，又可以避免真实场景中其他不必要的信息对学生注意力的干扰，实现模拟式的场景教学。

实训操作工具及实习岗位，这是高职教育特有的教学媒体，包括校内模拟式的教学设施和校外实习岗位。校内实训设施要求满足职业基本操作技能的训练所需，实现对职业岗位最基本的、共性的操作技能形成和专业能力培养的目的，要与企业合作，编写具有本校特点与本地区该行业生产工艺相适应的技能训练操作规程，规定学生基本技能训练的标准，促进学生基本技能的形成。校外的实习岗位，要体现典型的职业岗位特征，必须是本行业职业岗位（群）所需的职业关键能力得到最集中体现的岗位，以满足学生在岗位上实现个性特征与职业特征的融合，实现个性化的职业角色形成的目的。要充分依靠企业，校内教师参与共同开发岗位实习指南，具体指导学生通过在岗位上感受工作情境、经历工作过程，综合体会工作岗位的各个方面，促进个性职业化。实训操作工具与实习岗位作为一种教学媒体，使学生的职业能力培养置于完全的工作环境中，是对前两种教学媒体教学的综合和升华，这一媒体的作用在于促进学生专业知识、技能与一般能力和综合培养，促进智力因素和非智力因素有机结合，使职业能力人格化。

（三）教师的引导

教师是学生整个职业化进程中的引路人，教师在整个教学的过程中，要起到引导、辅导、指导的作用和组织、监控、评价的作用，这种新的教学要求教师必须改变传统的教师为中心的方式，特别是改革过去教师讲教案学生记笔记、考试背笔记的知识教学模式，这是一种革命，教师要走下讲台，课堂要走出教室，教学从圣堂上下来，到生产和服务的实践中去，教师要从主导地位变为引导者和辅导者、组织者，这是当代素质教育的客观要求，也是体现学生主体地位的要求，更是高职教育培养生产服务一线技能人才的要求。

高职教育的教师的职能整体上表现为以下几方面：

促进学生人格全面发展。高职教育也是培养人的教育，提高职业素养中包含了健全人格教育，作为高等教育的一部分，对学生进行思想教育、心理辅导、人格教育，提高其人文素养，给予文化和心灵的熏陶也是至关重要的。作为高职院校的教师，应该把培养学生的职业道德作为首要的任务，而正常健康的职业道德是与个体的人格品质、思想意识、文化修养以及职业认知、职业心理特征等因素相联系的，教师要首先具备良好的职业道德，这包含两个方面，一是为人师表，恪守人民教师的品德规范，二是具备专业相关的职业品德要求。这一点与比普通高校教师相比，除了勤学敏思外，还要务实耐劳。有了这种品德，才能以给学生树立榜样，同时教师要主动地影响和培养学生的诚实守信、吃苦耐劳、团结协作等职业道德以及良好的职业习惯。要把学生的思想政治教育与管理工作、心理辅导与职业指导工作以及校园文化建设与学风建设等统一起来，整体地对学生的人格进行培养。

组织学生的学习活动。组织学生学习活动，是教师工作的主要任务，更是高职教师的主要任务。教师的职责不再是教学活动的主导，而应当把教学重心回归到学生的学习活动上来，这是现代教育的显著特征，也是高等职业教育的必然选择。教师在这个过程中的主要任务就是对学生的学习活动进行整体设计与规划、组织与引导、帮助与辅导。承担教学任务是教师天职，但要改变教师原来对教学的绝对领导地位，要走下讲台，与学生共同面对职业（专业）的实际问题。改变原来教师通过语言"告诉"学生是什么转变为帮助学生自己有所感悟，通过思考得出结论；改变原来由教师告诉学生怎么做，而且严格的训练学生照教师的示范去熟练技巧，是在教师的提示下，由学生通过思考、讨论、尝试而解决问题。教师在教学中的地位和作用变化，更体现了学生在职业化过程中的能力的生成性和整体性、有机性，也体现了工作过程为导向的课程体系在教学实践中的操作要求。

指导学生的技能训练。职业院校的学习活动，主要目的是提高职业能力，而职业能力的基础，是职业技能，学生必须掌握了基本的职业技能，才能完成职业的任务，高等职业教育与普通高校的区别其实便体现在高职培养的是生产和服务一线的技能人才，要求他们在真正的职业环境下，解决生产和服务过程中的实际问题，顺利完成职业岗位的工作任务。各种职业资格证书对从业者的要求也大多体现在职业相应的技能上，突出技能训练是职业教育的核心特征之一。学生在了解了生产工艺及流程或服务特点及流程后，走向职业化的最大任务就是职业技能的训练，在学校要对职业岗位（群）的能力和技能进行分析，提炼出核心的能力和基本操作技能，进行专门训练。这一任务一般来讲应该由来自企业的教师（包括引进的教师和聘用的兼职教师）来具体承担。在校内的实训教学应由学校组织，学校教师进行管理，企业教师进行训练指导；在校外的岗位实习和训练，应该服从企业的组织和管理，学校教师承担跟踪、联络、协调任务。

辅导学生的职业个性形成。学生的职业个性就是学生适合自己所认定的职业工作的个性品质。不同的职业（岗位）对从业者的心理特征有一定的要求，职业化的过程就是培养适合职业要求的个性的过程，这要求我们的教师关注学生个性形成与发展的过程与职业要求的关系，以实现根据职业要求培养学生个性。这个过程就是职业辅导，这是贯穿学生在校期间一切活动的一条主线，是保证职业教育教学真正有效的重要方面，是培养健全人格的职业人的关键环节。

（四）教学方式的改革

适应高等职业教育的课程建设，必须改革现有的教学方式方法，高等职业教育教学的活动，应该遵循以下几个原则。

实践性原则，职业教育的教学过程区别于普通教育的最大特点，就是体现在其具有实践性，学生的整个学习的过程一定是"行动着的"，目前强调工学结合，就是要把工作过程与学习过程结合起来，把完成学业任务也变为"工作的过程"。

整体性原则，学生学习的过程是完成一个个工作任务的过程，而每一个工作着的学习任务，必然是一个相对完整的单元，是一个整体的工作（学习）任务，包括计划、准备、实施、检查修正、形成作品、归纳总结等环节的完整进程序列。

生成性原则，学生学习的过程就是提高学习各种职业能力的过程，而这些能力以及相关的心理品质从一开始就是一个有机的整体，具有完整的结构。整个学习的过程不是这个结构中的部分一块一块地构成整体，而是由一个简单的整体逐渐成为一个成熟的、复杂的整体，是一个整体的成长过程和有机的生成过程。

过程性原则，学生学习的过程即教学过程要体现与此对应的职业工作过程的逻辑，按照工作程序每一个环节要完成的工作任务情况来组织教学的过程。

个别性原则（体现个性与职业的适合），职业教育的教学就是学生职业化的过程，是职业需要与个性有机结合的过程，要充分体现学生个性心理的发展，使二者得到最佳的结合。

工作随想：课改是教学实践的内在需求

现在学校教育，都在谈课改。那么课改总的来讲，一方面它是所有学校教育共同的课题，不管是什么层次、什么类型的学校教育，都面临课程改革的问题；另一方面，它是一个永恒的课题，因为教学总要随着时代的变化而变化，伴随时代进步要发展，就必须从课程开始进行变革。这种变革一直在持续，并不是近几年突然出现的一个新问题，只是由于信息技术极大地改变了人类生产和生活的方式，社会生产和社会生活，文化状态变化越来越快，变化的疾速使改革迫切性凸显出来。因此，在这个转型突变的时代，教学改革或者说课程改革就更显得迫切。

　　然而课程改革，即教学改革，一定是教学过程自身的要求，是教学实践的内在需要。第一，学的客观环境发生了根本性的变化，社会环境变化了，学校环境变化了，教学条件和信息呈现方式变化了。这种全面的信息时代，还要维持信息短缺时建立的教学模式，是不可能的，比如手机成为学生手中最经常的工具，已经成为他们不可或缺的一部分，老师的讲解不再是信息、知识的唯一来源渠道，教师作为知识代言人和信息先知者的权威性不复存在，但也为教学开辟另外的模式提供了条件，因此微课程就这样诞生了，它可以成为有效的课程资源，成为课堂的重要角色。第二，知识更新加快，新知识天天增长，课程内容必须跟上这种变化，固定不变的教材等媒体，不能满足这种变化和发展，因此，动态知识和信息渠道，成为必需，教师不仅要时刻更新自己的知识，更要适应更新本身带来的教学特点，让动态适应成为教学的特征。第三，知识呈现方式和知识供需关系的变化，学生获取知识（信息）变得很便捷，然而现时代是信息量超大，而真伪难辨。帮助学生解决学习知识中疑惑更显得重要。这样看，现代信息时代的课堂，本身要求课程和课程的实现方式必须随之改革。这就是教学实践内在的需求。

　　以组织方式下达的课程改革理念、措施和任务，则是外在的要求。作为学校的领导者，也是因为看到了教育教学必须随着时代变化而进行改革，才采取的一个系统性的统一部署。这种要求应该也是整体上内在要求的反映。然而，对于一个具体的教师、面对一门具体的专业和课程，要上好一节具体的课堂，面对具体的学生和知识，行政方式部署的任务就可能是外在的要求，把他们具体的内的教学实践需求，与统一的外在的要求统一起来，需要一个过程。大原则是，外在需要一定是在帮助教师实现内在需求，将许多教师的内在需要和内在的实践，加以引导而汇聚到统一的行动上来，这是作为课改研究者和管理者必须注重，而且必须做好的工作。课改是一项系统的工程，必须坚持两个原则，一是从教师教学的实践问题出发，一切改革理念和改革的措施，都必须与教学的改革实践相结合；二是必须与时代要求相统一，必须以信息化作为大的前提和背景。所谓顶层设计，就是要把统一的部署建立在实践需求基础上，把改革的立意建立在信息基础上。

第三节 高职院校"三段交错"课程模式

高职教育自 20 世纪末至今的十几年，随着我国经济和社会的现代化进程而得到快速的发展，国家示范性高职院校建设后，各高职院校普遍进入了理性改革和系统发展的新时期，而且不约而同地关注一个核心性的问题，即课程改革和建设。与示范院校建设时期重点进行专业建设相比，课程建设更能体现教育教学的本质，也更能够把握专业的实质。课程改革正在成为高职发展的重点，然而由于不同院校历史发展路径不同，对各种高职教育理论和思想的理解不同，课程改革的设想也各不相同。

一、高职院校课程改革的理论基础

课程改革是为了适应新的发展趋势，而对课程结构、内容和教学策略进行变革的综合行动，目标是构建一种满足形势需要的课程系统。科学的课程系统必须以特定的教育本质规律为根据，高职教育的课程系统，应该符合高职院校学生职业成长的规律、高等教育的一般规律、职业学习的基本规律。

1. 高职院校学生职业成长规律

一般认为，职业教育的培养方向与传统高等教育的培养方向有所不同。传统的高等教育，特别是研究型大学，以学术标准为评价标准，强调学生学术水平；职业教育则强调实际工作能力，强调职业化水平。学术水平与职业化水平显然不同，是属于两个维度的评价标准，然而二者之间并不是排斥的对立关系。这样我们按照两个维度，可以划分为四种不同的情形。高等职业教育培养目标，应该是具有较高理论知识水平的高技能人才。职业教育是要促进职业成长，为个人提供在本职业内不断提升和扩大自我的条件和空间，不同的个体在职业生涯中的成长历程也不尽相同。一般来讲，传统的高等教育为毕业生创造了就业的学历条件，特别是高学历毕业生，一般是"先理论、后职业"历程；在职业环境中还有一些人，则是入职时并未受过较高的文化教育，先入职实践，实践中不断学习理论知识，也可以获得较好的职业发展，属于"先职业、后理论"的成长历程。高职教育，就是力求在这二者之间，寻求一种新的

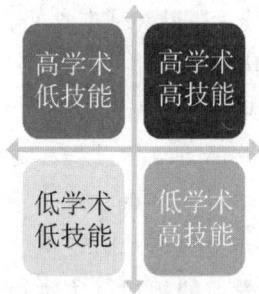

发展之路，即"边理论、边职业"的成长路径。其特点在于，学习者在院校学习相关的职业理论知识，同时也学习职业技能，培养工作能力，获得职业发展。

2. 学校教育中学生学习的特征

学校教育，是有计划、有组织、有系统地对受教育者施加影响，向他们传授知识、技能，发展能力，培养良好的个性品质，更好地适应社会发展，体现个体价值的过程。学校教育的目的是培养人，促进年轻人全面发展。学校教育是一种专业化的培养过程，职业教育与普通教育一样，其终极目的是培养具有"真善美统一的完美人格"的人，"职业教育虽然是以职业教育为名从教育的母体中脱胎而来，但它与母体之教育的血缘关系却一直存在着，任何外在的力量都无法阻隔由脐带传送过来的全面发展目标的基因"[1]，知识是人类历史经验和总结和概括，高等教育以知识劳动为基本特征[2]，学术是高等教育的本质。这就决定了高等职业教育尽管更面向于职业，仍要以知识劳动为特征，以传授间接经验为主的根本属性没有变。在职业院校，要培养其基本的概念能力、基本的逻辑思维能力和表达能力，即基本的听、说、读、写、算、数等基本求"真"的通识能力；同时要学习特定的职业岗位所需要的现实的职业能力和应对发达的现代社会之复杂多变的职业世界所必需的通往真、善、美的高层次职业能力[3]。即使是直接面向职业活动的内容，更关注职业实践能力的练习和培养，也以知识作为基础和基本骨架。在职业院校的教学过程，总体来讲是从职业世界选取、优化、设计之后的系统化的，相对于职业环境而言是间接把握的经验。

3. 职业学习的基本规律

职业教育的教学过程，要特别体现职业学习的特点。行动导向的课程体系开发理论，比较系统地揭示了职业学习的规律。从建构主义学习理论出发，将知识分为理论性知识和实践性知识，理论知识与情境无关的、学科系统化的、为实践

情境学习理论 (Lave/Wenger)

✓ 职业的实践共同体
✓ 参与性
✓ 边缘性
✓ 合法性

辩护的客观的知识，实践性知识则是与情境相关的、不明确的、指导和反思实

---

① 陈鹏，庞学光. 培养完满的职业人——关于现代职业教育的理论构思 [J]. 教育研究，2013 (1)：101.

② 宣勇. 大学变革的逻辑 [M]. 北京：人民出版社，2009：65 - 70.

③ 陈鹏. 庞学光. 培养完满的职业人 [J]. 教育研究，2013 (1)：102.

践的主观的知识，介于两者之间的是过程性知识，即与情境相关的、以实践为导向的知识，这是职业教育重点传授的知识①。同时，根据情境学习理论，揭示出职业学习的规律满足以下四条，即职业学习要达到的目标是使学习者得到职业的实践共同体的认可，职业学习的唯一途径是参与职业活动，职业学习内容是从边缘逐渐深入核心的过程，职业学习过程符合社会正当性规则，如图所示，学习内容是从直观的实践任务逐渐进入职业内在规律，即相关理论知识的过程②。

高职院校课程设置，一方面要适应职业学习的规律，另一方面要适应学生以学习间接经验为主的学习规律。我们认为，职业教育探索一条边学习理论边实践的成长途径，实施边缘深入和理论先行相结合的学习模式。

二、"三段交错"课程结构

高职教育课程改革的重点和首要任务，是确立科学的高职教育的课程结构，以此结构重新组织和整合课程内容。欧阳河教授提出，高职教育的课程，应该包括思想品德课程、文化课程和部分基础理论课程和专业课程三部分。思想品德课程采用养成型课程，以典型社会生活情境为载体、融入社会生活情境、融入社会主义核心价值体系，以优秀人物的事迹为蓝本；文化课和某些基础课程，采用学科型课程，以优秀的先进的文化科学知识为蓝本；专业课程，以能力本位课程为主，以优秀从业者为蓝本，培养学生的工作胜任力③。"三段交错"课程结构，力求充分体现理论与职业化相结合的原则，体现高职学生学习的规律。

1. 基础理论以学科形式为主

作为高等职业教育，理论学习是必需的，为未来职业生涯奠定坚实的基础，掌握最基本的理论知识，具备较高的认识能力，不仅是职业生涯的必需，也是人格发展的必需。理论知识是人类历史经验的积累和沉淀，可以为学生将来面对职业问题时，提供较高的认识基础和视角，而且为提升其情志水平和职业格局搭建阶梯。学科是理论知识的基本存在方式，要很好地掌握理论知识，就必须保持学科框架，否则就会断章取义，真理可能成为谬误。理论知识的学习，必须在学科框架下进行教学活动，体现学科自身的概念体系、逻辑关系和语言体系、抽象方式。基础理论，包括一般的思想政治理论课程、通用的科学理论

---

① 赵志群．职业教育与培训学习新概念［M］．北京：科学出版社，2003：6．
② 赵志群．职业教育与培训学习新概念［M］．北京：科学出版社，2003：6．
③ 欧阳河．演讲：编制教师教学质量标准的探讨．2014.5．

课程、通用文化素质课程和专业基础理论课程等。

2. 专业课程以项目情境为主

高职教育要以促进就业为导向，培养职业能力，就必须以专业课程为主干。社会职业为学校教育专业的逻辑起点，专业课程要以职业活动内容为依据，专业课程内容要来自职业工作内容，专业课的教学过程，要体现职业工作过程。职业教育的专业课程教学遵循职业工作的逻辑，就必须运用科学的方法，系统开发"工作过程"课程，开展理论与实践一体化的教学，因此专业课程的必须是来自职业世界的"典型工作任务"，经过科学合理的设计，形成系统化的教学项目（或教学情境），以项目的形式整合职业行动的对象、工具、环境，按照明确任务、制订策略和方案、执行方案到反馈评估完整的"工作过程"，将相关的理论与实践相结合，有效地促进过程性知识的学习①。专业课程要整合传统学科知识的理论教学和实践教学环节，让学生在工作的过程中学会工作，在沟通中学会沟通，合作中学会合作，通过实践的方式解决职业实践的问题，提高职业能力，培养职业人格。

3. 综合实践以职场实习为主

为各行各业培养现实的从业者，是职业教育最基本和最现实的目的。综合课程是理论课程和项目化的专业课程的基础上，走向职业岗位前必须经过一个环节，是从职业准备者转变为一个从业者的过渡，目的是训练综合运用所学的知识、技能和方法策略，自主完成工作任务的能力，是职业院校完成职业个性培养的完善环节。这个环节要学习的不再是过程性知识，而是完全的实践性知识，是从业职业工作最初的实践知识，也是学校掌握的理论和方法的具体化的过程。学生完成的不再是教师设计的教学项目，而是完全真实的工作任务；完成任务的过程也不再有教师的指导帮助，工作进度和方法策略完全自主；完成任务不再是学校理想化的职业环境，而是完全真实的职业情境。

综上所述，职业教育课程可分为基础理论、专业课程和综合实践三部分，基础理论课程整体上保留学科课程的基本框架，改革的重点是教学方法的改进；专业课程以项目课程为主，改革的重点是课程的结构和项目设计；综合实践课程以职场顶岗实习为主，改革的重点是评价模式的转变。低年级学生仍习惯于学科学习，以理论学习为主，同时渗透和引导项目学习的方法；中年级以专业课程为主，进行理论与实践一体化的项目化教学，同时项目内容趋于接近真实的工作任务；毕业前进行综合实践课程，到职场顶岗实习，为从业做最后的准

---

① 赵志群．职业教育与培训学习新概念［M］．北京：科学出版社，2003：6.

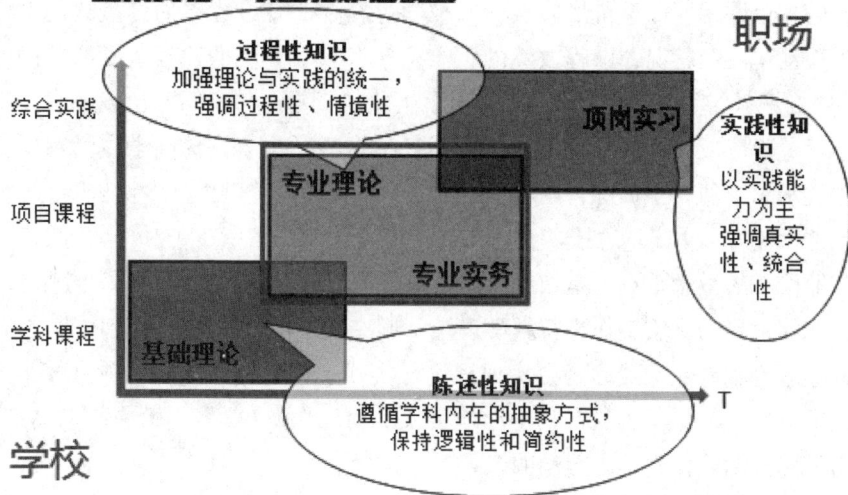

"三段交错"职业化课程模型

职场

综合实践

过程性知识
加强理论与实践的统一，
强调过程性、情境性

顶岗实习

实践性知
识
以实践能
力为主
强调真实
性、统合
性

项目课程

专业理论

专业实务

学科课程

基础理论

陈述性知识
遵循学科内在的抽象方式，
保持逻辑性和简约性

T

学校

备。在时间和内容两个维度，都体现了从学校到职场的学习和成长过程。

三、"三段交错"课程教学

教学是课程实现的过程，"三段交错"的课程结构和相应的课程内容，要通过教学活动才能使各个环节的设计成为现实。针对不同的课程类别，采取不同的教学方法，进行有针对性的教学改革，提高职业院校课程教学质量。

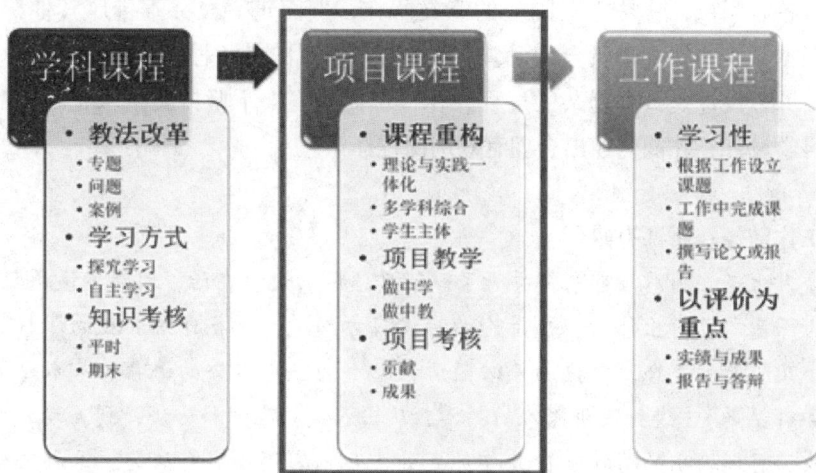

针对不同类型课程的教学改革

学科课程 → **项目课程** → **工作课程**

- **教法改革**
  - 专题
  - 问题
  - 案例
- **学习方式**
  - 探究学习
  - 自主学习
- **知识考核**
  - 平时
  - 期末

- **课程重构**
  - 理论与实践一体化
  - 多学科综合
  - 学生主体
- **项目教学**
  - 做中学
  - 做中教
- **项目考核**
  - 贡献
  - 成果

- **学习性**
  - 根据工作设立课题
  - 工作中完成课题
  - 撰写论文或报告
- **以评价为重点**
  - 实绩与成果
  - 报告与答辩

1. 理论教学开展"问题教学"

基础理论课程，以学科形式教学，教学过程要改变过去单向传授式的教学和学生被动学习的状况，课程改革的重点是新型教学方法的探索，提倡"问题教学""专题教学""案例教学"，突出学生从"问题""案例"出发的自主探寻和学习过程，或以实践专题的形式，重新整合教学内容，提高学生学习的自我建构性和思维的自主训练，调动学生的智力活动，培养学生基本认识能力。

2. 项目教学突出理实一体化

职业院校的教学重点，是项目化的专业课程。教学的重点是遵循教学规律，将来自职业世界的真实工作进行教学设计，形成教学项目；进行课程内容重构，整合专业理论和专业实践内容，实现理论与实践一体化的教学；用项目教学过程为主要方法，突出学生的自我主动地实践活动，"做中学""做中教"，在行动导向下的教学，促进学生行动的能力。

3. 综合实践重点是效果评价

综合实践课程以顶岗实习为主，是学生从学校走向职场的中间环节。一方面，顶岗实习是教学的一个环节，必须加强组织管理；另一方面，要体现学生职业岗位的自主实践。顶岗学习过程中，学生应该根据实际情况，确立课题并完成综合设计。因此，顶岗学习的管理，以构建科学合理的过程监控和评价系统，通过评价进行有效的引导。

任何一种课程模式都是相对的一个逻辑结构，它体现一种教育思想和教育设想，自然也都会有一定的局限性。"三段交错"的课程模式，力求更大程度地体现学校教育的规律和职业教育规律，将高职课程分为三类，在学生学习的不同阶段各有侧重，就是"三段"的意义所在；然而每一段并不排斥其他课程，应该根据具体的情况进行合理设置，"交错"体现的是一种趋势和过度的思想。同时，课程设计是一个复杂的过程，在一定模式框架下坚持实事求是，灵活安排，科学设计，才能构建出合理有效的课程体系。

工作随想：听课有感

今天上午，随质控部老师去听了一节日语课。说实在话，因为不懂得日语，所以听课基本没听出什么。在讨论的时候我才知道，商务日语专业的课程进行了一个比较大的整合，即把原来四门课程整个为一个综合的课程。基本每周一个任务（主题），进行逐步深入的教学，从输入式的字词和语法，到互动式的对话讨论，再到输出的写作和提升拓展式的文化内容渗透。我认为，这种改革有三个意义。

首先是原来相关的内容，在分科教学的时候，变得自成体系，相互割裂，课程整合后，相关的内容成为一个整体。基础教育课程改革的目标中，要解决的问题就有这个问题，就是分科教学破坏了事务本来的整体性。职业教育面对的职业工作，其实也是一样，语言也是一样，一个问题，字词含义解释与对话讨论，以及这个问题所涉及的相关信息、文化现象，原本是同一问题来展开的，在原来的四门课程中，却是被分割的。整合后，可以恢复事物本来的整体性。这是改革的意义之一，也是最重要的意义。

由于四门课程整合起来了，相关的教师也就不像原来一样，分为四个教师分别进行教学，而是可能大家围绕着同一个主题，进行重新分工，又必须相互配合，把几个环节形成一个有机的整体。针对语言来讲，针对同一内容，通过字词、语法、对话、讨论，写作拓展到提升，几个层次在教学中不断重复。但重复不是简单地重复，而是不断加深的过程，方法在转换，角度也在转换，是一个强化的过程。一周一个主题，由简单到复杂，又自成系统。教师之间形成一个整体，进行共同研讨，相互有主次的配合和协调、补充，改变了我院教师教学中各自为政的状态。这一点突破，是从属于第一个意义的，但对于我们来讲，却具有突破性的意义。教研活动的真正价值所在，也是教师在教学中帮助学生学习的价值所在。

一个时间单元，围绕一个主题或者项目，有利于学生把单纯的语言学习与生活、工作实践相结合，教学方法在变化中，内核要素在不断深化，却有一个主题，这种改革为理论性的课程教学改革，开辟了一条新的思路。我们要关注的是学生的学习，这个时候，教师学习先进的教育教学理论是很重要，有理论指导下的教学，才能避免盲目，然而，按照一个抽象的理论和原则进行的教学，甚至是套用固定的模式方法，这不是教学。无论你用什么样的方法，都要不断地促进学生的进步。是那种真诚的、努力的、又是单纯地努力。记得我在小学支教时曾做过一场报告，这场报告的最后，我说，我们的教师，最需要的其实不是什么先进的理论，而是面对职业良知的时候一份真诚和从容。这是第三个意义吧。

第四节　项目教学过程资源集成

高职教育的教学改革，要充分体现内容的"实践性"和"操作性"，教学过程的"行动性"和"情境性"①，学生职业能力的"发展性"和"生成性"。青岛职业技术学院在"实境耦合"人才培养模式的总体要求下，提出了"基于职业能力的专业培养目标—基于工作过程的课程体系—基于实际项目的教学内容—基于行动导向的训教过程—基于等级制度的考核评价"的流程和"学习过程工作化，工作过程学习化，实习就业一体化"目标，简称为"五基三化"。在这样的框架下，各专业根据自身特点，探索不同的实现方式。其中以"项目"作为载体进行教学，使学生在完成项目任务的过程中，学习知识、技能，发展能力和个性，形成有效的职业素养，为就业奠定基础，是体现上述模式的一条基本途径。项目教学开展的探索过程中，形式多样，各有侧重，总体上没有形成一个相对稳定的"范式"，这样使探索过程重复，不利于积累和提高。本篇的目的在于，以项目教学全过程建立一个相对固定的结构框架，指引教师的项目设计、项目进展和评价，促进项目设计的改进和系统化，形成以项目为本体的课程体系。

一、项目教学过程资源集成的意义

教学项目的内容是教学资源或是课程资源，项目进展中需要的知识、技能点是学生学习的资源，而整个项目进展过程的各种记载，则构成项目教学改进和系统化的资源。教师在参考、交流、积累项目教学进展中形成的范例，可以促进项目教学的精细化、系统化。它的意义在于：一是经过教学项目的循环开展而促进单个项目的精细化，在微观上设计更细致，教师的指导更有效，提供给学生学习的资源更丰富和更精细，学生可借鉴的例证更典型，项目的计划安排和对教学内容的安排更可行；二是项目设置更合理，项目之间的关系更明晰，项目任务与教学内容的关联性更清晰；三是教师的组织、操控、评价能力获得提高，项目设计水平提高。循环就是一个积累和完善的过程，也是提高质量和优胜劣汰的过程，更是一个合理化和系统化的过程。不成熟的、小型的项目发展而逐步形成精选的、系统化的一项目系列，这样以项目为主要特点的课程体系就形成了。青岛职业技术学院旅游管理专业的实践证明，课程改革应该是这样一个量变到质变的过程②。这是一个必须经过的不断尝试、改进、完善、提高的积累过程。

---

① 姜大源. 职业教育学研究新论 [M]. 北京：教育科学出版社，2007：30.

② 马树超，郭扬，等. 中国高等职业教育——历史的选择 [M]. 北京：高等教育出版社，2009：5.

二、项目教学过程资源集成的原则

（一）指导性和集成性

项目教学过程资源的集成，就是对项目开展过程信息的保存，而有目的的集成则是按照一定的规范而进行的，这个规范本身对于项目的开展具有一定的指引性。它是一个框架，一个纲要，过程信息的集成，可以认为是不断地为这个框架填充内容的过程，它指引项目开展的方向，同时项目进展的信息会源源不断地集合起来，成为一个系统完整的过程资源。

（二）过程性和循环性

项目教学过程资源的集成的实质，是在一个预先设计的整体框架下，更关注项目教学开展的原始过程，从项目的设计、学生承接任务并分组、学生的策划到实施、教师的指导和监控、到形成成果及最终评价，这一方面体现其过程性；另一方面每一个教学项目都会在不同届别或不同专业中多次使用，资源的集成也会循环进行，这个循环是不断改进的过程，体现出循环性。

（三）开放性和积累性

项目教学开展的过程因专业和项目任务的不同，会有很多差别，因此集成过程资源的框架必须是开放式的，既要有统一的基本规范，也要有一定的普适性和开放性。项目资源的集成是在不断的多次应用的过程中不断积累的过程，同一项目多次循环是一个不断改进、不断完善的过程，是一个积累过程；不同项目的多次开展，也是教师不断循环这个集成的过程，也是一个方法和能力的积累过程。

（四）发展性和系统性

项目教学开展的过程，体现出学生在经历工作过程时知识、技能的学习和能力的发展；项目资源集成的循环，体现在教师开展项目教学的方式方法及教学能力的发展。这个发展最终的结果，是教学项目的设计和开展更合理，同时对项目进行不断的创新和筛选，项目之间相互联系并形成项目体系。从总体上看，项目教学资源的集成，最终目的是学生和教师的能力都得到发展，教学项目实现系统化。

三、项目教学过程资源集成的方法

（一）"二线三步"法的意义

项目教学过程资源集成的意义，体现在不仅把项目教学中学生要学习的资源当作资源，而且把师生共同完成项目任务的过程经历当作资源保留下来，把教师设计并开展项目教学的进程和具体问题的解决过程的原始材料当作资源保留下来，形成一个针对项目的完整过程资源，以此作为基本单元进行积累和延伸，发展师生的能力。青岛职业技术学院旅游管理专业、旅游日语专业等，在实践中保留了过程信息，记录了教师探索的过程，为我们开展研究提供了大量第一手的资料，而且这些信息本身就是可贵的资源①。

所谓"二线三步"是两层意思，"二线"是教师和学生两条线，"三步"是项目开展前期准备、项目实施进展过程、项目结果总结评价。在项目开展之前，教师进行项目设计、制订项目方案，学生接受项目任务后进行适当的分组，确定组内分工。项目进展过程中学生进行策划制定出计划书、获取并学习相关的知识、技能、实施计划以完成各自的任务，商讨项目完成过程中遇到的难点问题以最终全面完成任务，产生成果；教师则对学生的计划书进行审核并介入决策、为学生提供学习的资源、对难点问题提供指导和引导，控制项目进展节奏。项目结束后，学生写出项目总结报告，教师针对学生任务成果和总结报告，组织鉴定和评价，给定学生成绩。全过程分为三步，而贯穿其中的是两条线索。

（二）"二线三步"法的内容

项目教学过程资源包目录：

	教师	学生
前期	1. 项目教学方案（含考核标准和考核方案，班级学生信息汇总、分析，是项目教学整体计划） 2. 项目指导书（是教师对学生开展项目活动进行引导和指导的文件，体现在项目教学中教师的作用） 3. 项目指导教师组成情况（包括教师专业、特长、承担主要任务等）	1. 项目任务书（包含项目目标、任务、项目负责人，预测完成的情况，是一种接受任务的类似协议式文书） 2. 项目小组成员（学生对组内成员根据个性、特长等进行分工） 3. 项目策划书（小组接受任务后，要对整个的项目进展进行策划，做出计划书，由指导教师审查通过后实施）

① 陈宇. 技能振兴：战略与技术［M］. 北京：中国劳动社会保障出版社，2009：1.

	教师	学生
运行中	4. 项目教师指导日志（教师对项目进展情况进行指导的工作日志，如教师要对学生的计划书进行审查，并届入决策，对过程进行监督，发现问题要及时给予指导或提示，对进展过程进行评估等） 5. 项目学习资源包（教师为学生准备的在项目进展中要学习的内容，应该是完成项目最基本的信息资源） 6. 典型问题指导记录（对学生在完成项目过程中出现的典型的问题和处理过程所做的记录，为以后的项目教学提供借鉴）	4. 项目进展日志（项目小组对进展情况进行的记录） 5. 学习素材包（小组成员除教师提供的资源包以外，为完成项目在进展过程中收集的相关资料，教师可以选择一部分充实资源包） 6. 典型解决问题记录（项目小组成员对项目过程中遇到的典型的问题和典型的解决问题的情况，为总结经验教训积累材料）
后期	7. 项目考核记录（项目结束后，对项目根据预告确定的考核标准和方案进行考核和评价的原始记录） 8. 项目评价（总体评价结果）	7. 项目成果（产品） 8. 项目报告（项目结束后，项目小组要将项目进展的情况、项目进展中关键点的解决、项目开展的方式方法、项目成果的自我评价、项目学习的收获等）

＊注：此表的内容，借鉴了青岛职业技术学院软件管理专业、旅游管理专业、旅游日语专业、市场营销专业过程文件的内容。

（三）"二线三步"法的使用

上述第 2 条提供一个项目教学开展的过程资源目录，每一个目录，将对应一个相应的文件，青岛职业技术学院各专业的实践中都根据本专业项目教学的设计，向教师提供一个供参考的模板，教师可以根据本专业、课程及项目任务的具体情况，对具体的文件模板进行补充和修改，但总体上应该按照以上提供的目录框架去执行，以保证项目资源在整体上的完整性和系统性。

在以上目录中教师和学生各有 8 项目内容，并有简略的解释，这里不再赘述。只强调几点，一是项目方案是教师开展项目教学的基本文件，包含了项目的评价方案和评价标准，这应该是在项目设计时必须确定的，它体现了教师群体关于项目教学开展的构思和设计，是整个资源集成中的核心内容；二是学生方的第一条"项目任务书"，是一种类似合同、协议一类法律文书式的文件，旨在培养学生一种承担责任和义务的法律意识和习惯，签字了就是承担了责任，这一点在各专业的实践中体现得不够明显，是容易被忽略的；三是项目进展中要关注难点和关键点的解决过程，详细记录这个过程有特殊的意义；四是关于学习资源包和素材包：教师要为学生提供最基本的学习资源和必要的提示，集合成一个学习资源包，而学生在完成项目任务过程中还必须通过多种渠道去获得学习材料和完成任务的素材，形成一个素材包，两者各有侧重，最终都可以成为再次开展该项目的教学时优化学习资源的源泉，为积累提供可能和保证；五是对学生进行评价时在坚持原评价方案和标准的基础上，不仅要关注成果，更要关注学生的项目总结报告，因为报告中体现了学生项目过程的体验，有可能项目成果是失败的而学生获取的却会更多。

需要说明的是，从实践来看，项目开始的材料和评价材料相对全面细致，但过程内容相对不足。部分专业的实践中引入了"开题报告"等类似科研项目的过程文件，在项目初始文件繁杂，而且相互重叠，有些不符合学生的年龄特征和实际能力，有些又着力于细节而不够全面。进展过程中没有学习资源这一项，而是在过程中安排教师相关教学内容的课堂教学，教学内容由教师选择和统一传授。有部分专业设计时把原来一个学期学习的内容全部归于一个大项目，把原来的课程与一个任务过程进行简单的对应。以上模式所体现的设计更符合目标教学的特征而不符合项目教学的要求。项目教学就是要体现在项目进展中学生自我发现问题，并通过学习而获得相应知识和技能并学习方法和合作，智能结构的建构过程，应该是由学生自我完成的①，教师进行引导和释疑，而不应主动安排统一的教学。教学内容要以相对原始的形态提供和呈现，而不能替代学生进行选择，更不能重新返回到教师领导下的被动学习。从目前实践效果反映的情况来看，项目任务不宜太大，第一，超越了学生心理能够把握的限度，第二，相应的知识、技能内容不够确定，第三，时间太长，容易心理疲劳。

四、项目教学过程资源集成的功能

（一）促进教学项目自身更加完善

教学项目的设置和内容更加完善。在项目的进展过程中，会发现项目在设置、设计方面的不足，以不断改进项目的内容和方案，使之更趋于完善。

教学项目的进度安排更加合理。项目进展的节奏控制必须在具体实施过程中进行调整，才能使之更合理，既有原则性又有灵活性，既有刚性又有弹性。

教学项目的文件和指导更加有效。教师在项目开展中的作用和地位确定，必须在实践中才能找准，什么时候指导，指导到什么程度，只有在实践中才能

---

① 赵志群. 职业教育与培训学习新概念［M］. 北京：科学出版社，2003：6.

把握得准确而适度。

教学项目的组织和控制更加有度。在项目开展中组织的问题，如项目组内的管理问题，不同组之间的协调问题，也只有在进展过程中才能积累经验，找到正确的方法和着力点。

学生在项目中学习资源更加丰富。教师提供的学习资源包可以随着时间的推移越来越丰富，越来越精选，同时可以适时地把先前学生素材包的内容充实到资源包中。

学生在项目中分组及分工更合理、灵活。根据项目设计和项目系统化的需要，设计多种分组的方式和方法，项目组之间形成并列的、穿插的、包容的、对照的等多种关系。

项目教学效果评价更加客观、全面。对学生最终成果和收获的评价更加客观，成果优秀的说明完成任务好，可评优秀，而由于多种原因，成果上是失败的，学生收获未必就少，评价既要关注过程，也要关注结果，而核心问题是关注学习获得了什么。

（二）促进项目教学系统化

1. 项目与项目之间

相互连接的项目衔接更加自然。根据项目间的关系，对项目内容及学习资源进行调整，使项目间的连接更加自然、顺畅。

相互交叉的项目关联更加清晰。根据项目内容，出现关联的项目任务，要找出不同项目对同一内容学习的侧重点，从不同的角度学习，促进学习内容和融会贯通。

相互并列的项目替代更加规范。相互并列的项目，尽可能在时间、难度和内容上做到相当，便于相互替代，这样有利于项目教学时的可选择性，有利于学生个性发展。

2. 项目与原教学内容之间

学科课程内项目相互关联更加成熟。原学科课程的框架下的小项目间过渡更加合理，对原内容的体现更加充分。

学科课程交叉的项目综合程度提高。涉及多个学科的项目，综合程度提高，促进学生整体的思维发展。综合应用多门学科知识、技能解决综合性问题。

超越学科的教学项目包容性提高。设计能较全面地包容相关的知识、技能，实现由学科课程下的项目教学向以项目为本体的课程过渡，促进教学内容的项目化改造。

（三）促进学生职业能力不断发展

对初年级学生重在基础知识、技能的学习和训练，提高专业能力。初年级是打好基础，奠定职业根基的过程，注重最基本的专业（职业）知识和技能训练，是其教学的重点，开展的项目教学，也要重在对本专业的知识、技能的学习上，以促进这些知识、技能的熟练掌握。

对中年级学生重在解决问题的方法和相互的合作，提高方法能力和社会能力。中年级学生具有一定的专业知识和技能，并一定程度上学会了项目学习的方法，在开展项目教学过程中，重点放在利用多种资源获得素材，解决具体问题的方法，学习同伴之间的合作。

对高年级学生重在整合、内化和提升，提高职业素质，发展职业能力。高年级学生面对就业，在项目教学开展中，要尽可能选取来自职业真实环境中的真实项目，引导学生对完成任务的过程进行反思和总结，促进知识、技能及方法、思路和内化而提高自身的素质和能力，形成完整的个性。

（四）促进本资源集成框架更加完善

对尝试阶段的项目重在操作指引。项目教学的推进有一个过程，对首次设立的教学项目开展，也是一个操作上的指引，在不断地按步骤填充各个项目的过程中，完成一个完整的项目教学过程，最终形成该项目的雏形。

对系统化中的项目重在积累和借鉴。对正在系统化中的教学项目，则本集成方法，重在资源的积累和不断的改进，先前的每一个资源包都是一个范例，为开展其他项目的教学提供借鉴，促进项目教学的系统化。

对于教师重在教学能力的提高。教师开展项目教学，是从不熟悉的尝试开始的。对于处于尝试阶段的教师，本资源集成的框架重在过程上进行指引，教师有一定经验后，重点就是借鉴、积累和提高自身水平，提高教学能力的过程。

对本框架目录在实践中进行不断完善和修正。项目教学开展过程中，会呈现出很多新的情况和更新颖的方法，教师在进展中完善和改进本框架，促进项目教学向更高的层次发展。

项目教学要真正提高学生的职业能力，学生要成为一个有"心"人，才能在经历过程、体验方法基础上得到提升，而提升的关键在于"悟"；教师要在开展项目教学中做个有"心"人，才能获得经验，提高自身教学水平，关键还是这个"悟"。"心者，君主之官，神明出焉"，"悟者，外感、内省、达通灵"，由"经"而"验"，只是外感，还必须用"心"而"内省"，才能"达神灵"而"神明出焉"，由自然人而变为社会职业人，以获得生命的提升。

工作随想：现状——整体的结构驱动下的局部任务驱动

2005年来到青职，在当时起草一个文件的时候，用了一个从计算机培训中学来的词——任务驱动。那是2003年左右，山西省开发的一套专为教师进行计算机操作培训的教材，这本教材内容的组织方法，不是像先前那样，从知识的结构出发，而是从任务出发，设计一个个要完成的任务，让学员在完成这些任务的过程中，学会使用计算机的基本操作，比如用电脑打印篇文章，你要录入——编辑——美化——输出。这样就学会了文字录入，WORD基本编辑，并且插入图片，并进行平面编辑，最后通过打印，同时，应用程序的打开和关闭，生成文件的保存、文件的管理、程序的管理等等，就在完成这项任务中学会。当时全国流行一个培训叫英特培训，参加培训的学员自己选择一个主题，比如我选择京剧，你要先在网上找各种与这个主题相关的资料，编辑成一个文件包，用这些素材，编辑成一个文件，图文并茂，这样学会了WORD，然而把它做成一人PPT，这样学会了PPT，最后把这些材料做成一个网页……学习这些操作的时候，并没有人从头讲解什么是计算机，什么计算机包括软件和硬件，什么系统软件和应用软件，什么内存外存等等，你可能不是很明白这些术语，但你会完成任务。如果你真想要搞得更明白，自己找资料学习，去看，去问。这种教材的编写，是用任务来组织内容，并不是按知识的概念结构组织内容，这就是我最早明白的任务驱动，与它对应是结构驱动，指按知识的逻辑结构来进行编排。当时讨论这个文件时，大家都在质疑，怎么出现了一个新名词，叫任务驱动，这个文件没有通过。

几年后，从一个专业的教学中出现了这个名词，是作为一种教学方法出现的。大家都认为这是先进的方法，而且到现在都在自己的表述中列出，课堂使用的是任务驱动的教学方法。它作为教学的方法，这其实没有问题，我是想要说明，如果你的课程设置就是这样任务驱动的，教材也照此编写的，即任务驱动的课程的话，那教学方法自然是任务驱动的。我们现在用的是知识逻辑体系下的课程内容编排的教材，要进行任务驱动的教学，那老师就必须重新安排内容。事实是重新安排内容，就是对课程内容进行结构性的调整，这个调整幅度大了，就是改革。对课程进行任务驱动式的改革，不就是课程改革吗？

从今年的说专业、说课程、说单元情况来看，任务驱动是一个被认为普遍使用的方法，然而这个任务驱动是在"先理论然后进行实践练习"这样的大结构下，在实践练习的环节采用的方法，是局部的任务驱动，整体上仍然是结构驱动的，原因很简单，还是课程本身结构上是知识概念逻辑下的结构，整体上并不是工作逻辑，或者是由任务发起的学习过程。整体上的结构驱动中，局部的任务驱动。

还有另一种所谓任务驱动，就是课堂教学任务，驱动师生在课堂中完成教学任务。其实这不是课程改革中的任务驱动，职业教育的模式创新，关键在于任务是职业工作任务，当然要经过教育教学的重新设计而成为教学任务，而不是完成书本内容的任务，驱动大家课堂学习。常常看见我们把书本上的内容章节的教学当作任务，属于这种情况。

第五节　现代学徒培养模式

现代学徒制是高职教育人才培养的新模式，其意义在于一方面继承了传统学徒模式"口传心授"的综合培养优势，实现了职业技能与职业品格的有机共同成长和个性化的传承，另一方面借助现代化的制度设计和现代化信息技术手段，实现校企之间在人才培养过程中的交互参与。[1] 它要求校企之间实现由客方合作到主体参与，实现院校学习与职场学习间相互促进，相互补充，相互支撑。要使这种培养模式得到有效实施，必须做到内在的精神理念与外在的制度设计，以及技术手段三个层次的高度协调。

一、现代学徒之道：精神层面追求"匠心"独具

近年来"工匠精神"成为职业教育的一个热词，因其充分地体现了职业工作者专注于技术工艺、追求尽善尽美的一种职业精神。现代学徒模式的职业人才培养过程，无论采取什么样的制度形式，表现为什么样的操作手段，在精神层面都体现为一种与生命意义紧密相关的追求，即自觉地、内在的、超越功利的职业素养。这个被称作"匠心"的品质表现为：专注技艺、追求完美、超越功利、享受过程、人文关怀、特色独具。[2]

追求完美无缺的结果。对自己从事的职业工作执着而专注，对完成的任务和作品追求完美无缺，精益求精。首先，表现为一种持续的质量意识，即无论是做事还是完成一件作品，首先要保证它的质量，最终呈现出来的一定是一件

---

① 赵鹏飞. 陈秀虎. "现代学徒制"的实践与思考 [J]. 中国职业技术教育，2013 (12): 38-44。

② 杳国硕. 工匠精神的现代价值意蕴 [J]. 职教论坛，2016 (7): 72-75.

值得珍藏的精品，或者是值得回味的事件；第二，努力把技术与艺术相结合，具有独特之处和艺术欣赏价值；第三，表现为一种执着的信念，真诚地态度和鲜明的个性特征。

专注出神入化的过程。专注于完成任务的过程，能够做到心无旁骛，享受做事的每一个环节，做到出神入化。第一，表现为做事作风质朴，专注于技术和技艺本身，态度真诚而简单，愿意"下真功夫"，鄙视机巧，实实在在做事；第二，超越功利，不做表面文章，不哗众取宠，不沽名钓誉；第三，享受技艺过程，有审美获得感和成就感，伴随有积极情绪体验。

体现人文关怀的细节。在细节之处见真性情，具有人文关怀。第一，以良知和善心支撑，心力丰沛，处处体现对人的关心和人文关怀。第二，有真性情，并与个性化的技艺融为一体，浑然天成。第三，关注细节，有独到之处。

胡适曾说过，"聪明人更愿意下笨功夫"，就是说要做出精品，必须满足这两个条件，一是有能力把事情做好，二是愿意付出努力。这是一种追求尽善尽美的信念，无论是过程还是结果，都希望完美，没有侥幸。以上列出的是一些基本的特征，然而它是一种内化于精神世界的生命灵动，又能在其行为的每一个环节中找到痕迹的精神力量。简言之，"工匠精神"表征为一种精神、一种境界、一种作风，是职业精神和职业素养最精确的理想模式。近年来从企业反馈的毕业生意见中，更多地集中在"职业素养""职业道德""职业人格"的问题，最终大家趋于一致地认为，问题所指的应该就是这个"工匠精神"。从一般意义上讲，"工匠精神"应该是工程或技术领域，特别是表现为非规则性工种（机器不可取代）更适合，即"工匠"们应该具备的精神。然而我们所指应该是引申的意义，即把在工匠那里呈现出来的典型职业精神加以推广，泛指凝结了职业者生命智慧和追求的、专注于职业工作过程、追求完美结果的个性化的艺术劳动，它体现的是一种纯粹、一种完美、一种情怀。这种精神体现在每一个优秀的职业精英身上，又各具个性特色。"工匠精神"作为理想的职业精神，它与表现在职业行为中的职业能力，共同构成了现代职业教育培养的理想的个性品质，同时也成为现代学徒模式的根本理念。在实践中把这种理念转化为行动，以追求卓越和人文情怀"工匠精神"统御培养过程，就可以将理念和精神外化为高超的技艺、精美的作品和感动他人的细节。这个外化的过程包括制度化的表达和技术手段的支撑。

二、现代学徒之术：制度层面保障角色认同

现代学徒培养模式的价值核心，是围绕"工匠精神"而展开的促进学生职业人格和职业能力协同发展的过程，这是它区别于以往职业教育人才培养模式的本质。学徒模式培养职业人，是一种古老的传统培养方式，它的优势在于通过"口传心授""潜移默化"的影响，实现职业能力和职业人格的双重影响，即"师带徒"的过程，以实现职业"手艺"与"风格"的代代传承。现代学徒模式的意义在于用现代化的制度设计，扬弃传统学徒"家族式""帮会式""作坊式"的角色确立方式，而保留师徒间通过情感和人格等深层次角色认同的本质，实现技术技能与职业人格传承的目的。反过来说，现代学徒模式，就是用现代教育制度来保障师徒式培养。①

校企紧密合作的制度性保障。现代学徒模式实施的关键，是确立职业师徒关系。围绕这个核心问题，必须在制度层面为现代学徒模式提供必备的条件保障。第一，校企紧密合作，为师徒模式的职业学习提供场所和必要的设施。第二，校企紧密合作，才能实现职业内的师徒配对，并通过组织形式给予确定。第三，校企紧密合作，实现人才培养价值目标的一致性，并具体化在每一个环节中。

师徒角色关系的制度性确立。现代学徒模式的培养过程的本质，在于继承传统师徒式培养的内涵，实现"师传式"的个性化的综合传承，同时用现时代化的制度赋予新的意义，而成为职业教育人才培养的理想模式。它要求企业遴选确定能够胜任师徒培养的技术骨干充当师傅，同时企业对学生作为本企业的学徒的身份给予确立；这样企业方专门的师傅与学徒关系得到确立，同时职业院校学生与教师的师生关系在学校已经得到确认，学生作为职业院校学生和企业学徒的双重身份，分别通过学校与企业双方确认，并经过一定的制度化的程序、形式固定下来。

学徒模式实施的制度性保障。现代学徒模式的不仅体现为"学生—学徒"角色的双重性，而且体现出学习场所和学习内容、形式的双重性，为实现这种二元学习系统的协调，必须建立一套完善的制度体系。第一，要分别在学校和企业设立专门的组织机构，负责学徒模式培养过程的日常工作管理、信息管理，记录过程并反馈信息，及时发现问题并快速做出反应；第二，对课程内容和学徒内容进行科学设计，保障相互间的支撑和补充；第三，通过信息技术和制度化的运行机制，保障过程监督和实时控制，保障质量和效益，并对学习效果进行立体式的评估。

---

① 关晶，石伟平. 现代学徒制之"现代性"辨析 [J]. 教育研究，2014，（10）：97 - 102.

　　现代学徒培养模式，常常被描述为"招生即招工，学生即学徒，毕业即出徒（就业）"，从现代学徒模式的内涵来看，这样的描述基本可以反映其内在属性。要达成这样的状态，所遇到的最大障碍，必然是校企二元主体造成的角色关系问题。招生的主体是学校，招工的主体是企业；师生关系由学校教育属性规定，师徒关系则由企业工作属性来规定；毕业属于学业的终结，出徒则是能够加入职业共同体的资格确认。要把学生角色与学徒角色同一化，则必须克服校企二元主体的制度障碍。现行体制下，在校企双方合作关系非常紧密，而且话语权对等的条件下可能实现这种角色关系的制度化确认，然而它仅仅是局部的最佳状态，是一种特例，存在偶然性和不可持续性。跨越这一界线的途径，是通过在制度层面实现产权关系的整合，实现校企一元主体，即混合所有制。通过股份投入，将企业作为客方的培养行为层面的参与转化为投资方决策层面的参与，实现校企高度协调的全过程责任的共同承担。①

　　现代学徒制度确立，是现代职业教育的内在精神——"工匠精神"的有效表达，在实践中更需要具体的技术手段和物化载体。

三、现代学徒之器：技术层面实现工学一体

　　现代学徒模式的实现，不仅依赖于对"工匠精神"的内在精神驱动，合理的制度设计，更需要具体的工具、技术和载体的支撑来转化为行动。具体来讲，师徒关系要体现在学习技术和实现职业文化传承的过程中，借助职业学习内容作为载体，采用一定的方式方法，再加上与之相应的物质条件和环境才能实现。

　　现场化的学习场所。学徒模式的教学过程，是以技术技能为中心的学习和传递过程，它指向职业活动，必须在职业化的环境中实现。第一，需要职场环境和氛围，现代学徒模式要体现职业教育特征，即工学结合，必须借助职业工作场景；第二，需要职业工作的任务情境，体现职业教育传授"过程性"的知识的属性；第三，需要完成任务必需的工具和物质条件，职业学习必须是在任务过程中完成教育职能，需要与职业工作同样的技术条件，更需要实现教育功能的技术条件。②

　　任务化的学习内容。学徒就是通过学习相关技术和技能，实现工艺流程和职业文化的传承，因此必须借助任务化的工作内容。第一，在完成工作任务过

　① 苏娟，武文. 现代职业教育体系视角下高职校企合作模式的思索［J］. 广东轻式职业技术学院学报，2014（3）：20－22.

　② 赵志群. 职业教育与培训学习新概念［M］. 北京：科学出版社，2003：6.

程中学会相应技术和技能，知识的组织和呈现要以职业任务为基本依据，实现"工作过程系统化"；第二，在不断地重复完成任务的过程中学会工艺要诀和流程，即一次又一次地完成完整任务，经历完整的"工作过程"，实现工作策略的学习，达到职业能力积累的目标；第三，通过具体任务的学习，实现职业文化的传承和个性化人格的影响，达到工艺、品格、行为作风的个性化传承，即实现潜移默化的"师传"。①

行动化的学习方式。现代学徒模式的实现，是要体现职业行动中学会行动。第一，必须由职业任务驱动学习过程，知识和技能的学习围绕完成任务展开，实现"学以致用"；第二，必须在完成任务的行动中学会行动，即体现职业教育的"行动导向"；第三，最终的目标是完成职业任务，在目标导引下开展学习。

现代学徒模式的培养，是学校学习与职场工作学习两个系统的协调。需要对每一部分的学习内容，以任务为框架进行设计，并根据具体任务对学习内容和学习场所、学习方式进行科学设计。保障学生——学徒在双元学习系统中实现交替和整合，实现职业工作能力的培养和职业人格、文化的传承②。

现代学徒模式，是现代职业教育面向未来的新探索，也是职业教育回归以人为中心的新实践。它实现了学校培养与职场培养二元系统有机整合，学校学习与职场学习在时间上的交替与空间上的渗透，间接经验（知识）传授与直接经验（工作体验）的协调对应，统一的基本范式教学与个性化工艺要诀的传承相互补充。在现代学徒模式中突出了师徒间"口传心授"，体现工艺与人格有机结合的"师传"宗旨，并通过现代教育制度和现代技术给予保障。在精神层面秉持"工匠精神"，通过制度化设计保障师徒——师生的角色确认，并通过科学的教学内容设计、科学的方式方法和恰当的进程安排、先进的信息技术支撑，最终实现职业能力和职业素养的综合培养。

工作随想：我们要教给学生什么？

我们要教给学生什么？

这些天来，我们一直在讨论一个问题：作为老师，我们到底要教给学生什么？

这个问题看起来，似乎没有什么疑问，教给他们知识啊。我们很多老师，

---

① 姜大源. 职业教育学研究新论［M］. 北京：教育科学出版社，2007.
② 武文. 高职学生职业个性发展层次和教育策略［J］. 职业教育研究，2016（11）：58－61.

都是这样的，甚至是大多数老师，接受一问课程时，到准备每一节课时，都会下很大的功夫，去找出这部分内容中重要的知识点是什么。当我们教研活动时，听课、评课时，也常常听老师们在讲，"知识点"的问题，学生来学习，上学不就是学习知识的吗？可是，将来这些知识是不是有用的呢？如果这些知识将来没有用，那么现在的学习还有意义吗？专业不对口的问题不就是这个问题吗？可是，我们工作中有多少是当年上学时学习的知识呢？不对口是非常普遍的，那我们的教学是不是有意义的呢？

可是当你反过来看，如果不去教了，会是什么样的结果呢？因为工作中用不到，就不用教了，既然所学和所用差别大，就不用学了。这显然是不成立的。这个问题，早期的教育家都解决了。学生在学习知识的过程，其实是一个智力活动的过程，是一个脑力劳动的过程，在他经历了这个过程后，即使承载这个过程的那些知识被遗忘了，这个经历却是有意义的，这个意义就在于其智力活动的水平提高了。这样看来，我们不仅是教会他们知识，更重要的是教会他们如何去思考问题。知识背后的是人类思维的逻辑和思考问题的方法。知识是一个个问题，问题的背后是我们如何面对这个问题，如何去解决这个问题。这里既有态度，也有方法。我们不仅要告诉学生知识是什么，而且重要的是引导他们去思考，它为什么是这样的。

曾经一个朋友听了我的课，她说"10分钟的内容，讲了半个小时"。我绝对相信朋友的善意和真诚，我理解她的意思，就是说我在讲那些内容的时候，讲了更多的是追要溯源和旁征博引的事，那冗余的20分钟，就是这些内容。可是我教课20年最舍不下的，最在意的恰恰就是要尽可能地告诉学生"问题是这样的，之所以是这样的"。

要让学生明白，"是这样的"和"之所以是这样"，这是两个层面的问题。是这样，就是知识这个层面，就是信息和信息的传递、接收、存储。如果这样的话。人脑也就是个电脑。"北大"四年等于0。是因为他发现他在北大期间最看重的老师笔记，在网络上可以轻易获得，一切全在于信息本身，那这真是很悲剧。然而，我们知道，光得到这些信息，我们自觉完全可以得到，不论什么知识，只要你愿意学习，没有学不会的，现在知识来源和渠道丰富到你可以随时获取任何信息。那我们教育教学的意义在哪，显然不是这个。我们说要知道它为什么是这个样子，那必须追溯，必须去思考。思考就要有逻辑，有工具，有方法。怎样去思考？这个问题是寄居在知识中的更重要的智慧。

不管你学的是什么专业，其实到最后都可以获得智慧，而且不管学什么知识，最后获得的那个智慧，我们也可管它叫悟性，却是相通的。学习过程积累到一定程度，就会"一通百通"，道理就是这样。昨天我看到有朋友回帖，道明了知识和智慧是不同的这个道理。作为老师要教给同学的是什么，应该是这个智慧，而这个智慧，是不可能直接传递的。

前天，因为要参加一个关于"苏霍姆林斯基"的研讨会，提前找一本苏霍姆林斯基的书看了一眼，里边有这样一段话：

"深入教室，或深入教育教学实践，并不是你身体在场，而是你灵魂在场。灵魂在场意味着你不是站在学生身边，而是与学生相互编织，你不是把知识交给学生，而是把知识融入灵魂，然后再活生生地影响学生。"

我理解他的意思是这样，我们不可能直接把智慧传递给学生，我们只能和学生一起面对问题，我们可以把我们自己思考、追溯的过程，展示给学生，让他们感受你生命实践和体验，以激发他们自我的生命体验。人只有在经历了困惑和寻求出路的过程后，才会有真正的智慧产生，也才会有成就感和自尊的产生。苏还说：

"生命在劳动/学生过程中克服困难，获取成功，进而获得高度的自我感受（自信、自尊），以及责任感和意志力，以及渴望再度学习、通过劳动/学习中的困难而获得幸福的动机。"

想起《学记》中说，学然后知不足，教然后知困。知不足而后能自强也，知困然后能自反也。孔子所谓"为学"其实就是做人，就是生命的不断体认和自我完善，所以学不可以已，终身做人，就得终身学习。

那我们要教给学生的是什么？到底是什么？

是生命的体认。梁漱溟先生介绍杜威学说时，一再强调：教育就是生命的本质，社会是生命本质。把社会和教育问题，基于生命，那么教育教学的本质，最根本的不是知识、技能等等，这都是对象，教育的本真，是人与人的关系，是两个以上生命体相互的影响和共鸣。

第六节　基于职业心理发展的市场营销专业培养方案

高等职业教育的目标，在于面向职业，培养具备胜任职业任务，适应职业规范，并能紧跟职业发展，创造性地调整职业行为，满足终生从事该职业的基本素质的人才①。人才的内涵既包含一个人的显性的能力，即完成任务的能力，也包含一个人潜在的个性品质，包括与职业相应的情感、意志方面的特征。职业素质不仅包含生理素质，也包含心理素质，而重点自然是心理素质。从一般意义上说，培养人就是培养人的心理素质，人才培养的过程要以心理发展规律为依据。从心理学的角度去思考问题，是人才培养模式构建的科学方法和一条捷径。首先这关注人的发展，体现以人为本的原则；其次教育科学以心理科学为基础，人才培养的过程的设计有心理科学作为支撑；最后关注学生心理的成长历程，照顾学生心理发展的水平，过程设计具有针对性。

一、基于人格发展的培养目标定位

1. 人格发展的三个层次。从哲学价值的意义去思考，教育的功能在于培养人才，在于帮助受教育者获得一种更有意义的人生历程，教育的意义在于提高受教育者的生命层次，不同的生命意义的根源，在于不同的生命价值诉求②，用心理学的概念，就是因为抱负水平不同，在某个专业就读的学生而言，也会反映出学习意义的不同诉求。笔者认为作为一个职业人，不同的抱负水平，对应不同的生命状态。

人生层次	价值追求	能力层次	情感层次
生命	生命意义层次	反省感悟（信仰心灵层次）	情怀
生活	功利意义层次	办事能力（脑和思维层次）	情感
生存	工具意义层次	操作技能（肢体器官层次）	情绪

一个专业在读学生，其学习的价值诉求局限在掌握一技之长，专业学习就定位在技能技巧上，那么其将来的职业行为只具有工具意义，只能适应个别的工作角色，其工作中感情状态就是一种低级的工作情绪，工作的意义在于生存；对于大多数的同学而言，学习的重点定位是知识和技能，其学习目的定位在于思维层次，未来从事职业工作所追求的是能完成工作任务，具有办事能力，能够根据职业要求不断改进工作方式，而且能有相对正常的生活和正常的情感；具有更高层次的追求者，在校期间学习经历是不断的积累的过程，对生命的历程具有反省和感悟的能力，逐步形成相对成熟的世界观和较高的生命价值追求，

---

① 管玲俐. 刍议当前我国高等职业教育人才培养的多元使命［J］. 中国职业技术教育，2009（6）.

② 季羡林. 谈国学［M］. 北京：华艺出版社，2008：5.

具有一种博大的情怀，能够超越职业界限取得人生的成功。

2. 市场营销专业价值分析。市场营销专业的基本问题，或者基本矛盾，就在于消费与营销的关系问题，再深入一点，就是需求和供给的关系问题。两者之间更根本的是消费需要一方，这是矛盾主要方面。尽管营销的客户群中未必都是直接的消费者，但就营销工作的性质和特征来看，面对直接消费者客户和面对其他企业客户其行为方式没有本质的区别，即在于把自己的产品通过一定的方式，销售给对方；同时，作为需求方即使不是直接消费者，但其购买决策及行为过程与消费决策及过程也大体相同。营销的对象是产品和服务，营销面对的是产品和服务的需求方客户，我们可以简单地归纳为，营销活动要以消费（更广泛的意义上的消费）为依据。消费需求决定营销的产品和服务，消费决策决定营销策略的制定，消费行为决定营销的过程设计，需求是消费与营销的逻辑起点。

作为高职教育的一个专业，要培养专门从事营销工作的人才。这个人才的培养过程，也必须从消费需求出发，依据消费的行为特点来思考营销策略和方法，以此设计的人才培养过程，才能培养出真正具备营销职业个性的人才。由于需求和消费是基本要素，那么该专业的设计必须把需求和消费作为根本出发点和归宿，即市场营销的目的就是满足消费需求。作为一个专业确定的理念，定位于营销为了消费者，为消费者谋求更好的选择，就是营销的本质所在，也是营销取得真正成功的要诀。

3. 专业人才培养目标确立。高等职业教育专业人才培养的目标，应该有一个较高层次的价值诉求，笔者借用论语"与人谋而不忠乎，与朋友交而不信乎"，营销就是帮助消费者选择最满意的产品和服务，就是真心诚意地与消费者做朋友，确定市场营销的专业理念："忠心为消费者谋，诚信与消费者交。"市场营销专业的人才培养目标是，能够把职业理想与人生追求完美结合，用良好的职业修养承载职业能力，用诚信宽仁的品德取得成功的职业营销人。

根据这样的一个宗旨，市场营销专业培养具体目标应该包括以下几个方面。一是操作方面的技巧，如要具备维护个人良好形象的技巧、良好的沟通技巧、快速的现场心算技巧、相关工具使用技巧，这是营销专业教育的最低层次，是完成岗位基本工作任务的必备能力；二是认知和思维方面，要有信息分析的能力、客户分析的能力、市场分析能力、策略的分析和评估能力，是独立完成项目任务，基本保证顺利从事营销职业生涯的必备素质；三是个性品质方面，要有为客户服务的诚意、热情和友善的态度、细致条理的习惯、耐心和宽容的心态等等。

二、基于角色心理的课程体系建构

1. 学生角色转变过程分析。在市场营销专业整个培养过程中，学生要经历三个不同的角色，即单纯的消费者和营销知识的学习者、自觉的消费者和营销行为练习者、成熟消费者和职业营销者。学生从变通高中升入市场营销专业，首先作为一个个体，在没有经过专业教育之前，是一个自然的消费者，同时也是一个专业知识的学习者；通过对消费行为分析等内容的学习，逐渐成为一个有自我反思能力的消费者，同时开始学习营销职业活动的技能和思维方式，特别是要在项目活动中参与营销实践，并从消费的角度对印证营销行为的效果；在经过学习和积累后，逐步成为懂营销策略的成熟消费者和熟悉消费的职业营销者。

专业教育的过程是人职业化的过程，是专业人才成长的过程，成长更具有核心意义的是学生心理的成长，教学过程充分考虑学生角色心理的转换，关怀学生内在的心理体验，才能真正地设计出适合学生全面发展的人才培养模式。

2. 营销人才心理结构分析。首先职业素养方面：有良好的职业价值观体系，包括正确的人生观、道德观和较高品位的职业认知和职业情感，对将来从事营销工作有价值认同，并具有从事营销工作的热情，有在营销工作领域追求成功的内在趋向；有良好的职业人格素养，懂得相关法律法规和国家相关的政策，熟悉营销行业基本的要求，对从事该工作有一个基本的成长规划，懂得营销职业规范和营销活动的基本要求和良好的心理素质，具有一定的亲和力和耐力；有良好的团队合作精神，具有良好的合作意识和合作精神，善于向别人学习，能快速吸收有益的意见，修正自己的行为，保持优雅的气质和从容的态度，具有一定的变通能力；有先进的管理理念可拓展性，具有一定的经济学、会计学、会计学、现代企业管理、先进经营理念基础和现代信息技术基础，具有一定的市场分析能力和敏锐的思维。

其次职业思维方面：有消费者心理分析能力，具有对消费者的需要、动机、愿望、观点和决策习惯分析的能力，及时准确地把握消费者的个性特点、文化修养、主导需要和思维习惯，对消费对象形成快速的形象。懂得思维规律，能针对不同的消费者，能够正确分析其思维习惯，形成营销的基本策略；有客户类型及对策预测能力，对社会不同的消费群体，进行系统的消费需求和消费习惯分析，形成典型的营销策略模式，并熟悉不同类型消费群体的不同模式，形成系统的营销策略系统，能在了解消费者情况后第一时间做出类型判断，对其消费意愿和行为形成基本的预测；有市场分析及预测，对产品的市场情况有基本的了解，具有一定的市场调研和分析能力。准确把握产品在不同时间、不同地域、不同场合的市场状态；有效益分析及决策能力。具有一定的效益分析能力，及时准确把握不同营销结果的效益状态，正确处理长远利益和短期利益的关系，争取最大效益，培育潜在长远市场；创新思维能力和习惯，懂得各种沟通模式的优劣，能够进行整合营销沟通，能以全球化的视角来认知新的营销，具有突破常规为企业发现新的收入流的创新思维。

第三职业技能方面：设置实境训教项目，培养学生市场调研、产品研发和管理、定价、谈判、沟通、推销术和渠道管理等技能。具有包括：形象技能，学会保持较好的形象，合理适当地修饰自己，保持良好的个人形象，有良好的行为姿态；沟通技能，与同事、客户、公众等沟通情况、沟通思想和沟通情感，为合作、协作奠定基础；谈判技能，具有一定的谈判技巧，有良好的语言表达能力和控制情绪、控制气氛的技能；营销技能，当面营销、电话营销、网络营销等技能和规范性的行为方式。能恰当地表达产品的优势和特色。

3. 专业课程体系建构思路。市场营销专业的课程设置，围绕消费和营销之间的相互关系展开，从消费者的需要为基本出发点和专业全部内容的根源，构建基于消费者的逻辑建构思想，用以指导专业课程的系统、专业教学内容和载体和媒介建设、专业培养方式方法选择。本着培养满足营销人员实际工作的个性心理和人格要求、直接任务的技能要求和形成营销策略的思维要求的整体原则，以案例和项目为主要载体，整合原有的课程内容，形成具有鲜明人文特色的课程体系。

课程体系构建的框架为二条线索、三个层次。二条线索是消费与营销，三个层次指技能为主的行为方式、认识水平为主的思维方式和人格特征为主的个性品质。①②

课程目标	消费	营销
1. 完整人格特征（营销个性） 在自我的反省和觉悟中获得，是一个成长的过程，加强人文修养和个性修养	1. 了解营销对象的需要、动机及其他个性特征，了解不同人群的消费需求。	1. 营销人员应具备的气质、性格特征。具有积极、外向、真诚、热情的个性特征，沉着、理智的个性品质。

---

① 章志光．心理学［M］．北京：人民教育出版社，1987：8.
② 王策三．教学论稿［M］．北京：人民教育出版社，1987：8.

续表

课程目标	消费	营销
2. 抽象思维方式（营销策略） 在职业任务过程的抽象中获得，即依托相关理论知识和原理的理解过程而成长起来。	2. 具有不同消费群体消费决策的思维方式分析能力，了解不同性格、不同职业、不同性别、不同年龄消费者思维和决策的特征，及时准确地做出判断。	2. 心理分析理论、市场分析理论、财务分析基础。能够灵活运用心理学知识，分析消费者的心理活动规律，运用市场调研方法，预测市场状态，运用财务分析方法，分析不同营销结果的收益情况。
3. 具体操作方式（技能技巧） 在具体的事件操作中获得，通过案例分析和项目教学直接学会的。	3. 不同消费群体的行为方式调研。对消费者行为进行调研，了解他们的消费行为方式特征和消费技巧特征。	3. 通过案例和项目，培养学生具体完成营销任务时的各种技巧，如营销技巧、沟通技巧、谈判技巧等

三、基于职业情境的教学资源整合

1. 职业环境的营造与实训基地建设。校内基地建设重点是模拟各种营销的场景，仿照真实的空间和设备布局，努力创设真实的工作环境；校外基地建设则重点在于与在企业设置典型的工作岗位，保证学生的真实体验。学生在校内基地的实训重点在于对基本技能技巧的训练和对基本的工作过程的认识，对理论的加深理解和直接应用，对工作强度和职业活动进行初步尝试；而校外的实习实训，则重在对综合的技能的培养和真实工作任务过程的体验，对专业理论的全面灵活运用和对职业活动全面的体验和反思。学生专业学习的过程，是一个活动重心由校内逐步向校外转移的过程，最终实现就业。

在教学的资源中，不能忽略学生这个自然资源，市场营销专业的学生，自身是消费者，而且永远是消费者，同时又是未来营销者，学生自身的消费体验和对营销方法的观察，是学校其他物质资源所不能代替的，学生自身有着各种购买需求、丰富的消费经历，同时经常性地观察营销行为的机会，利用这些来自学生自身的资源，是充分体现学生中心的教育思想的有效途径。①

2. 职业工作的引导与师资队伍建设。形成一支专兼结合的教师队伍，并且根据职业活动内在的相关性安排组织结构，促进相互之间的交流和互补。一般校内教师侧重于实训前的理论的指导和实训后的反思引导，校外兼职教师侧重

---

① 姜大源. 职业教育学研究新论［M］. 北京：教育科学出版社，2007：1.

于实践中方法技能的现场指导。更主要的是专兼职教师工作的相互渗透和工作过程的相互影响，形成既体现各自鲜明的优势又能现实地理解对方的意图的分工合作群体，这对于市场营销这样的专业尤为重要。学生在教师指导下，既要练习技能技巧、学习理论知识，更主要的是引导学生反省感悟，促进积累和成长。

教师除了提供理论讲解和技巧传授外，更重要的是教师的自身比学生更丰富的消费体验和自我反思，对营销活动的认识和评估和分析，利用个人的经验积累和方法积累，教会学生分析的方法，是把师生的教学行为从单纯的信息沟通和方法引导提升到了专业行为反省和心灵的沟通的层次。

3. 职业组织的设置与公司化运行模式。在职业活动中除了物性的工具和产品外，更重要的是劳动的组织形式和管理模式，这是学校行为和职业行为不同的重要的因素。对市场营销专业来讲，模拟公司公的运作，实行经营式的管理方式，必要时代理部分产品业务，是培养学生经历营销过程，体验营销情境，锻炼营销技巧，积累营销经验的必要途径。在校内建立虚拟公司，实现了有限的真实的工作过程，有效地促使学生由未来营销者向真实的营销者的转变。

师生一体化的公司化组织形式，不仅虚拟了一个运营的方式，更主要的是营造了一种文化环境，帮助学生逐步由"学生"角色转变为"职员"角色，在无形中形成作为职业营销人员的思维方式和行为方式。这是引进企业产品、管理到文化三个层次的资源的意义所在。

四、基于个性成长的教学过程设计

1. 奠定专业理论基础引导职业感知。专业人才培养过程始于新生入学，刚刚经历了 3 年紧张的高中学习，初接触专业学习。习惯于学习理论知识和教师主导下的学习，这个阶段的教学整体上应与此相适应，一年级学生的课程安排的原则是：一方面，安排思想政治教育、人文素质教育、公共必修课（如外语、信息技术等）和基础理论课程，提高学生基本素质和现代化的文化修养，为专业发展奠定基础；另一方面，安排营销的专业入门教育、开展一些活动，引导学生体验自身的消费活动，观察生活中的营销行为，组织参观职场"实境"，引导初步感知和了解营销活动的内容、方法、种类、效果，形成粗略的专业印象。

初入学的学生其自我意识是作为消费者角色的，应该在这一时期传授相关消费方面的理论和对消费行为分析的方法，利用学生自身的消费经验，引导学生首先成为一个能够反思消费行为的自觉的消费者。照顾学生学习方法和习惯，这一时期开展的实践项目以教师主导、单个行为为主，可以提倡双人合作，任务明确简单。在方法上重在引导，为以后的完成项目做好铺垫。

2. 开展相关项目活动模拟职业行为。在继续提高学生整体素质的同时，二年级的课程则以专业课程为主，强调理论学习与实践操作相结合。内容主要是营销专业的核心课程，如市场营销策略和方法、客户管理、沟通与谈判、公共关系、市场分析、效益分析等。采取的方法主要有案例教学、模拟训练、项目教学、情境表演、策划和制定营销活动等方法，培养专业能力。①

在学生具有消费分析能力的基础上，引导学生进入营销角色，努力把学到的理论在项目活动中加以应用。这是培养营销能力的关键步骤，营销专业各个方面的技能技巧和工作思维，都是在这个环节中积累的。项目以营销者的角度开展，而以消费者角度检验，每一项营销和沟通的项目活动，都要以其给消费者产生的影响作为"镜子"去决断其效果，这一阶段也是学生在消费者和营销者之间转换的心理改组期。项目活动大都以小组活动进行，教师负责整体控制和指导。

3. 组织公司化运营促进职业个性成长。专业成长的最终目标是促进学生由"学生"变为"职员"，由单纯的"消费者"变为职业"营销者"。在与企业合作的基础上，采取有限的经营方式，促进学生由对理论的认识、基本工作方式的学习进入实际操作，为就业后成为职业营销员奠定基础。

学生掌握了基本的营销知识、技能和方法、习惯后，进行真实的营销活动锻炼，是成为一个"职业人"的必要环节。这个过程总的来讲在校内进行，营销行为是有限保护下的真实行为，教师作为模拟公司的高层管理者干预经营行为，引导学生主动实践。这是学生角色转变的飞跃期，重在把学校的全部获得进行锻造，不仅是职业能力的提升，更重要的是职业个性的全面发展。

市场营销专业涉及的行业宽泛，专业定向不够明晰，各高职院校开办频率高，没有特色则难以形成竞争力。基于职业心理发展的专业设计，从学生作为一个"人"的角度出发，对学生由一个"学习者"向"营销者"的心理转变给予充分的关怀。确立专业理念，体现中华民族的体统价值核心，提高专业文化品位；立足心理发展，奠定专业课程的理论依据，规范专业教学行为；面向未来职业，配置有效专业教育资源，优化专业培养过程；关心职业成长，理论与实践相结合，启发学生反思和积累。一方面，尽可能地汲取我们民族文化的精髓；另一方面，充分运用科学的方法，造就一批有文化、懂专业、会办事、善沟通的优秀营销人才。

---

① 武文．浅谈高职课程体系构建［J］．青岛职业技术学院学报，2006（04）．

工作随想：营销策划中的会计视角

周五下午参加了 X 院长在营销专业的会计课程的考核，七个小组分别展示了他们的营销策划案，不仅感受到一个充分展示自我的课堂现场，而且又一次被邢院长对教育教学的那一份情怀所感动。一个院级领导，每天有处理不完的事务，加班到深夜，接着是一个整上午的会，下午是一个下午的考核课程，课后还要反思、讨论，34 分钟的电话交流，足足地证明我以上的两点，也让从事 26 年教师工作的我感到深深的惭愧。

《基础会计》课程上做营销策划案，关键是什么，我想应该是营销与会计的结合点。营销是一种经营行为，而任何一种经营行为，即事件，都应该而且必然会以货币的形式反映在账面上。营销案的策划，是一个事件，在会计课堂上要做这个事件的策划，必须通过会计的角度切入，对于这样的一经营行为，即这个事件，会计的角度就必然是资金核算。以资金核算的思维方式去进行策划，就应该是营销专业会计课程中，以会计的视角开展营销策划的立足点。在这一点上，同学们应该在不同程度上体现出来了，然而体现还是不够充分的，说得更简洁一点，就是在策划中的每一项内容中，都应该体现相应的数量、价格，体现出每做一件事，每一个细节内容中，都充分体现"核算"的思想和意识。这样，后边的会计分录，以及后来的会计载体：凭证、账簿、报表等所显示的内容，与策划中的事件对应关系才更清晰，资金核算的思维视角也才体现得更充分。会计课程的特色才能真正体现出来。

在课堂上有一个细节，即引进一句诗，"纸上得来终觉浅，觉知此事要躬行"，就营造了一个心理定式和心理环境，或者叫心理暗示，即书上学到的理论、知识和技能，必须到真正的任务中、实际做事的过程中检验，把纸上得来的，置于躬行中。我想想我也曾采用过这样的方式，在讲课程改革的思考时，先引进讲座一段《蒹葭》，以说明追根溯源和实践效果两个方向对课程和教学的问题进行思索。

我们都注意到了，每一组同学，都多少有失误的现象，表面看起来，拿错方案了、笔误等等，不是真的没有做好做对。然而，这并不比做不对问题小，甚至说明潜在的问题还要更大。前几天，S 处长送我一本书，是北森生涯公司贾杰老师写的生涯咨询案例集《活得明白》，里边说谈到这个问题，比如高考，那几天我正高烧，发挥不好，那天我大意了，不是不会……这些说法，其实是站不住脚的。发高烧、大意等，不是身体有问题，就是心理素质有问题，没有得到相应的分数，就是你身体问题和心理素质问题的代价，这其实也是实力不够的表现。

　　X院长为了集中解决这些问题，决定加两次课，与同学们面对面地进行深入的交流，把这次的考核展示课呈现的问题延伸下去，深入下去，而且根据新要求，把各组的方案再做进一步的完善。

第七节　人文素质培养体系建构

　　我国高职教育经过从普通高等教育中分化，着重以适应职业工作的现实要求为主要功能，到目前以培养全面发展的，具有职业理想信念和职业精神的，具有较强的职业适应性和开拓性的职业人为目标，标志着高职教育回归培养人的本质，培养高素质职业人才的新阶段①。高职院校普遍重视人文素质教育，把促进学生的全面发展当作最终目标。

一、高职大学生人文素质培养体系设计的理念

　　构建高职大学生人文素质培养体系，必须首先明确高职人才培养的最终目的，并分析高职人才培养过程中存在的现实问题。

（一）高职人才培养目标分析

　　培养全面发展的人，是教育的根本目的所在。它决定了高职教育的培养目标，是培养全面发展的职业人。所谓全面发展的职业人，有两个层面，一方面要有充分发展的职业能力，适应职业工作的需要，成为职业人。这是职业教育作为"类型"的内在要求，是职业教育一直以来坚持的培养目标；另一方面要有充分发展的人格，重视学生在职业知识、技能学习的过程中，养成良好的习惯和职业道德、职业精神、职业信念，这是"职业人"的基本前提条件。在专业教育的同时，加强人文素质教育，培养健全人格，正确处理学生职业化和社会化之间的关系，在职业化中体现社会化目标，通过职业化，最终超越职业的局限实现社会化。

（二）高职人才培养过程分析

　　高职人才培养，必须通过专业课程来实现职业化。一般来讲，无论是传统

①　孙晓玲，郑宏．高职"人格本位"教育的"职业人文"路径初探［J］．职教论坛，
　　2010（4）：30－32．

本科学科课程的压缩版式课程，还是引进先进的职业教育课程开发工具而构建的新型专业课程体系，都是引进西方知识体系和思维模式的结果，在引进其知识体系和课程模式的过程中，都容易忽略其所形成的西方文化背景，它是西方世界社会建构的基本文化基因，也是西方各个领域理论形成的共同"土壤"。因此，引进的西方职业教育课程模式，必须用中国传统文化的精神加以改造，才能实现职业教育模式的中国化。因此，单纯引进西方职业教育模式，只能实现职业能力的培养，不能完成职业人格的塑造，必须在实施职业教育课程教学的同时，渗透中国传统文化的精神和人格养成，才能培养具有健全人格和职业精神的、全面发展的职业人。

二、高职大学生人文素质培养的教学体系

学校教育要以教学为中心，学校的人文素质教育，也要把教学作为主渠道。在构建学校人文素质教育体系时，把教学作为人文素质教育的基本途径。[①]

（一）课程设置

1. 加强基础人文必修课程教学。要实现大学生人文素质的培养，必须首先加强与学生人文素质相关的必需课程的教学与考核，比如强化学生思想政治理论课程教学，提高学生的政治素质；强化心理健康教育、大学生职业生涯规划、就业创业教育，唤醒学生的自我反省意识，引导学生正确看待自己，提高学生的自我意识水平，帮助大学生树立职业理想；强化语言类、沟通类课程教学，提高大学生基本社会能力。特别是要逐步恢复开设《大学语文》必修课，在课程教学中重点进行我国传统语言文字的基本能力培养，进行文学艺术的教育，在适当的章节进行应用文写作训练。目前，受职业教育功利主义倾向影响，把含有丰富人文信息和内涵的《大学语文》课程，简化成了专门培养写应用文的工具课程，失去了文化内涵和文学意境，抽去了其中的人文教化功能，教学过程单调，教学效果甚微。目前，国家强调各级各类学校，加强传统文化的传承和教育，《大学语文》作为大学生人文素质教育的基础课程，应该得到重视，恢复为必修课程，作为大学生基本的人文素质教育内容，为其他人文素质类课程的学习奠定坚实的基础。

2. 开设人文素养选修课程。人文素质内容丰富，门类广泛。通过必修课程完成基本的素质教育十分必要，但又是远远不够的，也不能适应学生个性发展

---

① 王策三. 教学论稿 ［M］. 北京：人民教育出版社，1987：8.

的多样化需求。学校应鼓励教师，根据自身的特长，广泛开设人文素质类选修课程，如文学欣赏、电影欣赏、书法绘画、戏曲……，一方面鼓励教师开发建设样本课程，另一方面通过招标引进优质的网络课程，作为补充。利用现代化信息手段，为学生提供多种内容和不同风格的选修课程，既能丰富人文素质课程的内容，也能充分发挥教师的潜能，全面提高学校人文素质类课程的供给水平。为提高人文素质选修课程教学效果，在可能的情况下，改革现有的学分管理制度，优化课程结构，增加学生选修课程比例和选修课程的学分比例，在整体上为学生的个性化发展提供便利。

3. 挖掘专业课程人文要素。对高职大学生进行人文素质教育，不仅仅是在原有的以专业课程为主体的结构上叠加人文素质教育的内容，或只是增加几门人文素质教育的课程，而且要充分挖掘专业课程自身的人文素质教育因素。专业课程也是针对人的行为的，其自身必然包含中人文的要素，专业课程的教学也是人文素质教育的重要组成部分。专心研究行业人格培养的特征，在制度人才培养方案时，确定专业教育理念统领专业培养全过程。比如，市场营销专业重点培养适应现代市场经济的需要，从事市场开拓，促进商品流通的高素质人才。在市场营销行为中，自然包含了为客户服务、诚实守信等行为规范和品质，同时进行市场调研要有诚恳的态度、谦和的作风，注重自身形象、彬彬有礼的个人风度，商品摆放和宣传品展示中的审美等等。这些要素本身就是人文素质的一部分，它寄居在人们的日常行为中，对行为的效果起着重要的作用，进而制定市场营销专业培养方案时，就可以借用《论语》中"吾日三省乎己，与人谋而不忠乎？与朋友交而不信乎？……"提出专业培养的理念，"与客户谋而忠，与客户交而信"，以此提高专业培养的人文层次和品位，让一个专业在人文理念的提升下更具有亲和力，更具有崇高感，更具魅力。主动地提取、归纳专业教育中的人文因素，借助传统文化或引进优秀文化的新视角，富有人本精神和人文色彩的表达，主动自觉地在专业教育中进行人文素质教育，不仅拓展了人文素质教育的实施范围，而且为专业建设注入文化基因，提升了专业培养的精神品位。①

（二）教学策略

1. 学生自主阅读为基本教学形式。传统人文素质材料，不仅意义深刻，而且文章意境深远，韵味十足，文字优雅。针对人文素质类课程素材，要让学生

---

① 武文. 试论高职学生职业个性发展层次和教育策略［J］. 职业教育研究，2016（11）：58－61.

通过不同方式大量阅读，理解作品的意思，体会其中的意韵。"书读百遍，其主自现"，传统人文经典作品的反复阅读，反复品味，反复理解。在教师指导下延伸阅读作品的意义，引导学生的深入思考自我，引导学生通过阅读了解世界，认识世界。可以组织各种形式的阅读活动、交流活动。

近年高职教育的文化素质课程的教学，受专业课程影响，趋于功利化和工具化，机械套用"任务驱动""项目式教学"，甚至生硬地套用"六步式"教学，学生阅读出现了"内容片段化""意义浅表化""评价表演化"的现象。不能整体地理解作品的含意，出现断章取义，肢解作品；不能深入思考内在的深意，或过度解读含义；不论什么内容，不重视学生自我反思，只重视小组展示。重新重视自我的阅读，深化丰富阅读方式，引申阅读层次，并给予一定的指导和协助，重视作品对学生心灵的滋养。

2. 专项专题立体教学。针对公共选修课或网络选修课程，要充分发挥教师在所开设的课程中的教学的主导作用。教师开设选修课程，是教师志趣的体现，应该给予教师充分的教学自主权。同时，引导教师不断提升水平，优化教学内容，改进教学方法。鼓励教师利用现代信息技术和网络教学平台，建设优质教学资源，以特色文化素质课程，促进共享，多出精品。通过公开招标形式，引进优质文化素质课程资源，做好网络课程的管理和离线指导，提高网络课程的使用价值。

3. 完成创作展示成果。通过专项活动，促进文化素质方面的创作。比如诗歌、散文、小说、微电影等，弘扬时代精神，传承中华传统文化的爱国主义精神、仁爱礼仪、天人合一、孝亲敬老、和谐宽容、见义勇为、诚实守信等美德。创造条件，开展非物质文化遗产项目的收集、整理、传承，进行文化项目的开拓策划。紧密联系社区，挖掘和开发特色文化，参与社区文化建设，培育文化产品。通过学生自发组织的文化小组活动，自主创作，学院适时组织展示，整体上提升文化素质教育的品位、档次，为学院进行文化积累。

（三）评价方式

1. 过程跟踪。人文素质的培养，更具有隐含性、感悟性。需要长期的积累和不断的体验、反省后，才能体现为现实的文化素质。因此，对学生的人文素质培养的考核，不能简单地通过一线试卷，或者一次活动来评价，但它一旦内化为学生的自我信念，则会非常稳定。必须跟踪学生内心的变化，细心观察其行为的细微变化，通过一个线性的时间区间的观察，是可以做出相对准确的判断的。以现有班级等组织为基础，形成考察组织机构，促进学生间相互观察和评判，多以发展性的评价，促进共同进步。

2. 作品评价。个性化的个人作品，必然渗透了作品制作人的内心世界，也就是说学生的人文素质和个性修养，会自觉不自觉地体现在其主动的创作中。通过组织多种形式的作品交流展示，不仅对作品本身的艺术水平做出评价，也能通过作品，对学生本人的人文素质做出判断。比如开展一些阅读项目，要求学生撰写阅读心得，通过体会学生心得和对作品的理解，进行交流和评价，在评价中引导。

3. 演讲辩论。通过组织演讲和辩论比赛，可以以应激的方式，测试学生自然状态的修养和心理。选取一些开放性的社会热点问题，组织演讲和辩论活动或比赛，引导学生去关心社会问题，深入思考和认真考察其深层意义和价值，并通过逻辑性的思维和表达，对问题进行辨析。这种方法可以考查学生对问题认识的深度和逻辑能力，同时演讲和辩论也是通过学生形象、语言、气质、动作展示自我的过程，其人文修养也会得到充分的集中展示。如选取网络近期热议的话题作为主题，开展演讲、辩论并给予评价。

三、高职大学生人文素质培养的环境体系

对高职大学生进行人文素质培养，不仅需要精心策划的课程和活动，而且需要精心建设环境，它能够潜在地对学生的心理问题产生影响，形成一种心理的场，进而形成学生的态度、知觉、思维等不同层面的定式，而直到隐性课程意义上的作用。

（一）校园环境

校园环境就是校园内的自然环境，包括楼宇建筑、树木林地、花园草丛、陈列景观以及专门设置的场、馆等。这些要素的布局、设计、结构、色彩、格调等，都是对学生产生人文素质教育影响的因素。比如青岛职业技术学院建设的孔子广场、老子广场、墨子广场，正在修建的校史馆，专门陈列的青岛市最早的发电机组、工业遗存、蒸汽机车等工业景观等，是技术博物意义和职业教育凸显技术的价值追求和中国传统文化人文精神的结合和统一。大面积的绿化、精心打造并在不同季节次第开放的花和草地，形成了这所学校独特的自然文化环境。

（二）组织环境

校园环境除了自然的状态外，还有与组织结构相关的组织人文环境。相互尊重和关怀，和谐的人际交流，可能让人感受到明朗和温情，刚毅和不懈的追

求可以引动组织内成员协同一致，向目标追求。组织环境一般由组织结构和责任机制形成，同时组织制度建设和成员的认可程度，组织内人际关系特征，是构成组织环境的基本因素。传承组织优良传统，并与时俱进，适应时代要求，富有时代精神，共同的奋斗目标和共同的教育信念，坦诚相见和作风和宽容的学术气氛，是一所学校良好组织环境的基础。学校要特别关注教研室建设，真正成为教师学术活动的基本组织载体和教师内心学术身份的归属，以引导学生的专业文化取向和风格，同时重视学生组织，包括班级建设、社团组织建设等，凝聚向心力，构成学生成长的组织环境。

（三）文化环境

大学不仅仅是提供知识、技能场所，更是文化传播的场所。文化育人是大学的基本职能，具有严谨的学术作风和真理追求的大学，应该以其特有的文化传承，感染学生，影响社会。大学应该主动地进行文化建设，形成共同的理想和信念，积累和沉淀学校特有的精神传统。青岛职业技术学院早期领导人，我国著名生物学家童第周、国学大师陆侃如等，给我们留下了求真务实的科学精神，也留下了文学精神财富，六十多年的传承保持的追求"卓越、唯是、协同、学习"的学院精神和示范精神，"修能致用"和培养"技高品端"人才的目标等等，都是丰富感人的精神财富和文化财富。

综上所述，对高职大学生进行人文素质教育，是教育作为"培养人的社会活动"的本质决定的，也是高职教育发展的时代要求。学校的人文素质教育必须以教学为主渠道，也必须体现学校多方协同的系统性。构建人文素质培养的教学体系和环境支撑体系，在高质量培养职业能力的同时，高水平地开展人文素质教育。

工作随想：选择与情怀

昨晚听了一场讲座，然后 Z 老师引导同学看电影《穿普拉达的女魔头》。我们常常是在社会的那些精英的巨手下活着，让我们感到别无选择，然而我们也仍然在选择，或者是为了曾经的选择而没有了选择，或许是……

从被动地适应到主动的适应，是一个自我的提升，改变自己也是一种提升，到最后的放弃或者也是提升。每个人都有追求意义的义务，活着要做一些有意义的事。这一生才是有意义的。然而只有那么多重要的、必须做的和有意义的事，是不是有意思呢？只有意义没有意思呢，你可能是一个伟大的人，或许不是一个可爱的人。我虽然是即兴地、随意地却是真诚地讲讲我的看法，意义的事情固然非常重要，然而意思也是必不可少的。意思是什么，无非是个情，连动物都有情绪，人当然有，这是第一层次的情，关键是要管理好自己的情绪；第二层次则是情趣，人要有点爱好，除了那些意义事件以外的爱好，这里就有高雅情趣或低级趣味之分，当然也有表面看高雅却很低俗，那另当别论；第三层次，是情义，对人，包括对家人、朋友、同事等有情有义，尽管为了一个意义或者原则，要克制感情，但不等于无情无义才是有原则；第四层次也是最高的叫情怀，是一种理性的、高度自觉的、为了一个崇高的目标而情愿贡献，情愿孜孜以求的一种人文的关怀和悲悯。有情了，才叫有意思。活着有意义可以有价值，有意思可以让人喜爱。

影片中的米兰达是社会的精英，用钢铁一般的意志和手段，成就着一份事业，引领世界的潮流，裹挟着一般人的生活，但只那一个镜头，影片就告诉你，她们也有不被人们见到的却属于正常的人的情感需要和一份情愫，以至到最后很认真地为安迪亚作推荐，女强人一样的强势和独有的情怀。安迪亚放弃的原有的观念和生活，追随米兰达参加巴黎服装节，又不顾一切地提醒米兰达，至少让米兰达感动，却在正要走向成功的时候，生命得到了提升，做出了最终的选择，是主动地，不再是被动的——返回到自己最初的追求和理想。

它给我很多启示，我们每天的工作未必是喜欢做的，但你既然做了这份工作，就要对它负责，这就是职业尊严。等到你真正需要选择的时候，也要是理性地、主动地做出选择，并为这个选择负责，这便是意义。然而在这个过程中，还是要有真情在，这是意义，这才是情怀。

第八节　思想政治理论课教学改革

思想政治理论课的教学，是高等学校课程体系重要的组成部分，目的是用马克思主义理论武装青年学生的思想，培养社会主义政治觉悟，增强是非观念。同时，也是高职课程体系实现人才培养系统的有机组成部分。把大学生的思想政治教育与高职人才培养过程有机融合，形成同向同行的育人体系。

一、高职思想政治理论课程改革的成就

高职院校思想政治理论课程教学，走出了延续普通高等院校思想政治理论课程的模式到形成独特的形式，是课程建设和教学改革的巨大成果。

首先，建立了全国高等职业教育思想政治理论课程教学联盟组织，统筹全

国的高职思想政治理论课程建设和教学改革，促进校际的交流，提供了信息平台；各地区也成立了多层面、多渠道的相关学术组织，积极开展高校思想政治理论课程建设、教学改革等方面的交流，对于促进校际沟通与成果共享，促进思想课程教师之间的学习借鉴，都起到了积极的作用，搭建起信息平台，实现信息及时交流，方法及时借鉴，成果及时发布，为促进思想理论课程整体在高校课程建设中的地位的提高，奠定了坚实的制度基础和有力的组织保障。

其次，各级各类的组织为主体，举办各类教学比赛和展示交流，促进了思想政治理论课程教学策略和方法的改革和交流。高职院校思政课教师，一改过去长期在课程教学大赛中被边缘化的处境，通过专项的比赛得到的展示机会，并通过比赛和展示，得到了锻炼，教学水平显著提升。特别是促进了思想政治理论课程信息化水平，通过多种渠道收集、汇集各类资源，构建信息化课程空间和学习空间，各院校普遍建成了思想政治理论课程信息化空间，一大批制作精美的媒体，为课堂教学增添色彩，促进思想政治课教学与学生之间更亲和、更生动。思想政治理论课程建设立体化程度提高，信息更加丰富，媒体更加精美，功能更加完善。

最后，基本形成了高职思想政治理论课程教学的课程模式和教学模式，课程模式体现为形成以《思想道德修养和法律基础》《毛泽东思想和中国特色社会主义理论体系概论》《形势与政策》为主体的课程体系，更适合于高职学年计划安排，在理论知识方面要求有所减少。教学模式体现为更重视实践性和参与性，借鉴职业教育的教学方法，积极开展项目教学、案例教学尝试，教学模式更适合高职学生的学习习惯。

二、高职思想政治理论课程和教学的误区

高职思想政治理论课程，在适应高职学生方面，取得了明显的成绩，更接近学生实际，易于学生学习，与此同时也存在以下几方面的误区。

（一）思想政治课程价值功利化

思想政治理论课要解决的是大学生的理想信念问题，核心是大学生的是非观念问题，在教学中要体现党中央的重大理论关切，保持马克思主义理论在意识形态领域的领导地位。思想政治理论课程的根本目的是是非观念，让学生自觉树立马克思主义世界观和人生观，以马克思主义立场、观点和方法却面对人生、事业、爱情等问题，这个目的需要能力支撑，但核心问题不是能力。

以有理想、有信念是推动学生事业走向成功的内在驱动力，是促进学生人

生境界获得提升的内在驱动力。要解决的是原动力问题，而不是能力问题。心理学指出，在人的全面发展中，能力是从属于人格的。思想政治理论课程直接进行思想道德和人格教育，能力是从属于是非观念的。

高职教育受专业课程理论影响，提出"能力本位"观点，可能导致思想政治理论课程的价值异化。把重点放在培养思维能力，把思想政治理论知识当作一般性的知识，只作为观察力、思维力、想象力提升的媒体。在教学中常常提出所谓"没有唯一答案""结论是开放的"等观点，在思想政治理论课教学中恰恰是背离根本的。思想政治理论课的根本，就是是非观念，在对具体事件的各种观点中必须做出正确的回答。①

道德，是人类社会基本的理想和准则，作为人就理所应当做一个有道德的人。在事实上，只有做一个有道德的人，才能最终获得事业成功。这样的理念在学校往往变成另一种逻辑：为了事业成功，要做一个有道德的人。

当代青年学生渴望成功，都想"出人头地"，为了个人的成功，会努力"做"一个思想进步的、有道德的人。在日常的行为中道德成为走向成功的手段，表现出"两面"的特征，在老师和领导面前表现得积极进步，友善热情，在一般同学面前则是另一副面孔。有的甚至在关乎他们操行评定的辅导员面前积极正向，面对专任教师时则冷漠被动。片面追求"智商""情商"，却不能真诚对待他人、对待事业、对待自己。

（二）教学过程重点关注方法而忽视内容

思想政治理论课程功能在于"育人"，在职业教育全部功能中占统帅地位。学校教育要实现的一般目标是"教书育人"，其中核心是育人。职业院校的教育当然也是育人。思想政治理论课程的教育，应该成为实现职业院校育人的主角，思想政治理论课程应该保障"主场"地位。

思想政治理论课程，有自身的知识体系和内在逻辑结构。理论的源头，就是马克思主义基本原理，马克思主义是辩证唯物主义和历史唯物主义，尊重历史事实，应用辩证思维方法，基于实践而得出结论。既然是思想政治理论课程，其根本属性就是理论性，通俗讲就是要讲道理，其魅力就在于逻辑性。讲思想政治理论课程，根本目的就是要"讲道理"。为了讲清道理，应当注重实践，包括历史的实践和现实的实践，历史的实践就是通过历史事实分析，得出结论，现实实践就是通过引导学生进行调查研究，共同讨论得出结论。形式多样的教

---

① 姜大源．职业教育学研究新论［M］．北京：教育科学出版社，2007．

学方法，目的是提高学生的参与度，把抽象的理论转化成浅显的道理，做到深入浅出，是思想政治理论课程教学的最高境界。关键在于浅显而不是肤浅，要做到浅出必须深入，就是说要做到讲得浅显，必须具有更高层次的理论修养和积累。针对高职学生的学力现状，要求高职的思政课教师理论思考力更强。

目前，受职业教育理论"异化"，有人提出理论知识以"必须"和"够用"为度。才会出现在确定高职院校思想政治理论课程标准时，整体上理论减少点要求，具体无法确定减少那个"点"，也不法确定减少"点"。目前，高职不开设《马克思主义基本原理》《中国近现代史纲要》课，导致后续开设的《毛泽东思想和中国特色社会主义理论体系概论》课程失去了理论基础和事实基础，知识体系不够完整。在这个体系下再降低理论要求，课程开设的基本意义和功能就无法实现。

在高职教学中又常常忽视思想政治理论课程内在的逻辑性，导致理论的逻辑魅力被"遮蔽"，基本的道理讲不透，教学过程注重形式上的互动，执着于课件制作的精美和新方法的使用，以课堂气氛判断教学效果，教学内容的体系被肢解，基本逻辑线条被割断，无法解决意识形态的大是大非观念问题。结果是教学方法花样翻新，内在道理却没有讲透。

受高职教育整体形势影响，对日常的课堂教学关注不够，热衷于各类比赛。学校以大赛获奖来评价教师的教学。然而，大家都知道真正具有教育价值的正在于日复一日的最平常的教学，思想政治理论课程教学的"育人"功能体现不够。

（三）组织管理和学术交流形成内循环

高等职业教育与普通教育都属于学校教育，以培养技术技能型人才的目标和注重校企合作，与普通教育相比具有明显的特殊性，但从整体上看二者以共同性为主，差异性和特殊性为辅。为促进高职思想政治理论课程的建设和交流，建立相应的各级"联盟"等组织，并以此为平台开展各类交流合作活动，具有深远的意义。思想政治理论课要解决"大是大非"观念问题，对教材相关内容在理论上的认识水平需要不断提高和深化。针对高职学生特点，高职的思政课老师更需要理论修养，并不断地精进。

目前教学培训交流，以及各类学术活动，局限在高职院校之间进行，自成体系，形成封闭的内循环，过分强调高职教学的特殊性，忽视了思想政治理论课程功能的一般性。高职之间的学术交流则更多地重视方法的创新和技巧的竞争，不重视内容导致"以其昏昏，使人昭昭"。

目前，由于历史的原因和学科师资建设特点，客观上本科院校的马克思主义学院对理论的理解较深，高职教师应该与本科院校加强交流，以提高教师对内容的理解和把握，同时加强高职间的交流，进行教学方法的交流，才能整体上提高教学水平。

三、高职思想政治理论课程建设和教学改革的对策

面对高职思想政治理论课程的现状，既要坚持以学生为中心，构建适合高职教育的课程教学模式，同时也要坚守思想政治理论课程的根本价值和学科逻辑，针对上述误区提出对策。

（一）真诚地面对理论问题，提高自己的理论功底和学术水平

思想政治理论课程自身的规律和功能，决定了不断提高理论水平，加强对世情、国情问题的思考，把理论规律与现实相结合，不断深化和升华教师的学术功底。

第一，组织教师认真研读马克思主义经典原著，加深对马克思主义理论本身的理解，不断提高应用马克思主义的立场、观点和方法，去认识社会历史发展的规律、事物发展的规律，运用马克思主义规律，去分析历史事件、历史人物，分析现实问题和理想问题。第二，组织教师认真学习研讨毛泽东思想、中国特色社会主义理论，特别是习近平新时期中国特色社会主义思想的科学内涵和时代意义。第三，组织教师开展现代教育教学理论和模式研讨，提高教师的教育理论修养，理解先进教育教学模式的本质，研讨新时期下如何开展教育教学改革。提升理论修养，做到"深刻理解"，同时加强教育教学能力提高，实现把高深的理论讲得浅显易懂，最终实现"深入浅出"。第四，加强校际的交流，在理论研习中重点向本科院校学习，在方法方面加强高职院校间的交流。第五，鼓励教师选取教材相关内容开展不同层面的研究，把教学和科研相结合，相互促进。

（二）真诚地面对学生的思想问题，关注学生自己的思想困惑

思想政治理论课程是学校思想政治教育的重要组成部分，而思想政治教育是针对大学生思想、道德和人格、行为的。它的主要目的就是要用正确的理论和必要的制度和方式，引导学生形成正确的世界观、人生观和价值观，形成正确的恋爱观、职业观，形成对周遭事件正确的判断力和行动能力。

第一，思想政治课程教学，要认真学习心理学、教育学理论，研究青年大学生的心理规律、认识特点和行为特点，主动地把思想政治理论课程的教

学与思想政治教育、道德人格教育结合起来，教书育人统一，育人为本。第二，要主动参与学校的学生工作，近距离了解学生的思想状况、学习状况和参与各项活动的状况，及时掌握青年大学生的思想动态、学习动态，研究大学生的思想"痛点"，针对性地开展思想引导工作。第三，通过课堂教学和学生工作平台，与学生建立信任关系，走进学生心灵。第四，组织有针对性的活动，引导学生提高认识，为学生提供相关的咨询。第五，关注大是大非问题，积极引导学生形成正确的价值判断，培养学生多元价值背景下正确的道德观、是非观。

（三）真诚地面对日常的课堂，把关注点从比赛、成果评比回归到教学的现实问题通过积累形成"硬成果"

思想政治理论课程，是通过课堂教学的主渠道，向学生进行系统的马克思主义世界观、人生观和价值观教育。就是要通过系统的知识，进行正面的教育，占领学生的头脑。思想政治理论课程的重点，就在于日常持续性的、系统的、循序渐进地进行思想教育和品德教育。

第一，要把工作的重点放在日常的教学中。努力把教材体系转变为教学体系，推进"思政课程"向"课程思政"转化，把思想政治理论的教学，从专门的"思政课堂"向文化课程、专业课程拓展。第二，着力进行理想信念教育，把学生的人生、职业追求，与中国特色社会主义建设的现实相结合，引导学生珍惜这个伟大的时代，把自己的职业理想自觉与社会主义现代化建设，实现中华民族伟大复兴的中国梦的伟大实践相结合。第三，把教学改革的重点放在贴近年轻大学生的思想、生活实际，适应学生的特点的认识规律，把系统的理论与鲜活的生活结合起来，帮助他们解决日常学习、生活，以及面对爱情、职业选择等方面的实际困惑。第四，适当地进行教学"比赛"，实现同行间的交流，有效开展信息化教学改革，把教学方法的改进和信息化改革的目标和重点，放在提高学生认识，引导学生思想的根本目的上来，把工作着眼点回归到最日常的教学，以完成系统教学、提高认识、改造思想职能为本。

工作随想：教育异化

前几天，一个QQ群在讨论如何提高学生到课率的问题，就是解决学生出勤到课问题。学生不上课，应该说主要的问题一方面是对所教内容不感兴趣。我女儿说，老师讲得不好，上课就是耽误学习。可你不上课，不按老师的指导，凭自己能有很主动、科学的学习吗？不上课，或者上课不听讲，玩手机，是这个时代大学生中很普遍的现象。解决这个问题，那当然是提高老师的课堂教学水平，这是最根本的。然而，完全依赖教师单方的努力，是不是就解决问题了呢？老师讲的内容果真完全没有吸引力吗？我听过好几位名人的讲座和课堂，他们也并没有采取什么新型的课堂教学方法，一不分组讨论，二不鼓励奖赏，讲课甚至语言平淡，就是满堂灌。我想就是这样的课给我们的学生上，怕也会没有人听。这是个严重的问题，上课成为老师的负担，也是学生的负担，那没有了课堂，教学何从，教学没有了，学校教育何为？本来上课到课就是学生本分，正常的纪律和规范也并不复杂。老师公正处理，不偏向。讲课负责，尊重学习过程，出勤不是个什么问题，何需这样相互把对方看作敌人，处心积虑，想尽招数，这才是学校的悲哀。前些天我们学院发生这样的事，一个大多数成绩都不合格的学生，还不能处理，市法制办都出面，还请律师，说是学校处理的程序有缺陷，不能处理。那么国家的法律也有缺陷，杀人都就可以逍遥法外吗？任何国家的法律都可能有缺陷，任何单位的制度也可能有缺陷，制度有缺陷，就不能处理不合格的学生，这就不仅是学校教育的悲哀了，是整个社会的悲哀，是所谓法制笑话。如此的法制，将把这个社会引向何处？

我们的教师们也真辛苦，不容易。不断地有人提出各种各样的招数，让学生真实地看到自己真的不懂，然后，又是拿知识掌握、考试、成绩来说话。反正学生学习为的是学分，其实根本不在乎你讲什么，教师就只好也拿学分说事。提前考试，保证书，签字……我们部门间惯用的办法又来了。什么是教育？答案就简单地成了"成绩"，就是分数了呢？教育的过程中，教师对于学生而言，真的不如网络？我们应该承认，并不是所有的老师都是优秀的老师，可不算那么优秀的老师，就没有你学生学习的价值？他的劳动就不应该得到尊重？那些逼学生到课的招数是把师生关系变成敌对，还是这师生关系本来的敌对？在教学中的教师和学生之间就是这样一个信息源和信息桶的关系，除了为了学分的合作外，没有其他的关系？连情感也没有，人与人的尊重也没有。学生上课学习，其纪律也就是为了实现到课率，纪律本身就没有其他的含义？

我们上学时，是"60分万岁"，反对应试教育了，改革考订评价体系了，可标准就不用坚持了？我感觉至少30年前，尽管我们的老师也并不都优秀，可不论教师还是学生，对课堂还是会怀有一种敬畏的，教师讲课要力求在自己的能力范围尽量精益求精，学生至少应该在课堂上保持一份尊敬，守护纪律和课堂的神圣，是学校之所以有理由存在的根据，就像学术是大学的根本一样，学术的传递，就是教学，学术应该崇敬，课堂就应该得到尊崇。

这份心情没有了，教师和学生之间作为人与人的关系没有了，大家都盼着网络上一下子给出全部的答案，甚至直接出考题多好。大家都希望自己是"虚竹"，全能遇到无涯子，两个时辰得到80年的功力。教育不再使人成长，而是文凭和学分公司，课堂不过是教师混工作量、学生混学分的地方，无论有多少好的招数，也无法解决一个出勤率抬头率的问题，而且就是解决了，又能怎样呢？

教育是引导人向善的，善行自然就包括遵守规范，甚至就是从规范开始的。教育也是要人与人为善的，师生之间如此无情，让人感觉不到温度，只有冷漠的招数。纪律本身是有温度的，并不仅仅是条文。台湾讲红楼梦的欧丽娟老师讲，礼教本身是具有很强的人格提升的作用的，只不过你用得僵化了，才可能"吃人"。纪律也是一样的，公正、公开、严明，是对年青一代人格的一种提升，你公正了，自然问题解决了，或许并不需要费尽周折去想那么多的招数，对相互对付。简单的关系，师生关系，就是很多年前的那样，有真情付出的师生关系，才是教育的根本。

第九节　"类型教育"视角下思政教育新模式

习近平总书记在全国思想政治课教师座谈会上的讲话，提出思政课教师的六个要求和思政课教学的"八个统一"。中办、国办印发《关于深化新时代学校思想政治理论课改革创新的若干意见》，山东省教育厅制定了《山东省新时代思想政治理论课改革创新行动方案》，对学校思政课和改革绘制了蓝图。

《国家职业教育改革实施方案》开宗明义，"职业教育与普通教育是两种不同的教育类型，具有同等重要的地位"。作为类型教育的职业教育，应该有与之相应的思政课教学体系。然而，当前的职业院校思政课存在以下问题：一是高职思政课缺乏系统性的设计，二是"德""技"分离，不能形成合力，三是道理与社会实际相距太远。不能满足国家提出的要求，因此，对思政课程教学进行全方位的改革和建构，迫在眉睫，势在必行。立足于职业教育的独特类型特征和教育功能，秉持思想政治理论课程教学的根本宗旨，建构一个与职业教育类型相匹配的高职思政理论课教学范式。

一、高职思政教育新模式建构的意义和研究动态

（一）新模式建构的意义

对于高职教育的思想政治教育，由于对于高职教育的"类型"还是"层

次"问题的争论和"姓高"和"姓职"定位不确定，一直以来基本是针对高职学生学习特点和高职面向就业两个方面来进行改革的。2019年《国家职业教育改革实施方案》明确类型教育定位，为高职的思想政治课也确定了基本的定位。目前，从类型教育视角研究思政课教学范式的文献尚不多见，从现有的文献来看，有代表性的观点包括：

一是以就业为导向，改革思政课教育。如：吴静提出对高职教育思政课重新定位、耿德平等提出建立校企共管机制并设立校外教育基地聘请专业导师、徐严华提出修订高职思政教学大纲并选择精要养生培养能力等；这些学者认为，高职教育的思政课应该体现就业导向，从学生择业、就业的直接需求的角度和适应职业工作的角度来改革思政课程以"必须"和"够用"为度，调整高职教育的教学大纲。以上观点重视方法改革而忽视内容精进、重"致用"导向而导致价值"功利"、强调职业教育的特殊性而遮蔽思政教育的共同目的性，具有一定的局限性。

二是从职业教育学生的学习特点出发，改革高职思政课教学模式。比如孟祥薇提出开展项目化思政教学改革，李文斌立足于"类型教育"的视角，对高职教育的思政课特点进行梳理，提出目前高职思想政治课存在没有完整体系、德技分离、资源单一的问题等；这些学者认为，职业院校学生逻辑思维能力为弱项，应该强化在操作中实践性的思政课教学改革。以上学者大都关注了高职思政课教学与普通本科院校的思政课相比存在特殊性，研究的重点在于思政课面向高职院校的教学的"针对性"问题上，从培养目标和培养职能、高职院校学生的学习特点、高职学生思政的教学效果等具体的一个方面展开研究和探索。

三是提出"大思政"的概念，把思政课与心理辅导、人文教育相结合。比如陈翠丽提出思政教育中加强人文素质教育和心理疏导，李占文提出运用多元智能理论，对思政课加以改造；这些学者把对学生的人格培养进行系统整合，特别提出应用心理规律开展思政教育，注重演的体验，提高思政教育效果的观点。

四是信息技术条件下，强化大数据应用、混合式教学的改革，这个方面的文章数量较多，普遍提出利用现代化信息平台，拓展思想政治教育的资源，通过线上线下的互动，提高学生学习的积极性、自主性。

五是提出把思政教育与专业教育相结合，根据专业特点，开展有针对性的思政教育等等。

提出职业教育的思政课具有主体双元性、内容职业性、方式实践性。笔者也曾对高职思政课进行过思考，现有的研究成果基本在"描述"事实的基础上提出新观点，没有上升到"解释"的层面给予系统分析。因此，在思政教育理论和职业教育理论的指导下，进行科学的逻辑推导，建构一个与"类型教育"相应的思政课教学范式成为待解决的重点问题。在理论逻辑上，彻底厘清思政教育理论与职业教育理论在结合过程中的各种复杂关系。在教育功能问题上，坚持思政课政治统领和世界观、人生观、价值观引导为根本，突出职业教育特点，把社会主义劳动观教育放在突出的位置上，而克服职业教育"能力本位"和"就业导向"的价值取向带来的"功利性"价值观；在教学过程问题上，坚持理论与实践相结合，借鉴职业教育"行动导向"的原则，强化实践教育环节学生的体验，而克服理论知识以"必须""够用"为度的原则带来的根据就业需要删减内容，完整地开展思想政治教育；提倡结合专业特点，解决学生在专业学习中的思想困惑，反对把思政课教学简单化变为职业道德课和职业意识教育课……

（二）思政课教学新模式建构的学术价值

1. 构建一个高职思想政治教育理论模型。基于"类型教育"的视角，立足高职教育的类型规律，结合大学生思想教育相关理论和职业教育育人模式理论，设计适合于高职教育的思想政治教育范式理论框架。

2. 提出把社会主义劳动观教育作为高职教育思想政治教育的重点的观点。高职教育培养的是一线生产和服务的劳动者，社会主义劳动观教育具有独特的育人价值。

3. 通过理论演绎和实践归纳的方法，实现理论框架与实践方案的印证，有利于推广应用和其他院校借鉴，为高职思想政治教育改革提供参考。

（三）思政课教学新模式建构的应用价值

1. 解决高职思政课没有系统设计，不能与职业教育整体的人才培养相适应的问题。高职思政课教学长期以来没有从职业教育作为类型教育的社会职能和基本特征入手，进行系统的科学设计思政课教学体系和教学模式，只是一般性地照搬本科思政课的教学模式，不能与职业教育类型定位相匹配，成为本科思政课"低配版"。

2. 解决思政课理论"高大上"与高职学生认知特点不适应导致的教学"独角戏"问题。思政理论体现马克思主义基本原理，讲中华民族近现代发展的宏大叙事，与高职学生行动思维优于抽象思维，实践认知优于理论认知的特点不适应，理论知识内容很难引起学生的兴趣，也很难被高职学生听得懂，教学变成了教师"一头热"唱"独角戏"。

3. 解决高职院校思政课与学生面对的现实社会生活的"院墙鸿沟"问题。学校的思政课内容，书本上讲的是"听来的"故事，而校园墙外的社会生活是纷繁复杂的，课上的理论知识和道理如何与学生未来的职业生活对接，是本课题研究的重点内容。

二、新模式建构的内容

（一）研究对象

高等职业教育的思政课程教学，包括教学目的和重点、教学内容结构和呈现方式、教学的组织方式和教学方法、教学环节设计和效果评价等。最终呈现一个相对完整的适合于高职院校的思政课教学的范式，具体而言。

1. 在培养目标上，在共同进行社会主义世界观、人生观、价值观教育和理念信念教育，社会主义道德和社会主义法治教育，马克思主义中国化理论教育以及当下形势与我国政策的教育的基础上，突出应用型技能人才、从事生产服务一线"劳动者"的培养目标，体现高职的类型诉求。

2. 在教学内容整合方式上，在国家统编教材和相关规定的体系框架内，合理地进行体现职业教育类型特点的教学体系转化，更加注重职业情境性、实践性和体验性，形成适合于高职教育的教学内容组织形式和教学媒体呈现形式。

3. 在教学范式构建上，借鉴职业教育教学模式的精髓，体现行动导向的基本特征，建构适合于高等职业教育的思政课程教学组织形式，借助现代信息技术，合理进行课上—课下，线上—线下的整合与互动，采取灵活多样的教学方法，形成具有高职教育特色的思政课教学范式。

4. 在评价机制上，精心对各个教学环节进行设计，并对每一个环节的教学效果，确定客观、明确的评价标准和评价方法，保证教学进程的有效性。

（二）新模式结构框架

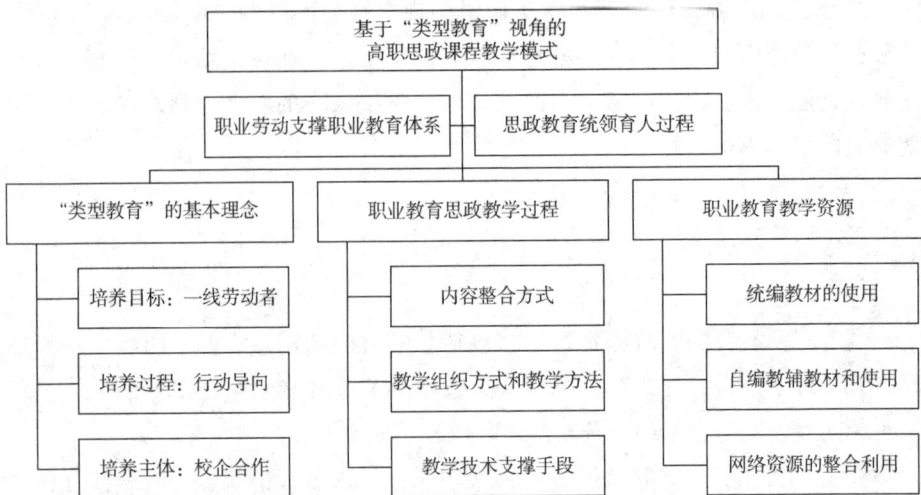

```
              基于"类型教育"视角的
              高职思政课程教学模式
        ┌─────────────────┴─────────────────┐
   职业劳动支撑职业教育体系          思政教育统领育人过程

  "类型教育"的基本理念      职业教育思政教学过程        职业教育教学资源
   ┌ 培养目标：一线劳动者     ┌ 内容整合方式          ┌ 统编教材的使用
   ├ 培养过程：行动导向       ├ 教学组织方式和教学方法    ├ 自编教辅教材和使用
   └ 培养主体：校企合作       └ 教学技术支撑手段        └ 网络资源的整合利用
```

整个项目研究包含三个层面：

首先，理念层面，作为基于"类型教育"视角的高职教育的思政教学范式的建构，必须遵循以下理念。①职业教育理论的逻辑根据是职业理论，职业教育体系建构的基础是职业规律，职业的本质是劳动。由此理论逻辑决定，职业教育培养"职业人"劳动观念教育是职业院校思想品德教育的重点。在职业教育思政课程目标中，既体现思政课程的教学宗旨，又体现培养"职业人"的类型特征。②职业教育的人才培养模式集中体现为"行动导向"，注重学生的主体活动和问题情境下的主体体验。在职业教育思政教育中，把理论联系实际的原则与行动导向的教学模式有机结合。③职业教育的显著特点，就是校企"双元"主体，形成学校、企业、社会一体化的思政教育资源融合的新格局。

其次，在上述理论指导下，职业教育的教学过程必须体现出以下特点：①关注职业教育类型特征的优化教学内容及其结构，以"劳模事迹""劳模人物""劳模精神"为载体实现劳动观念教育的目标；②与职业教育相适应的教学组织和实施方式，通过创设问题情境引发学生的探究，设置实践项目促使学生体验，通过案例讨论，不同观点间进行辨析，总之，通过学生为主的课堂，实现对学生知、情、意、行的思政教育，体现行动导向的原则；③与职业教育相应的教学技术手段，整合校、企、社会多方资源，实现多师同堂、多场景互换，多信息源联动的现代课堂面貌。

最后，为职业教育的思政教学提供教学资源支撑。以国家统编教材为基本依据，结合职业教育教学模式的需要，通过自编教辅教材和建立网络教学平台，构建课程学习资源集成平台和教学互动平台。

（三）新模式建构的思路

本课题研究采用三个层面、四个环节、两条路径的研究思路。

1. 三个层面，包括理念层面、实施层面、资源层面。

（1）理念层面就是基于类型教育的高职思政课程体系建构应遵循的几个理念，即坚持思政课程的教学职能和教育地位，从类型教育的视角确立高职思政课程的育人理念，包括育人目标、育人模式、育人主体三个方面的基本原则；②实施层面就是确定高职思政课程具体的操作方式，是理念的具体落实，也是其理论模型建构的中心部分，即具体的实施方案，包括内容如何优化和呈现出来、教学组织和教学实施的途径步骤、采用的教学技术手段以及特色亮点；③资源层面主要是如何为教学实施提供有效的资源支撑，即教学媒体资源建设。

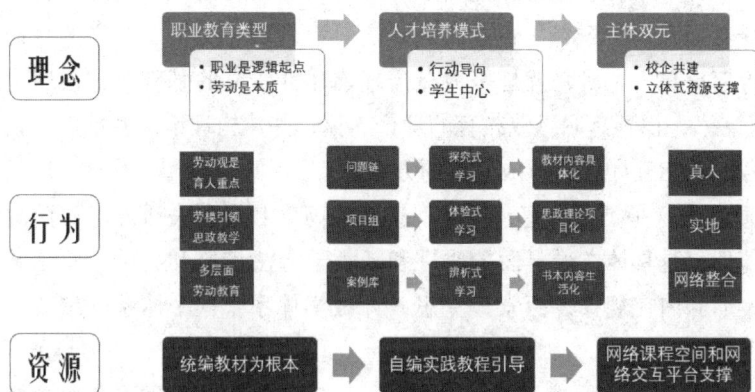

2. 四个环节

课程教学的目标—教学内容结构优化—教学过程设计与实施—教学效果的考核评价。

3. 两条路径

一方面是从理论到实施的方向，即理论梳理—模型建构—实施方案；另一方面从实践到理论的方面，即教学改革历程总结—改革方案比对—优选最佳方案。两条路径相互照应，以期最终形成一个既符合理论逻辑，又具有实践基础的实施方案。

四、新模式的特色和创新

(一) 学术思想

当前的高职思政课教育教学研究，大都是描述层面的经验总结和现象描述，方法改进等，在理论的层面找到高职思政教育的理论支撑，并建构理论模型框架的著述不多。

本研究直面高职思政课程的现实问题和困境，并开展行动研究，及时吸收实践探索的成果，并力求通过实践启发理论研究。

(二) 学术观点

1. 人文社会科学研究分为对现象的"描述"层次和用理论"解释"现象的层次。作为教师的教育教学研究，大都是对现象的陈述、经验总结和方法归纳，基本在"描述"层面。在这个基础上，上升到理论的高度，进行演绎而得出结论，把研究提升到"解释"的层面，才更具有理论逻辑性、意义的普遍性，也更具有推广意义。本研究就是努力在梳理描述性研究的基础上，在理论的层面给予"解释"，找到高职思政教育的理论支撑，并建构理论模型框架。把理论演绎与实践归纳相互印证，形成实施的方案。

2. 职业教育是类型教育，在类型教育的高度和视角去研究思政课教学的改革，不能仅仅是具体方法层面的改进和新教学方法借鉴和尝试，而是基于类型教育的本质和内在规律，探索建立思政课教学体系，这个体系的纲要，就是一个理论的模型框架。

3. 基于类型教育属性的新模式必须面对实践的现实问题，直面高职思政课程的现实问题和改革推进的各种困境，开展行动研究，及时吸收实践探索的成果，并力求通过实践启发理论研究。

(三) 研究特色创新

1. 基于"类型教育"的高职教育，要以其本质和内在规律为根本依据。职业教育以职业为逻辑起点，职业的本质是劳动分工，也就是说职业活动的本质是劳动。因此，劳动在职业教育体系中具有"基石"意义，劳动观在其育人体系中具有特别重要的意义，因此，把社会主义劳动观教育作为高职思政课的重点，理由充分。

2. 基于"类型教育"的高职教育，人才培养模式集中体现为"行动导向"；思政课程教学也要求理论与实践相结合，实践教学改革是目前思政课改革中重要内容。行动导向与实践教学环节具有共同的意义。借鉴职业教育人才培养模式，思政课采用行动导向的改革方式，是实现理论与实践相结合的途径。它体现了思政教学的规律，也符合职业教育的培养模式。

3. 基于"类型教育"的高职教育，通过校企双元主体，拓展了资源支持空间。整合学校、企业、社会的教育资源，通过智能化的手段实现多场景、全方位的资源整合优化，体现了现代职业教育的特征。

工作随想：忠诚的回归

小时候，常常看到父亲的毕业生们，一次又一次地送给他很小的那种笔记本，在扉页上写着"忠诚党的教育事业"。虽然心里并不能真正理解其中的含义，或许那些写这些话的人，也未必真正懂得，但还是会自然升起一股敬意，一股崇高感。这种感觉让人高考报志愿时，并不像其他伙伴那样排斥当老师，最终也是被动地接受了家长们的建议，最后被师范学校录取，然后理所当然地成了一名老师。一开始，觉得很是新鲜，充满了信心，到三十岁左右的时候，虽然也未成为优秀的老师，可在我的学员和同事心中，还算是能过得去，算个称职的教师。可那时候，民办教师迫于生计，要通过考试转正，他们可以从一个月30元变成300元，也或许是为了对自己曾经的青春有个交代，拼命地学习，他们不再是未成年人，对学习的意义似懂非懂，而是有着真切感受的明白，学习动力足，当然劲头就大，所以才有挤得讲台上都是人的场面，一个三间大的普通教室，要装一百多人，夏天讲课，热得汗不停地淌，但真的很享受，兴奋，讲台的神圣感也体会得淋漓尽致，逐渐形成了一个念想，算是信念吧，讲台是神圣的，教育事业是让人敬畏的。这并不是口号。那时候不再讲忠诚党的教育事业了，更多讲的是忠诚人民教育事业。这个话听起来，更让人感动，教育事业是人民的教育事业，是应该超越政党利益的。于是就形成一个执着的信念，不论干什么工作，岗位是什么，只要还是教师职业，就应该理所当然地去讲课。不为别的，只为我的职业是教师。从成人师范教育，到高等职业教育，领域变了；从专职教师，到教务、行政，岗位变了，但这一念想，始终没变。

我想这或许就算忠诚。这几天，朋友推荐看书，书中谈到藏獒的勇敢和忠诚，那种高贵的品质和现实世界有人提倡的狼文化对照，是的，我们对狼这种动物不用说三道四，它就是那样的一种存在，有它们的生存方式和生存逻辑，这个世界上任何物种，都有按照自己的生存逻辑生存的权利，也自然有它生存或者不生存的权力，人类在不停地甚至是放纵自己干涉其他物种生存的过程中，也要面临自己生存的危机。这个命题我们且不论，只是说，狼是那样，就是那样，人不是狼，却提倡狼性，提倡弱肉强食、贪得无厌、损人利己、无信无义，真是让人的良知感到隐隐地痛。人与人，不要真诚了，真诚了是犯傻；人对自己，不要真诚了，真诚了是不成熟；人对信仰不再真诚，真诚了就是精神病。我们这个世界不再让人尊敬，人们要尊敬的是地位、财富、品牌。教育不再让人崇尚真理，崇尚道德，而是让人更学会抓机会，让人投机取巧，学会运作，学会经营，学会推销和包装。这时候，我们是不是需要忠诚呢？

论语：君子有三畏，畏天命，畏大人，畏圣人之言。小人不知天命而无畏，狎大人，侮圣人之言。现在人不承认天命，认为那是迷信，不信大人，不再要什么权威，谁都是专家，不再信圣人之言，随意解读。

不正是需要对真正的教育更忠诚吗？

职业教育，是要培养职业人，职业人就是有职业能力的人，仅仅是这样吗？胜任工作，能取得成功，一直是我们在各种会议和材料中标榜的。成功的背后，是什么呢？成功的动机是什么？成功后的成功者是什么心态？……少有人问。教师，职业教育的教师，我们应该做点什么，我们能够再做点什么？其实，并不那么复杂，只需要唤回忠诚。用你内心的这点忠诚、真诚，去告诉年轻人，应该怎样做。或许看起来，并不那么管用，但你还是要做，这才叫忠诚。

这也就是教育的自觉。

第三篇 03

学生职业发展研究：
设想&调研

无论什么类型的教育，根本出发点和最终归宿都是学生的发展。从学生发展角度审视、设计教育教学过程，是对类型教育及其过程的最终评价、检验的根本尺度。对高职学生的发展也应该把理性的设想建立在数据测量基础上，以对教育教学过程质量做出检验。

第一章

高职学生职业个性培养

心理学指出，心理过程的积累最终形成个性心理，包括个性心理倾向和个性心理特征，特别是个性心理特征，包括气质、性格和能力。职业教育培养的就是职业者的个性心理，包括职业动机、职业兴趣、职业志向、职业理想和职业人格、职业能力。

第一节　职业个性形成的心理结构及培养策略

教育是培养人的社会活动，高职教育是培养高素质技能型人才的活动。教育过程要遵循教育规律。一直以来对高职教育的理论研究，更多的是学习借鉴国外职业教育理论，关注职业的需求而忽视学生心理的发展。教育理论要有其心理依据，是教育科学的基本原则之一，运用心理学的原理，以职业的角度分析个性心理结构和层次，探索职业培养的策略，不仅体现了以人为本的理念，也体现了教育科学的基本规律。

一、高职学生个性心理结构

普通心理学理论分为心理过程和个性心理两部分，总体上看个性心理是心理过程的积累而形成的，同时反过来影响心理过程的进行，使其呈现出具有个体特色的特征。一般来讲，职业个性心理，是从职业活动的角度，用个性心理分析的理论，对个体从事职业活动时表现出来的一般的、典型的、本质的心理特征进行分析，以期建构与职业直接相关的心理结构模型，使培养目标和培养过程，更适合学生的心理规律，更加有的放矢。

1. 个性心理结构

个性包含个性心理倾向和个性心理特征。其中，个性心理倾向包含需要、动机、兴趣、志向、信念、世界观等，是个体内在心理动力系统，影响着个性成长的方向。个性心理特征包含气质、性格、能力。在个性心理中，居于核心地位的是性格，包含态度体系和行为方式体系，是个体在先天气质基础上，生活经历积累而形成。能力是表现在个体完成任务时可能性方面的特征，是个体学习积累形成的。①

2. 职业个性心理结构

为了便于明晰地分析和说明，我们把个体在职业行为中表现出来的个性心理，称为职业个性心理。职业个性心理包含了职业个性心理倾向和职业个性心理特征。职业个性心理倾向包含心理需要和职业动机、职业兴趣、职业志向、职业信念等。职业个性心理倾向体现着职业认知、职业追求的状态和不同层次，是指引个体从事职业活动的内在动力系统。

职业个性心理特征包括职业性格和职业能力。职业性格包含职业态度和职业行为方式，职业态度包含了职业认同感、职业适应感、职业成就感、职业荣誉感等，涵盖了职业工作情绪、职业爱憎情感、职业情怀等诸方面的因素；职业行为方式则包含了职业习惯、职业操守、职业良知等因素，更主要体现职业意志力。职业能力是表现在完成职业活动任务时可能性方面的品质，包括职业理论知识和职业技能、职业思维力、职业沟通合作能力、职业创新能力等，个性职业心理特征，是个体职业心理的现实表现。

个体从事职业活动的适应性，与其职业个性心理各要素密切相关，根据个性心理的结构的理论来分析职业个性，着重于对从业者在职业活动中表现出来的个性特征。职业个性心理结构的模式，基本依照个性心理结构各要素以及结构展开，职业个性心理中的各个要素，相互联系，相互支撑又相互制约，形成的是一个有机整体。各个方面的发展水平和特点也相互交叉、相互影响，呈现出高度的一致性和整体性。

二、高职学生职业个性心理层次结构

职业个性心理结构，特别是职业个性心理特征，不仅包括不同的侧面，而且各个侧面都依发展水平的高低呈现出不同的层次，同时不同侧面间相应层次表现出对应关系。

1. 职业个性心理特征的层次结构

职业能力，包含了职业知识技能、职业思考力和实践能力、职业创新思维和创新能力。一般来讲，初入职者在职业活动中，主要表现在对零散职业知识

---

① 章志光．心理学［M］．北京：人民教育出版社，1987：8．

的理解和应用，进行具体操作性的技能操作，完成具体的、单个的、一个方面的工作任务，整个工作呈现出工具性层次；经过职业锻炼，积累一定经验后，零散的经验开始连接，能够综合运用所学的专业理论知识，进行职业完整工作任务的思考，并能够完成一份整体性、系列的工作，并能与相关的工作协调配合，工作状态呈现出职业性的特征，这是职业能力的专业性层次；能够达到对职业工作宏观的思考，并关注职业动态，适时更新知识系统，进行创造性的思维，在工作策略和方法上有所创新，高水平地完成职业相关的工作任务，这是职业能力的第三个层次，达到具有职业智慧，对职业表现出特别的"悟性"，并且这种能力可以超越职业范围，实现职业的迁移。① 以其不同层次核心的心理要素，形成如下层次结构：

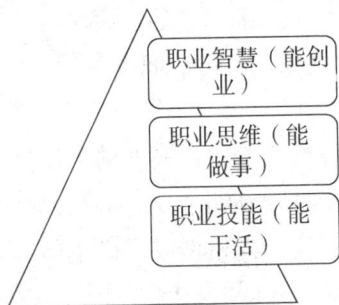

```
        职业智慧（能创
            业）

        职业思维（能
            做事）

        职业技能（能
            干活）
```

　　职业行为，由外而内包含职业习惯、职业操守、职业良知三个层次。从事职业活动，在时间的积累和反复的循环中，在外在的职业纪律和操作规程规范下形成了习惯化的职业行为，这是最低层次的职业行为；在职业习惯形成的同时，不断进行反思，有意识地形成职业性的规则和认同职业规范而形成自律性的职业操守，自觉地进行判断并遵守，意味着达到了职业行为的第二个层次；职业规范得到内化，与个体的品德、个性紧密结合并形成完整的人格品质，即是职业行为的最高层次。

　　职业态度包含了职业的认同感、从事职业活动时感到适应和愉悦感、完成任务后的成就感等，伴随着职业活动的每时每刻，对个体的职业行为起到调节作用。从事职业活动，在完成工作任务时，由任务的特点和任务量的大小引起生理感受而表现出来的工作情绪状态，是职业情感的最低层次；对职业工作内容具有强烈的兴趣，对职业产生向往和期待而表现出"爱岗敬业"的品质，则是职业情感的第二层次；对职业活动自觉自愿，而且建立在对职业高度认知而

---

① 姜大源. 职业教育学研究新论［M］. 北京：教育科学出版社，2007：1.

具有职业追求时表现出来的职业情怀，则是职业态度的最高层次。

2. 职业个性心理结构机理分析

在工具化层次，职业技能是从事职业活动最基本的能力要求，职业技能要在良好的职业习惯支撑下才能变为产品。职业技能和职业习惯都依赖于反复的练习，当操作达到自动的程度时，技能形成了，习惯也形成了。在现实的职业环境中，具有良好的习惯，可以练就高超的技能，但仅有技能而没有与之匹配的良好职业习惯，则技能会随情绪变化而不能持续地转化为劳动产品。这个层次从业者处于职业顺从的水平，工作情绪对劳动者工作成效影响较大。

在职业化层次，职业活动中核心是职业思维和有目的的实践，对工作任务的意义和相互关系具有足够的理解，与之适应的则是职业的操守，同时其职业活动的动力体现为职业的成就感和荣誉感，表现出了"爱岗敬业"的精神。从业者行为目的有明显的功利性，产生了职业认同，行为呈现出明显的自觉性、主动性、原则性。

在职业智慧层次，职业行为表现出高度的个性化的技艺性特征，并能够跨越式地思考职业问题，创造性地开展工作。从业者产生职业内化而促使职业行为规则成为职业良知，与优良的人格形成有机整体，具有高度的职业情怀和职业追求，并能超越职业范围，开创事业新领域。

从以上三个层面的分析，说明职业个性中各个方面相互支撑又相互制约，形成一个三面三层的结构：

能力维	行为维	态度维
智慧（创新层、超越化）	职业良知	职业内化
能力（思维层、职业化）	职业操守	职业认同
技能（操作层、工具层）	职业习惯	职业顺从

从上表可以得出，在职业活动中显性的任务水平，职业个性中的能力因素，是完成职业工作任务的必需，而且不同层次间也存在积累、提升和协调的关系，即技能活动积累，加之理论的引导和思维活动，才能提升到职业能力，而在职业化的活动中不断反思和综合思维中，才能进一步提升，表现出创造性的、超越现实职业的智慧。这一关系中决定了专业教育中理论与实践的目标以及相互关系。

技能和能力因素，必须有人格因素支撑，才能表现出优良的职业品质，在职业活动中做出成就。心理学指出，个性心理特征中具有核心意义的是性格，由职业行为方式和职业态度体系共同构成的职业性格，才是职业个性心理特征的核心。职业性格与职业能力，是职业个性心理特征的主要成分，现实地体现了从业者职业行为的个性。

个性心理倾向，作为个性人格的内在驱动力，是影响个性心理特征形成的内部动力。职业个性心理倾向，即职业动机、职业兴趣、职业志向、职业信念，是促进职业个性心理特征积累和提升的内部动力。马斯洛把人的需要分为生理需要、安全需要、交往与爱的需要、归属需要、尊重需要、自我实现需要几个层次，个体主导需要的是产生职业动机的根本原因，不同的内心需要对应不同的职业动机，同时与个性心理特征发展的不同层次相对应。处于较低层次的职业技能，可以满足赚钱糊口的生理、安全、交往需要，仅具有操作技能而只会干活的人，其主导的职业动机水平较低；具有职业化人格和职业思维能力和实践能力，可以满足归属需要、尊重需要，产生职业的成就感和荣誉感，具有职业化工作能力的人，其主导动机则是职业兴趣、职业志向；高层次的职业智慧和创造力，可以实现人生价值和理想，具有创造性工作能力的人，一定有较高的职业情怀和职业信念。职业教育不仅要培养职业能力，更重要的是培养职业人格。

三、职业个性培养的策略思考

在培养过程中，根据职业个性心理各要素及相互关系，有针对性地选择教育教学的内容和方法，提高学生职业个性心理的品质，同时通过各方面教育教学的协调配合，实现完整职业人格的培养。

1. 通过专业教育培养学生从事职业活动的能力

针对能力维，最基本的职业能力，就是掌握基本的职业操作技能，完成指定的工作任务，通过技能训练和最基本的知识教学，保证学生掌握职业工作基本技能，这是职业教育最基本的教学要求；通过职业理论和相关系统知识的传授，引导学生进行职业问题的思考，掌握解决职业问题的思维方法，把职业技能与职业理论融会贯通，并通过项目化的实训任务，培养完成职业任务的能力，这里指理论教学培养职业思维能力，项目实践培养职业实践能力。

2. 通过实践教育培养学生适应职业活动的性格

针对人格维，以培养良好的职业品德和职业行为方式为主，在技能训练的同时，培养纪律观念，通过严格的操作规程训练良好的职业习惯；在职业理论教学的同时，安排职业相关的课程和行为训练内容，通过纪律教育、规则教育、规程练习等，强化行为控制能力，通过榜样培养职业操守，并与良好的意志品质训练相结合，培养与职业相适应的意志品质；在项目化的实践教学中磨炼意志，促进职业纪律的内化，培养良好职业情感。①

3. 通过职业生涯教育培养学生高尚的职业动机

学生职业个性心理特征的形成和发展，与个人内心的境界和需要层次有着密切的联系，主导需要层次决定个性发展的层次。通过人文教育，培养高层次需要；通过入职教育、职业生涯规划等课程，促进学生职业认知和职业认同；通过行为鼓励及及时评价，促进学生学习兴趣和职业兴趣；通过优秀毕业生的事迹和职业理念教育，促进学生职业信念和职业理想的形成。

职业教育不仅是职业能力的培养，更主要的是全面发展的职业个性的形成和发展，促进学生职业认识、职业情感、职业意志等方面的发展，要求在系统进行职业教育的同时，通过行为教育和实践教育，培养和拓展其性格，更要通过人文教育滋养学生的心灵，在培养过程中引导高层次需要，提升内心境界。职业教育是立体化育人过程，需要我们面向职业工作，而遵循教育规律，关注心理发展，促进全面提升。

工作随想：我的"心理学"情结

记得年轻时，读书的时候，曾经非常迷恋心理学，看到大心理学家弗洛伊德在自传的扉页上写道"像我这样的人，活着不能没有嗜好，一种强烈的嗜好——用席勒的话来说，就是暴君，我已经找到我的暴君，并将无条件地为之服务。这个暴君就是心理学。"时，内心按捺不住的感动，也是那时候起，算是为了解析自己吧，如饥似渴地看精神分析学派的书，以至于现在偶然翻出当年在书中批注的文字，还会激动不已。现在想起来，记得叔本华、尼采的哲学观点，与弗洛伊德精神分析学，共同关注的人的无意识精神世界，而且常常会得出相似的结论，那个年代曾经是大学流行的意识，其实一个年轻人，不谙世事的浅薄的学生，并不真正能体会到人的精神世界的深邃和丰富，更不可能知道人性深处的诡谲。然而，总归看过了，总还是会有一些思考，我想它还是或多或少地影响了我的生命历程。毕业后，能够顺利地实现多年的愿望，弃化学改教中文，本来是很高兴的，因为当年上学时，总想着要转到中文系去，可一直没有机会，化学学得实在是不怎样，有机会教语文了，很高兴，可教了一年后，有一个机会，可以教中师的心理学，却又异常兴奋地教中师心理学，这一教就是

---

① 孙晓玲，郑宏. 高职"人格本位"教育的"职业人文"路径初探［J］. 职教论坛，2010（2）.

十几年，那本书几乎背过来了。回想起来，这对于自我的控制和自我完善的确是非常有益的。当年有一位大我十岁的同事朋友，几乎是我的导师，在生活和事业上，都在用心地引导我，这样教着心理学，也接触中国古代先师的经典，那种让人醍醐灌顶又充满韵律的格言式的语句，表达着心理学中用大篇文章才说出的道理，近似文学式的表达却体现着思辨式的思想。到后来，真也就搞不明白真正喜欢的是心理学，还是文学，还是国学（是后来才知道这些经典属于国学范畴）了。说实话，就是在几个月前，我都坚信心理学是层次比较高的科学。

我是在朋友的推荐下，读了央铁生写的一本书，他非常诚恳地告诫大家，现代科学或者是肤浅的现代的文明，让人觉得自己可以实现自己一切愿望，解决人的一切问题，让人狂妄自大，坚信科学无所不能，恰恰就是不能让人反省自我，反省历史。而且他还说，科学要简单，文学则要复杂。科学不简单，不能推广，文学不复杂，就不能揭示人性的深刻和丰富。台湾国立大学的欧丽娟老师在讲红楼梦人物论时，也多次强调一个道理，作为个体的人，是丰富的，在经验世界的人，与自己一生的境遇相关，内心都是复杂的，这就注定了文学作品中塑造的人物一定要是圆形的，多层面的立体的和富有生命的动态的人，而不是扁平的、简单的脸谱化的人。

我想说的是，人的精神世界是非常丰富的，是多层面的、复杂的，个体化的。有共同的规律，但共同的规律绝不可能言尽。这样，心理学用科学的方法（从哲学思辨的走向实证式的科学，被认为是心理学正式创立），就必须简化为学科的知识体系，规律化和模型化，它是有意义的，然而人性的复杂又是任何模型所不能完全概括的，这一点又让心理学在真正的人性面前，显得无力和肤浅。事实上，任何心理学，都不能够像数学、物理学一样，比较清晰地描述对象。心理学探寻心理精微之处，好像物理学探寻微观世界一样，就是不能直接用测量工具去进行精确测量，量子力学有一个定律，说是没不准原理，就是因为测量工具和测量本身会影响对象，日常工具给对象的影响可以忽略不计，而微观粒子微到这种影响不能忽略，因此"测量"本身决定了"不准"。人的心理也是一样，只能进行统计学的间接研究，而不能进行精确测量，同样是因为测量本身会改变对象状态，正所谓"人心难测"。而且人心比起微粒来更加难测，微粒精微，会显现出波粒二象性，人心会不会也是这样呢，前一段有报道，说有研究说人的灵魂有质量，或许是这样吧。心理学就有了一个鲜明的特征：猜想假设的多于真正实证的，这是我现在对心理学的感觉。在一般意义上，教育学层面，心理科学是重要的，在工作世界，心理学是科学的。但在面对宗教、信仰、灵魂、艺术、爱情这些深刻的命题的时候，心理学却是那样无力，恰恰是文学，要更深入一些。心理学一开始便要以人的心理活动为对象，要研究它，揭示其规律。文学则不然，它从来没有说要揭示什么规律，掌握什么，只是把人的内心影响下的人的行为展示给你看，用虔敬的、近乎宗教的情感去诠释生命，通过种种个体的复杂来让你感受人内心的挣扎。

有的人自甘堕落，有的人在努力地救赎。这一切似乎心理学是难以解析的，心理学当年从哲学中分离，核心的标志是从思辨变成实证，是1879年第一个心理学实验室的创立。我们向前追溯，哲学从神话中产生（从反对神话传说开始），从性灵成了思辨。然后再从思辨变成了实证，现代的心理学，又常常是在一定的哲学思潮和观点指引下，进行现实的解释，而这种解析往往不是为了求知，更多的是为了实用，很多时候，我们并不能看到真正的科学的方法和研究思考，而是找出个别的片段，比如"催眠术"，做一点引导，更多的是商业利益驱动。从实证往回以求认识本来面目是一回事，而从一个思想体系往下变成实用的工具，则是另一回事，这样心理学便从实证变成了实用。从性灵—思辨—实证—实用，一路下来，从形而上彻底成了形而下，甚至变成工具。心理学的发展和丰富，让我们看到的是真理的成分越来越少。现实的情况也是，心理学本来要帮助人解决心理问题，往往并不见得有明显的效果，而且从心理学衍生出还有一些流行的领域，一时风靡却事后看，效果并不像宣传的那样。这当然背后还有一个文化背景的问题，在西方效果可能是明显的，但进入中国后，由于文化背景的不同，会有很不一样的情况，可又恰恰迎合了国内只重现实的实际主义，为做一些表面文章提供了新的噱头。前几天看了郑教授讲的，心理学不仅仅是催眠的那个观点，真是感同身受。目前很多身披心理学外衣的伪心理学，让心理学堕落。问题是，有的人因为看透了这种堕落，不是去改善，而是去利用它、实践着这种堕落。这时候，才让人感到文学的可贵，尽管文学有时也有堕落，但它一开始就保持了性灵，还能让人感到了灵魂的激荡和信仰的感召。

我们还是愿意用心理学的方法，去理解文学给予的事实，尽管那是虚构的，但它是高层次的真实。然而，更重要的是用你自己的灵性，去感受作品中的人物，有着丰富精神的人物世界，这种感受要比测量和猜测更为可取。

第二节　职业个性发展层次和教育策略

　　高职学生的职业人格发展，是伴随着职业能力的发展而积累成长的。与职业相关的人格因素，是职业能力以外，更能决定个体能否做出职业成就的因素。长期以来，高职教育突出职业能力的培养，以能力为本位设置课程、开展教学，也以能力为核心进行评价。近年来，职业人格和基本职业素养越来越受到重视，然而对如何培养职业人格，仍没有一个相对有效的途径和方法。本文力求从心理学个性形成的角度出发，对高职院校职业人格形成提出自己的观点，以资抛砖引玉。

一、高职学生成长的基本思考

　　教育科学以心理科学为基础，教育的内容和途径的设计，必须以学生心理发展的目标结构为依据。教育促进学生的发展，而发展的核心问题是个性心理的形成。个体人格的形成，本质上是个性心理的形成，职业人格的形成，也就是与相应的职业相关的个性心理的形成①。

　　（一）整体性与职业性

　　从心理学的角度看，个性是个体在心理过程的积累而形成的，表现在态度系统和行为方式方面一般的、本质的心理特征总和。在个性中与从事某种职业相关的那部分心理特征，就是其职业个性。显然，人的个性心理包括其职业个性心理。然而，人和个性心理的各个方面，只是心理科学为了研究而划分的不同侧面，各个心理因素之间并不存在明确的界限，就是说个体的个性心理的各个部分，是一个有机的整体。由此可以推断，与相应的职业相关的职业个性所包含的各个部分，也是一个有机的整体。职业能力与职业人格不可分，同时职业个性也不可能从整体的个性中分离出来。

　　（二）连续性与层次性

　　职业个性成长的过程，是一个连续的积累过程。职业个性各要素的逐步形成是相关心理过程不断积累的过程。在这个连续的发展过程中，表现出来的发展和变化的速度不是一成不变的，存在着渐变性和突变性交替的现象。这样就

---

　　①　章志光．心理学［M］．北京：人民教育出版社，1987：8.

形成了不同的发展阶段，由于不同的个体处于职业心理发展的不同阶段，呈现出不同的层次。这种层次性，体现在职业个性发展的整体面貌上，同时也体现在职业个性心理的不同方面。如职业心理动机、职业能力、职业情感与态度系统、职业意志和职业修养等方面，都呈现出明显的层次性。

（三）关联性与对应性

职业个性是由各种心理因素共同构成的，与个性心理各因素相对应，也包含了职业相关的心理倾向性和个性心理特征。与职业相关个性倾向性，即职业动机特征，包括职业需要、动机、兴趣、志向、信念等；个性心理特征即职业个性，包括职业能力、职业态度系统和职业行为方式特征。个体间存在层次性，那么这种层次性则表现在这些方面，而且个体在各个方面的层次特征会呈现出一致性，即一般情况下，个体在某一方面层次较低，那么在其他心理因素的发展层次也较低。同时，某一个方面表现出从一个层次向上一个层次飞跃的时候，其他方面也出现相应的飞跃。

二、高职学生心理成长的不同层次

通过对日常职场工作人员的观察和分析，试将职业个性发展分为三个层次。

（一）职业发展三个层次特征①

工具性水平	1. 职业能力方面表现为，只能做直接、具体、固定的工作，目标是达到外在规定的要求，主要依靠技能和固定的方法，很少思考策略和如何改进方法的问题，只是被动适应，完成任务。 2. 情感处于一般性的情绪阶段，随着工作环境和自我工作状态而自然形成的心境、激情和应激状态，工作态度处于顺从阶段。 3. 对自我没有主动反思，工作效果评价和行为特征基本呈现他律。

---

① 武文. 高职学生职业个性形成的心理结构及培养策略思考［J］. 青岛职业技术学院学报，2011（6）：30－32.

功能性水平	1. 职业能力方面表现为，可以完成相对完整的工作，关键是掌握了工作的方法与策略，会对现有的工作效率和效益情况进行思考，有改进的愿望和具体的办法。 2. 情感处于对工作（事业）的热情，对工作中的相关的事件和人员，产生积极的情感，会为了工作目标，调整个人的态度和情绪，从事业成功的角度去处理与人际关系。工作态度处于认同阶段。 3. 对自我的评价以工作效果为基准，而且呈现出自律与他律相结合，而且自律成分呈上升的趋势。在人格表现为对工作的效果的关注，追求成功和实绩。
理想性水平	1. 在职业能力方面，表现出对工作内容的价值有独立的思考和主张，有明确的发展目标（志向），并主动地为目标而自觉、持续地努力。 2. 情感方面则上升为一种坚定的情怀，不再仅仅从某一项工作成功的角度来处理人际关系，而是更关注人的动机和整体的人格，积极正向，乐观向上。 3. 人格方面呈现出具有职业信念和追求。不仅仅追求成功，而且思考其意义。对工作（事业）成为内化阶段。事业与人格成为一体。

（二）职业个性层次的分析

在第一层次，一般为刚刚参加工作的新手，处于对职场工作内容和工作环境的适应阶段，对其不同岗位和不同人员之间工作内容的相互关系，以及工作性质与组织核心目标之间的逻辑关联没有认识，只是按照业已形成的固定的工作模式，重复操作过程，完成封闭、固定的任务。从职业发展整体上看，就是"工具人格"阶段，完全是运作中的一个简单环节。处于这个阶段的个体，完成任务主要依赖于直接的职业技能，达到表面化的工作标准，不能把握工作内容背后的规律。处于这一阶段的从业者，生物性层次需要占主导，动机水平相对较低。这是从业者整体提升的必经初级积累阶段，所谓"从基础做起"，说的就是要从这个阶段开始。需要特别关注的是在技能形成的同时，会形成工作习惯，在反复练习的过程中不断重复的行为习惯，习惯的积累内化就会成为性格的一部分。良好的工作习惯是关系到未来职业生涯发展的关键要素，因此在获得熟练的基本工作技能的同时，更应该努力形成良好的工作习惯。

随着工作内容的熟悉，从业者开始不满足于表面完成任务，而进行对工作内容意义和规律的思考，对工作效果开始自觉期待，对工作固有的方法的模式开始寻求改进，以提高工作质量和效率，在人格整体上就从"工具性"阶段上升到"功能性"阶段。能够根据组织整体的目标和组织特征，自觉地确定工作目标，并寻求自我改善。这一阶段的从业者以初级社会性需要（同伴间的人际关系）占主导，更重视归属感、成就感等内在体验。与追求成功相伴随的，是方法途径选择和行为过程中的道德正当性问题，为了追求工作业绩，可能有多种选择，策略的选择中就有正义与非正义的问题，就需要经受内在良知的考验。

随着工作经历的不断积累，职业渐渐成为事业，职业活动成为个人生命的一部分，工作的目的就超越了对业绩的诉求，而成为人生追求。职业目标与自我实现相统一，动机水平达到最高。

（三）职业个性层次的提升

以上分析，是基于个体职业发展的一般性规律，事实上不同的个体在职业发展会呈现出更丰富多彩的状态。每一次"飞跃"都是上一个阶段积累的结果，同时，还必须具备相应的条件。从工具阶段向功能阶段提升过程，是一个简单的、表面化的目标向内在目标的过渡，必须对工作内容的本质、意义与相关工作内容的关系有一个清晰的认识，而实现这一认识，就必须经过思考，从业者的职业思维能力是促进这一"飞跃"实现的必备条件，对专业理论知识的学习是必要的过程。毕业生在校期间对理论的学习，也必须到职业实践积累到这一时期，才会真正进行职业的思考，成为第一次职业个性提升的关键"催化剂"。第二次的提升，是职业与个人生命的统一，因此与个体的人格和文化修养有着密切的关系，其关键因素是自我反省的过程，这个过程的支撑点则是文化素质。

值得注意的是，不管个体处于哪个发展阶段，都存在职业能力、情感态度、意志和行为方式以及需要动机方面的要素，而且这些要素是一个有机体不能分割，简言之，在"愉快地工作"和"努力地工作"中，你不能把"工作"与"愉快"分开，也不能把"工作"与"努力"分开。在个体职业发展中，基础是职业能力的持续提高，而核心因素是人格的提升，二者是同一过程的两个方面。人格的提升是一个持续的修养过程，从良好习惯的养成、职业道德的坚守、到职业良知的形成，都需要意志的支撑。从个体职业生涯整体来看，是从为了"生存"，到为了更好地"生活"，到追求"生命"意义的过程，职业能力的发展与职业情感、职业意志等人格品质的提高，是一个不可分割的有机过程。

三、促进学生发展的教育策略

职业教育最终培养"职业人"，就是要在提升职业能力的同时，培养良好的职业态度和情感，也是形成自觉主动、坚毅果敢、理性自律的意志品质的修养的过程。

（一）专业教育提升职业能力

职业院校中的专业教育，最直接的目标就是培养学生的职业能力。它体现着职业教育培养技术技能型人才的目的，规定了各个专业必须把职业能力的培养作为基础和重点。职业能力是个体职业生涯提升的基础，是个体职业发展的必备条件，它不仅是维持日常工作的必备条件，也为职业个性层次提升提供可能性。个体必须能够掌握职业工作的基本方法，而且要不断地提高能力水平，以应对更为复杂的工作任务，才有可能实现职业个性层次的提升。

专业教育要体现理论与实践一体化的原则，通过理论教学，为学生未来的职业反思提供理论知识储备和思维方法训练，让他们不仅学会工作，而且学会思考工作，以找到规律不断获得提高；通过专业实践教学，促使学生学会基本的操作技能和完成任务的方法，形成现实的工作能力和提高工作能力的基础①。

（二）职业学习中塑造职业人格

职业教育的最终目标，是培养全面发展的职业人。就是在培养职业能力的同时，塑造学生健康的职业人格。学生职业人格的养成是伴随着职业能力培养而形成态度系统和行为方式系统的过程，简言之，"是在职业学习中获得职业人格"，而不是在职业学习以外，设置专门的"职业素养课程"来培养的。在职业院校的教学中，主要通过改进专业课程的教学，注重在专业课程中强化学生职业人格培养，即在技能的训练中，强化良好的职业工作习惯养成，在校内教学项目中强化学生策略选择的职业道德渗透，实践教学中强化学生职业操守和职业良知的形成，这应该是培养职业素养和职业人格的主要途径，让学生在职业学习中形成职业素养和职业人格。另外，学校可以通过正面的职业意识教育，比如系统开展的入职教育、职业生涯教育、行业企业文化教育等等，进行正面引导，提高学生职业的认知，提高职业自觉性；还可以通过伴随在专业课程教学中的隐性课程，如专业教师对该专业的态度和治学态度、实习师傅对待工作的态度和行为影响学生对待职业工作的态度，学校的制度规范的执行影响学生对待企业规范和制度的执行态度等。

总之，学生职业人格的形成，是一个隐性的发展过程，然而这个过程必须引进学生通过意志努力，强化自我修养，深化自我体验和反思，辅以适时引导促进转化的升华。

---

① 姜大源．职业教育学研究新论［M］．北京：教育科学出版社，2007：1.

（三）公共课程开展基本素质教育

由于学生的人格与职业人格密不可分，因此通过公共课程的开发，提高学生基本的素养是必要的。譬如，数学课可以提高学生的基本逻辑逻辑思维，同时数学是全部自然学科的通用语言，凡与工程技术有关的职业，最终与数学思维密切相关，适当的数学教育，可以为学生未来更好地从事工程技能类专业奠定思维的基础；语文教育包含了语言文字的训练，也是具有人文内涵的课程，语言是人类的思维工具，它关系到学生的思维水平，一定的文学素养直接关乎学生的人生品位，开展语文教学，综合提高学生的语言文字能力，同时提升学生的艺术修养；思想政治教育与政治觉悟和公民法律教育、国防教育，是作为共和国公民基本的素养教育；健康教育包括体育课和心理健康教育，保障学生有健康的体魄和健康的心灵；信息技术教育和外语教育，是时代特征体现和国际化的要求。①

综上所述，职业个性的形成，是一个立体化的综合积累过程，也是一个自我的修养和人格完善过程，学校教育就是为这个过程尽可能地提供直接的帮助或是提供基础性的准备。在职能本位的基础上，把职业人格的培养作为重要目标，不仅需要提高教育者的认识，更需要内化为教育的行动，把职业人格的培养内置于专业课程教学中，需要教师首先具有较高的职业修养，并自觉地身体力行。

工作随想：无论你讲什么，其实讲的都是你自己

前些天，在整理中国—新西兰职业教育论坛材料时，见到一句话："几年后，学生可能记不起你讲的什么，但可能记住你这个人。"当时觉得心里一动，的确我们现在记住的那些老师，也是他们一个个的人，知道他们讲什么科目，可你还能记起他们讲过的内容吗？知识这东西，学的时候觉得很珍贵，可几年、十几年、几十年后，那些知识全会忘记的，我们每天不停地学习新知识，先前的知识真是想不起来。不过只要你需要，可以再把它找回来。知识本身是可以随时得到了，特别是现在这个信息铺天盖地的时代，可想起来的人还是那样亲切！

回想自己，先前讲过中师语文、教育学、心理学，后来讲过 foxbase、office，然后也讲过高职计算机文化、应用文写作、商务礼仪、毛概，甚至还讲过公共

---

① 陈宇. 技能振兴：战略与技术［M］. 北京：中国劳动社会保障出版社，2009：1.

关系，讲来讲去，却感到无论你讲什么科目、什么内容，你讲的总是你自己思考问题的那一套，我发现讲什么讲的都是你，是你的经历，是你的思索，是你的情感，甚至是你的人格。

苏霍姆林斯基说，生命的整体性、差异性、发展性，决定了教育教学的复杂性。身为教育者，纵然拥有所罗门一般的智慧，必须对这一切保持敬畏。他还说，教育者不应该是一个不动感情的，只按照某些具体抽象公正性的条条办事的审判官，教育者应该是一个活生生的人。讲台是个神圣的地方，在那个地方，容不得胡扯，容不得放纵，甚至容不得精心的伪装和表演。既然教学的本真，是生命间的沟通和交流，那么，你要表示的，就应该是你最本真的东西：真诚和善意。因为生命是复杂的，教学也是复杂的，充满着敬畏，就是要有宗教般的虔敬，讲台上讲话，要有神圣感，这应该是教师职业幸福感的起点。我们可以是个聪明的人，精明能干，但讲台上要的不是精心的设计和表演，而是对生命的那份真诚。发自生命本体的冲动，有你的生命体验，课堂才可能有神，如果再加点技巧，并与内涵形成有机整体，才能有韵。过分直率，有神无韵，过分设计，有韵无神。

曾经有一个故事，说一个舞者，她的动作、节奏非常精准，可你看她的舞蹈，却感觉不到感动。就是在舞蹈中缺的是生命的冲动，没法有自己生命本体对生活的体认。教师在课堂上，通过当时所要教的知识和技能等具体的教学内容，展现的却是这些看来不同的知识、技能等内容背后，共同的真实的追索。课堂上渗透了教师的生命，渗透了自己的思维习惯，这些习惯是来自自己的长期思考。当然也无形中展现了教师的态度和对待知识、技能时的价值意味。很多老师说，一堂好课，都是用一生来备的，写教案只是一个任务过程，但一堂课里所包含的，总是会体现一个人全部生命的信息。一滴水里有世界，一个教学单元也有一个生命。

第三节　青岛啤酒"职业培训生"顶岗实习过程

青岛啤酒"职业培训生"项目，是茶学院场营销专业与青岛啤酒营销中心合作，共同开展的就业前的职业培训项目，既是市场营销专业学生实习就业的培养环节，也是青岛啤酒高素质营销人员的储备和补充渠道。在学生毕业前，到青岛啤酒营销网络中的大区实习 2 个月，与青岛啤酒营销业务员一起工作，承担相应的任务，接受公司的业绩考核。本次调研就是以跟踪 2010 届毕业生，在青岛啤酒股份有限公司"职业培训生"项目实习过程，开展调研分析，现将调研情况报告如下。

一、调研基本情况

1. 调研目的：通过对青岛啤酒"职业培训生"实习过程的调研分析，探索高职毕业生职业化过程中普遍存在的困惑；同时，总结该项目的经验和成果，提出解决学生"职业化"过程中困惑的对策。

2. 调研内容：青岛职业技术学院 2010 届毕业生毕业前，接受青岛啤酒"职业培训生"项目，在青岛啤酒各营销网点顶岗实习的过程。

3. 调研方法：现场调研、实习生会议讨论、企业负责人访谈、协同访问

4. 调研过程

2010 年 11 月，青岛职业技术学院市场营销专业青岛啤酒职业实习生实训项目正常进行，11 月 17 日，学院与青岛啤酒股份有限公司共同为实习学生送行，参加本次实习的 37 名同学赴山东、华北、河南等地区，开展为期 40 天的实训。在学生实习近一个月后，学院成立专门的教师团队，对实习各站点进行巡回视察，主要任务：一是看望在一线工作的同学，了解他们的工作、学习和生活情况，对出现的问题进行现场解决；二是在学生实地工作一月，有一定的工作体验后出现的思想变化基础上，进行职业化的辅导；三是对学生对职业工作及其他方面的困惑进行解答。总的来说，一来送去关怀，二来抓住时机促进学生的全面的成长。

5. 调研日程

日期	走访人	走访地点	实习学生	备注
11 月 17 日	青啤公司、学院相关人员	学院	全体实习同学	送行大会
12 月 22 日	学院相关工作人员	烟台大区	烟台实习同学	
12 月 23 日	学院相关工作人员	潍坊大区	潍坊实习同学	
12 月 24 日	相关工作人员	泰安大区	泰安实习同学	
12 月 27 日	相关工作人员	南阳大区	南阳实习同学	
12 月 28 日	相关工作人员	郑州大区	郑州实习同学	
12 月 30 日	相关工作人员	大同大区	大同实习同学	
12 月 31 日	相关工作人员	朔州大区	朔州实习同学	

续表

日期	走访人	走访地点	实习学生	备注
1月12日	相关工作人员	学院	实习同学代表	代表座谈

二、调研结论

1. 通过巡视，我们归纳出学生在实习中可能面临的问题和挑战

客观因素。天气寒冷，条件艰苦，环境不适应；身体素质，心理准备不足，适应性。在进行巡视的第一站烟台大区，由于学生对工作环境及企业管理的陌生，用学生式的思维去思考问题，面对客观环境的不适应时，产生心理的抵触情绪，而且一定程度上出现了与企方冲突的现象，在巡视过程中经过教师的及时疏导和协调，解决了学生的困惑，也帮助学生与企方取得沟通。

工作因素：劳动强度大，细节情况繁杂，工作内容单调。体力和意志力，细心和耐心，良好的心态。从潍坊大区的同学反映的情况看，实习生作为业务员，承担与正常业务员相同的工作，感觉工作的劳动强度大，而且客户的情况复杂，体力和心力上都是一个挑战，而且工作内容单调，每天都在重复前一天的工作内容，面对客户，既要热情周到，又要细心观察，既要有踏实的工作作风，又要有机敏的观察力。

社交因素：客户态度不好，师傅引导不到位，领导要求高。客情不到，情感关系，认识存在局限。在河南调研中一个同学反映出来的情况，是领导要求高，没有照顾作为实习学生的困难，配备的师傅并不像老师那样详细地讲解，面对市场，很多对策需要自己去感悟，一下子感觉书中所学的内容没有什么用处。

2. 面对这种情况，教师在引导学生要在以下三个层次提升自己

（1）通过实习学习什么？

学习基本的技能和工作流程。青岛啤酒的业务员每天的市场工作基本有固定的流程，而且在基本要求的前提下，每日的情况却千变万化，学生在学习过程中，要掌握基本的程式，同时还要有一定的应变能力。在完成这个基本任务的过程中，完成每日必做的规定动作：做客户记录，并根据现场情况进行生动化，在完成这些操作的过程中，与客户沟通，了解客户情况、建立关系、实现

交流，了解存量、销量等基本信息，及时做出处理。①

学习基本工作规范和融入集体。业务员做市场的过程，是一个共同协同配合团队整体配合与独立工作并适当竞争的关系，在工作中既要及时学习和借鉴同事的好的做法，又要有独立思考的能力，既要突出个性特色，又要融入集体。在工作中，要多方熟悉当地市场状态，并与同事沟通，形成整体的合力，又要与师傅、同事建立和谐关系，了解市场的变化规律，根据具体的客户情况，采取相应的方式方法。

基本职业素质和生存能力。通过体验真实的工作环境，从事真实的工作内容，完成真实的工作任务，一家一家店的走访，与一家一家的客户交流，实现行万里路、阅人无数，通过真实的经历去积累和提升自己。在一个群体中工作和生活，体验着集体生活和流动的工作场所，以及不断重复的单调工作内容，通过独立面对工作任务而历练自己，促进态度情感和意志力都得到锻炼和提升。

通过对工作内容和流程的学习，与同事交往的工作人际环境的学习及面对工作任务时思考能力的获得，实现"自为"。

（2）顶岗学习思考什么？

如何完成基本工作任务，即对工作本身的思考。要实现这一目标，即顺利地完成基本的工作任务，必须做到在走访客户的时候，特别关注细节，认真观察，及时发现机会，并充分利用机会，打开工作局面。在实际工作的时候，要积累和总结工作方法，如何增进与客户的情、如何打破僵局、如何实现目标等。通过对工作内容的思考，提高自己直接的工作能力。②

如何适应公司管理环境，即对企业管理制度的反思。不同的企业有着不同的制度文化，形成一定的惯例和相互间的默契，在工作的过程中，必须十分注意观察和思考组织的管理文化，收集和讨论成功经验和失败教训，利用榜样借鉴，提高自身的适应能力。同时，留心思考公司政策的意义，将公开的纸面的制度与人文环境因素综合分析，全面增强主人翁意识。

自身的优势和不足，即对自我进行的反思。通过反思自我，增强对自我的认识，提高自我意识水平，充分发挥长处，努力克服不足，在借鉴别人成功经验的同时，思考自己取得成功的策略，做好未来的谋划。③

---

① 赵志群. 职业教育与培训学习新概念［M］. 北京：科学出版社，2003：55.
② 武文. 高职教育改革中价值冲突及对策的思考［J］. 职业教育研究，2010（1）：22.
③ 武文. "实境"与"耦合"人才培养模式下教学实训过程本质的教学论思考［J］. 青岛职业技术学院学报，2007（1）.

通过对工作任务、人文环境及对自我的思考，提高自己的"职业自觉"，实现"自省"。

（3）顶岗学习磨炼什么？

面对新环境的适应能力，提高工作的自觉性。通过实地体验，了解并克服困难，适应地域、气候、住宿、饮食等客观环境，实现基本的生存；通过工作"实境"的经历，努力适应工作环境，根据公司现有的办公条件、具体的劳动界面和特点等，初步打开工作书面；通过交往，适应公司特定的人文环境，与同伴、上司、公司制度、领导风格保持相对的协调。

面对工作任务的行动能力，提高果断性和坚持性。通过工作任务的完成和实际工作经历，锻炼自己的体力，面对繁重工作量；通过与客户的交流，学会冷静地面对冷遇，学会处理"委曲"的自我心态，提高的忍耐力；及时反思，有意识地磨炼自己，提高面对重复单调的耐力，坚定信念，增加积累。

面对自己的控制能力，提高自制力。学会在复杂的情况下冷静思考，面对工作现实，思考学过的原理，并在实际工作中综合运用原理，促进理论与实践的统一；在工作中，以正常的心态，面对经验丰富的和学历更高的同事，积累自己，吸收他人的优点，充实自己；在克服困难的过程中，增强信心，提高面对困难时的自信和能力。

通过自我反思和自我锻炼，实现"自修"。即有意识地、自觉地针对自己的缺陷，进行修复，以达到从业的目标。

（4）在顶岗实习过程中要做到什么？

放下自己，摆正位置，端正态度。从巡视的过程中发现，由于过分的"自我"中心的思维方式，实习同学容易纠结于一些细节、现象。要促进学生了解一切"迷雾"来自"自我中心"的思维和态度定式造成的。

树立"天下大事，必作于细"的观念。从一个个细节入手，从一点一滴学起，对每一个小事、小细节思考。注重积累，化转变于无形，"润物细无声"。

敢于担当责任。面对工作任务，工作职责，要勇于担当，明确一个岗位，就是一份责任，承担才能进步；在坚定的担当中积累，就能像"泰山石"那样，成为事业的支撑力量。

过程的知识来自积累过程。工作过程的知识，必须来自工作行动的积累，工作能力的提升就是在不断的工作和反思的积累；在最基本的工作任务中历练，才能取得成功，明确"孔明躬耕"不是装样子，是积累和等待。

敢于胜利的战斗意志。自信是取得成功的先决条件，面对各种困难、面对压力、面对残酷的市场，要树立"亮剑"的精神就是战斗意志。

三、建议和对策

第一，清晰地分析学生入职心理改组过程。学生入职的过程，是学生角色转变的过程，从一个学生变为一个职业从业者，这个过程对于学生来讲，是一个心理疾速变化和调适的过程，是学生生命过程中又一次重大的心理改组过程。在这个过程中，原来作为学生角色时家庭、学校、社会对于"在读学生"赋予的保护，会马上消失，而且会明显地感受到作为一个从业者应该承担的角色职责，在此我们借用潜艇在深海遇到淡水时浮力突然下降而造成的"海底断崖"，将学生遭遇到的角色心理转变中保护消失的心理感受称为"心理断崖"。解决心理断崖的问题，是职业院校与企业双方都要面临和必须解决的一个重大的问题。

第二，要解决"心理断崖"的问题，可以从两个思路入手，一是减轻这种心理压力，通过协商让企业持续这种保护；二是通过教育做好学生准备，提高学生自身的应对能力。很显然，解决问题的根本办法是提高学生自身的能力，顶岗实习是学生从学生转变为职员的过渡，是学生的预备就业过程，对顶岗实习期间问题的研究，为我们提供了一个解决问题的参照方向。

第三，顶岗实习的过程，是院校与企业共同组织和管理的一个育人环节，在这个过程中，要在事前、事中和事后做好学生的引导动员、辅导督导、总结反思工作。一是通过实习检验学生对知识学习的情况，促进综合运用所学知识解决实际问题的能力提高，形成问题意识和职业思维能力和统筹能力；二是通过实习体验现实的工作环境和工作历程，灵活运用所学的各种技能，完成工作任务，在体力和毅力方面得到锻炼，形成良好的职业操守和意志品质；三是观察和反思任务过程，思考工作方法，探索客观规律，增强职业意识，形成职业信念。

工作随想：也谈谈"教育自觉"

学院举办名师讲坛，听了孙老师的"教育自觉"。

"教，上所施，下所效也；育，养子使作善也。"自，是反观自我，向内追索；觉，觉醒。

教育是通过一种社会化的活动，达到年青一代能够作善。这里包含了有能力做事，也有善念。也是在北师大康老师的讲座中有个坐标，教育，就是要对人的心理产生影响，这是一个维度，另一维度，是引导人向善，即是善意的。传递知识、技能，培养能力，是当然是教育的职能，传递文明，延伸文化，教育责无旁贷。然而，知识、技能的背后，应该是善意的，是让人更幸福，不仅让一个人更幸福，而是每个人都应该努力让大家都更幸福。就算是让学生掌握一门手艺，养家糊口，这些知识、技能，也可以让他多得到点经济收入，物质生活过得更好一点，改善物质生活，也是更幸福的一种。更好的当然是引导年轻人有更高的追求，得到精神上的享受，得到社会认可，获得爱、尊重，改善其社会生活品质，他找到更多的幸福。教育让人获得多层次、多种类的幸福，这就是教育的意义。

教师有这样的认识，经常地反观自我，反求诸己，在努力帮助学生走向幸福之外，也追求自我的幸福，在事业中获得职业的幸福。引导人觉醒，自己觉醒。

作为教师，为学为师，其实都是在做人。你思考问题的方法，对待问题的态度，都会在你的教育行为中展示给学生。我们其实需要的并不是那么多所谓高深的理论，只需要面对教育事业的崇高和自己教育良知时，保持一份真诚。真诚面对我们天天都在从事的这一事业，面对那些正在成长的青年人，真诚地面对自己的内心，把你的善意自然地流淌在你的教育行为中，用你的自觉，唤醒他们的自觉。就是要年轻人知道，怎么样才能活得更好。只要有吃有穿，过一天是一天的，那是虫子的生活，和动物没有区别；可以事业有成，踌躇满志，获得荣耀；内心有向往，知道成功重要，还要知道为什么成功，知道成功后应该干什么……

教育是要人幸福的，外在的很多因素，是可以让人幸福的，比如财富、荣誉、名声等，可这些要真让人幸福，还需要和这些要素匹配的修为和德行，幸福要有相当多的配享幸福的德行。通过努力，自觉自为地努力，获取自己应该拥有的，不要企望自己不该拥有的。有人说，位与德相当，才有可能幸福。位高德不配，累；德高位不配，冤。

教育者，怎么才能幸福？自己能幸福，特别是有职业的幸福，才可能引导人走向幸福。

第二章

高职大学生职业适应

高职培养最终结果，是高职大学生毕业后能够适应职业环境，胜任职业工作，具有健康的职业人格，实现职业抱负。

第一节　职业生涯教育现状分析

大学生职业生涯教育，自20世纪初引入我国，真正意义上的生涯教育是在90年代以后才开始的，随着大学扩招，大学生就业问题凸显，部分大学生毕业即面临失业、出现了结构性失业等问题后，各高校才相继意识到大学生职业生涯教育的意义。高等职业教育的兴办，职业院校和在校生在规模上占了高等教育的半壁江山，由于高职学生在生源和社会认知度等原因，高职大学生就业问题更加突出。职业教育直接面向就业，开展职业生涯教育的意义就更加明显①。

一、高职大学生职业生涯教育的基本形式

1. 基础理论和技术支持

职业生涯规划就是针对职业生涯所做的设计。著名管理学家王一敏指出："职业生涯设计就是个人结合自身情况以及眼前制约因素，为自己实现职业目标而确定行动方向、行动时间和行动方案"，换言之，就是指个体为未来职业发展所做的策划和准备②。高职教育是就业导向的教育，与普通高等教育相比，更强调其面向社会职业的属性。教育的目的在于促进年青一代实现职业化，其意义不仅限于技能训练或工作能力培养，以适应现实职业工作需要，更重要的在于促进其人格的完善和发展，为他们终生从事职业并通过创造职业成就进而实

---

① 何欣. 中美大学生职业生涯规划教育比较［J］. 青年文学家，2013（03）.

② 王一敏. 当代青年的职业选择与指导［M］. 上海：上海教育出版社，1998：126.

现自我奠定基础。高职大学生职业生涯教育，在于引导学生树立正确职业意识，主动地依照不同的个性特征去塑造职业个性，自觉地调整学习和生活，为自我职业生涯发展打好基础。

一般大学生职业生涯教育，分为三大部分。第一部分为认识自我，即通过运用一定的工具，引导学生进行自我心理测量，主要针对价值观、兴趣、智力或能力、性格等的状态做心理测试，结合个人的自我感受进行个案分析，力求引导大学生对自我有一个比较清晰的认识；第二部分是认识职业，通过对目标职业工作特征的归纳和分析，引导学生对从业者职业生涯发展路径和节奏有所认识；第三部分是进行个性化的规划和设计，面向职业发展依据自我认知，进行富有个人特

图1

内圆表示个人内在世界（知己）

外圆表示外在的工作世界（知彼）

资料来源：wood（1990 年）

色的职业发展个人规划，形成个人的职业生涯设计案。如图1，职业生涯规划就是通过个人兴趣与职业分类内容、个人人格与职业特质、个人价值观与职业报酬率、个人能力与职业所需要能力之间的对应关系，分析自我的现状与理想职业所需品质的差距，找出职业生涯提升每一步重点解决的问题，对未来个人心理品质发展进行科学的设计①。

为了科学地开展高职大学生职业生涯规划教育，一些社会专业机构，专门开发大学生职业性向测试系统，比如北森生涯（北京）教育科技有限公司"吉讯职业测试系统"等，职业生涯规划系统 – CareerSky 测评系统等。这些系统的引入，可以辅助大学生进行个性测试，并根据测试结果进行心理学的解析。在这个过程中，要求从事职业生涯教育的教师，必须具有相应的心理测量学的知识基础，经过一定的专门培训，相对客观、全面地结合测量环境变量，对测量结果进行个性化的分析，以得出比较客观的结论。测试系统是一个量表、一个工具，更关键的是测试后的数据的分析和测试结论的解析，需要较专业的心理

---

① 张洋阳．大学生职业生涯规划［J］．科技创新导报，2011（25）：229.

学理论支撑，更需要丰富的临床经验积累①。

2. 课程设置和教学系统

为了普及大学生职业生涯教育，各院校普遍开设公共课程《职业生涯规划》，通过系统规范的课程管理和课程教学，进行系统化的职业生涯教育。作为公共课程的《职业生涯规划》，因承担职业生涯教育课程的机构不同，有以下几种形式：一种由院校就业部门主导，作为就业教育的一部分，与就业指导、创业教育一起，构成专门服务于学生就业和就业后职业生涯的系列课程，《职业生涯规划》是就业指导体系中的一门实用课程②；第二种以思想政治理论教学部为主，作为思想品德理论教学的一部分，与思想政治理论课程、大学生心理健康教育等整合为一个大系统，从公共道德、职业道德和人格塑造的角度开展教学，《职业生涯规划》课程是思想品德教育系统中的一门辅助课程③；第三种则是与具体专业相结合，《职业生涯规划》作为专业思想教育和职业品德教育的一门拓展课程。不同的课程归属，有不同的理解角度，也因其所归属的课程系统不同，课时量和教学时序也各不相同，不同院校呈现出各不相同的特色。

3. 规划竞赛和榜样提升

为了促进大学生就业和创业，激发大学生职业生涯规划的热情，活跃大学生职业生涯规划教育的气氛，提高生涯教育的影响力，更重要的是为大学生提供优秀的职业生涯规划范例，各级人力资源机构或者大学生就业机构，组织了大量的不同规模的大学生职业生涯规划比赛。一批优秀的大学生经过自我测评、

---

① 张洋阳．大学生职业生涯规划［J］．科技创新导报，2011（25）：229．
② 谭小芳．高职院校大学生职业生涯规划教育研究［D］．湖南大学硕士学位论文，7．
③ 王锦荔．大学生职业生涯教育探微［D］．华东师范大学硕士研究生论文，3．

选择目标职业，并进行多渠道的职业认知，并开展职业人物访谈，进行深度分析，设计个性化的生涯发展路径，形成个人职业生涯规划作品。在比赛时通过作品展示、职业情景剧表演、现场回答问题等环节，呈现自我的职业理想和未来职业发展历程。各级的职业生涯规划比赛，客观上扩大了影响，引起社会的广泛关注。更重要的是一批优秀的生涯规划作品，不仅激励了规划者本人，而且为后续规划者提供了技术路径和榜样。职业生涯规划大赛，是大学生职业生涯规划教育的集中展示，也是日常职业生涯规划教育的提升。

二、高职大学生职业生涯教育的效果分析

1. 高职大学生职业生涯规划教育的成效

近年来，随着高职院校就业面临的新形势，高校普遍重视大学生的职业生涯教育。作为大专层次的高职院校学生，如何在就业中找准自己的位置，如何从自己的优势和短势出发，找到自己独特的就业定位，并走出自己的职业生涯发展之路，是高职学生在接受系统专业教育的同时，提高就业竞争力的一个重要的途径。高职院校的职业生涯教育大体分为三种形式：一是建立职业指导咨询室，接受大学生职业问题的咨询，进行个案问题的指导；二是开设公共的《职业生涯规划》课程，通过系统的课程教学，开展职业生涯的系统教育；三是举办不同层次的职业生涯比赛，推出优秀的生涯教育作品。

通过大面积开展大学生职业生涯教育，在一定程度上提高了大学生对就业和未来职业生涯成长的认识水平，引发了对个人品质与职业要求之间关系的理性思考，唤醒了学生的职业自觉，并且学会应用职业测评系统进行自我测评，掌握基本的职业适应度分析技术和自我生涯规划的方法，同时提高大学生对专业学习和参与各类活动的自主选择、自我调节的能力。通过职业生涯教育，一定程度上提高大学生专业课程学习的主动性，提高大学生人格自我完善的自觉性。

在大学生职业生涯教育开展过程中，高职院校普遍重视师资的培训和培养工作，组织参加社会举办的专门培训，有条件的学院还邀请相应的培训机构，在校内开展专门培训。比如青岛职业技术学院曾与北森生涯（北京）教育科技有限公司合作，在校内开展职业生涯教育培训师（TTT）培训，同时组织全球职业规划师（GCDF）培训、全球生涯教练认证（BCC）培训、团体辅导认证（GCT）培训、学生服务技术（SST）培训等。经过系统培训，初步形成了一支

相对专业的开展职业生涯教育的师资队伍。①

2. 困惑与误区

首先，是心理测试工具化。在大学生职业生涯教育中，认识自我是基础模块，即通过一定的技术引导和心理测量，让学生了解和认识自我的相关心理特征和状态。在这个过程普遍采用专业公司开发的测评系统。这些测评系统大体属于心理测评工具。测评过程可能出现以下几个困难或偏差。第一，教学环境因素和学校文化因素、专业特征以及组织管理方面的因素，致使测试的环境较难控制，测试过程准确性受到影响；第二，开展生涯教育的教师，大都是兼职教师，心理科学理论欠缺和心理测量临床处置专业性不高，在对测试结果进行解析的环节，对测试中各种影响因子统合分析能力不足，导致测试结果出现偏差；第三，在课堂环境的或学生自然状态的测试，学生很容易将自我的"期待特征"和"现实特征"在具体测试问题上相混淆，测试出来的可能是自我的期待或自我感觉，测评结果不够客观准确。总之，自我测评借用心理测试工具，测试环境变量控制和测试结果的解析过程的专业性受到心理科学的质疑，心理测试趋于工具化致使自我认知失真，影响后续的结合职业的规划。

其次，目标职业抽象化。大学生职业生涯教育，一般作为公共课程开设，主要传授生涯规划的一般方法，包括如何认识自我、如何认识职业世界、如何选择适合的职业或者确定适合自己的职业发展路径、如何分析自我与职业之间的关系、如何规划未来职业发展等。作为一般方法的学习，通过大体统一的教学内容和进程进行教学，由学生根据自己所学专业，自我进行面对具体职业的规划，作为公共课程的《职业生涯规划》，其"职业"是一个抽象的概念，面向所有可选择的职业。这说明目前的职业生涯教育课程中，真正面对具体职业进行的自我反省和规划的过程，并不是教学的重点，也没有专业教师指导，当学生真正面对职业时的指导是《职业生涯规划》课程教学的"真空"。对于每一个学生，他要面对的是一个具体的职业，他需要进行认真思考的恰恰是面对真实的职业的指导和辅导，这一环节的指导目前存在"缺位"现象。大学生《职业生涯规划》课程教学，是职业生涯教育最基本的形式，由于长期"应试教育"和知识性的传授和学习习惯，《职业生涯规划》课程的学习的结果不是自我的反省，而是被"异化"为知识技能的课程"作业"或"作品"。对于生涯教育的真正意义呈现出浅表性。

最后，价值导向功利化。大学生职业生涯教育，主要目的在于唤醒学生的

---

① 张洋阳. 大学生职业生涯规划 [J]. 科技创新导报，2011（25）：229.

自我职业自觉，培养学生面对和处理内在动机与外在环境相互关系的正确态度和现实能力。近年来的职业生涯教育正在由"匹配论"转向"适应论"，更强调对职业领域的主动适应，然而无论是强调"匹配"还是"适应"，都以追求事业的"成功"为最终目的。职业生涯教育的终极目标是追求事业的成功，而不是人格的自我完善。从哲学价值论的观点来看，用事业成功替代"自我实现"，修养德行以功利为目的，导致的人格功利化倾向，职业生涯教育就成为指职业成就的人格训练。追求"至善"的根本教育价值"扭曲"和"异化"，功利目标掩盖了人格发展。

三、高职大学生职业生涯教育的对策

1. 职业生涯规划教育的价值定位

教育的功能和使命，应该从不同的层面去理解。从最一般的意义，即从现实的角度来看，教育可以帮助人学会工作，自食其力以满足个体的生存；从专业的角度，即从教育者的角度理解，则体现为各种教育理论和教育思想、各式的教育模式；从哲学价值角度理解，即从根本目的来看，教育的精神在于追求"至善"①。真正教育的意义在于人格的完善，也就是个性的全面发展。享业的成功只是自我实现的外部表现，是"自我实现"的外显特征，是人格完善的附带品，真正意义的自我实现，是个人生命价值的合理实现。因此，教育（包括生涯教育）的根本意义在于促进自我反省、自我认知、自我完善，职业是自我实现的载体，成绩是自我完善的标志。个体借助职业以建构自我、塑造自我，最终超越职业局限，实现生命自我。因此，大学生的职业生涯教育，必须首先树立正确的教育观，真正体现"以人为本"的原则，把追求财富和成功的设计和规划，置于"善"的正当性原则之下。

2. 职业生涯规划教育与专业教育相结合

根本上讲，个性的发展是超越具体职业局限的，然而每个人的成长又必须经过具体职业的承载，即通过职业化来实现社会化。职业是个性发展的必然途径，个体要通过职业实现自我经济独立，通过职业归属实现与社会的身份认同，通过职业个性品质来塑造和展示自我。每一个学生个体，所面对的是具体的职业，而不是一个抽象的职业概念。职业生涯规划，是一个面向未来的、以时间为主轴的事件序列，这个事件序列必须以具体的职业情境和职业内容为依据和

---

① ［印度］克里希那穆提．教育就是解放心灵［M］．张春城，译．北京：九州出版社，2010：3-4.

内容。因此，职业生涯规划，就是要在清晰而具体的职业中进行的自我的人生规划。职业生涯教育，必须与专业紧密地结合起来，规划出来的才不会仅仅是"作业"或"作品"。不同的专业有不同的职业指向，则有不同的职业情境和职业工作内涵，而专业内涵集中体现在专业课程里，专业课程教学与专业相关的生涯教育的结合，是职业生涯规划走向现实的必由之路。

3. 促进职业生涯规划教育队伍专业化

职业技术规划课程，目前还处于刚刚起步阶段，各高等院校的专业学科建设尚不完善，承担职业咨询和生涯教育的，主要是专业的公司或社会机构。高职院校承担职业生涯教育的教师，大多数由其他专业转行兼任，比如思想政治课教师、心理学教师，还有学生班级辅导员教师。他们在学校开展职业生涯教育过程中，接受专业公司的各类培训，尝试进行《职业生涯规划》课程教学。各院校因起初设置职业生涯课程和承担职业生涯教育的部门不同，师资以及组织结构不同，课程教学会有很大的不同。总体上，职业心理测量与大学生心理健康教育相结合、大学生心理健康咨询与大学生职业咨询相结合，提高心理测评的专业化水平，是提高大学生职业生涯教育的又一个重要任务。另外，综合设计职业生涯教育的体系结构，准确定位职业生涯的学科性质，并谋求"职业生涯规划"的学科地位，也是促进职业生涯教育健康发展的重要一环。

综上所述，高职大学生职业生涯教育，在各院校基本完成了起步，并得到了普遍的重视。同时，也应该看到职业生涯教育目前仍然存在许多问题，比如学科的体系结构和师资建设等，特别是价值定位的问题，都需要在实践的基础上开展系统深入的研究和探索，以期真正成为帮助高职大学生谋划未来发展的基石。

工作随想：师生之间

记得是前几年，还没来青岛的时候，出差到太原，因为有事在母校边等人，看到一个曾经熟悉的背影，只是头发花白了许多，那是我们的沈老师，沈老师一回头，一口就叫出了我的名字，让我非常惊讶，也非常感动，她是像当年那样，很自然地看到我的第一眼就叫出来了，没有思考，没有迟疑。我们教了很多学生，能记住的有多少，一眼能叫出来的有几个呢？

回到老家，一直想吃当年老家的酸菜，父母年纪大了，不能自己做了，正是感觉遗憾的时候，却发现家里有，还能吃上呢。可不是父母自己做的，问了才知道是父亲当年的一个学生做了，每个星期给送些来。这都好几年了，不光是送酸菜，而且是包括平时吃的东西，也常常替我父母去捎来。在家小住几日，后来也认识了，聊天，说话。不是很熟悉，但有一点是真实的，他们这样做就是因为我爸爸是个好人，好人，就应该对他好点。我们曾经对我爸爸这种处处施好心的"好人"行动很生气，他常常因为好心，被人利用，上了很多次当，总是不吸取教训。可这一次让我们明白了，其实当好人自有当好人的意义，如果每个人都变得聪明起来了，都不当了，世界是什么样子？什么老人扶不扶的问题，在我们小的时候，根本不是个问题，现在是怎么了呢？其实我想说的是老师打学生的事。当然打人是不对的，体罚是不对的。但我在反思一个问题，我们小的时候，家长把孩子送学校，最常说的一句话是"不听话，你就给我打"。我记得我小的时候，老师大概是常常打的，一年级的时候，那个老刘老师，就是拿鞋刷（代替黑板擦用的）打手，后来上初中，是因为偷着吸烟，让老师用鸡毛掸子打手，当时只感到自己有错，该打，没想着到告诉家长打官司，况且即便告诉了家长，也是另一顿打，或许比老师的也不轻呢。长大了，想起来，一方面好笑，另一方面也因这些手板子，跟老师特别亲切。因为是教师子女，常常听父亲说，常常是那些调皮的孩子，常常挨打的，跟你感情深，那些当年看好的、护着的学习好的学生，往往很无情。

2004 年我在一所小学支教，教四年级的《社会》课，常常在四年级的办公室待着，也见那些老师还用着很古老的办法，打手板子，我不感到有什么不好，也没见那个孩子回家告状了，因体罚打官司了。可现在，却常常发生家长和学校之间会发生虐待儿童的事件。我看到的是，幼儿园的老师那种对孩子的打法，就没把那孩子当人，只是和自己朋友家的商店买的洋娃娃一样的感觉。

教师职业化，职业化就得概念化、抽象化，体罚学生，作业布置，全部根据一个明文规定来，生字写 50 次，还得家长签字……

这是怎么了，我记得那时候老师打学生，每一板子都是爱，可现在这爱在哪里呢？

第二节 职业意向教育有效性分析

高职大学生经过三年的学习，面临人生的一次大的社会角色的转变，即学生角色身份转变为各行业的从业人员，即在职角色。经过十几年的学习，高职阶段将终结其学生时代，进入社会。从学校到职场的变化对学生心理的影响，超过了以往从学校到学校的层次变化。一般来讲，走向职场的大学生，必然会引起学生较大的心理变动，入职后的心理适应，关系到其职业生涯的发展。择业效能感是学生即将离开学校进入职场时的自我评价，是入职适应的心理准备，它是直接影响学生入职适应的关系因素。

一、研究意义和理论依据

党中央、国务院高度重视、各地方积极行动，科研领域为探索更好的就业创业方法，也加紧攻坚。教育部文件提出强化就业指导服务，深入开展个性化辅导与咨询，帮助毕业生合理确立职业目标，及时疏导毕业生求职过程中的焦虑、依赖等心理问题，增强其应对竞争及挫折的抗压能力。为深入分析高职学生择业、就业准备状况及影响因素，进行本研究。

Hackett 和 Betz（1981）最早将自我效能理论用于职业心理学和职业辅导领域。Betz 和 Taylor（1983）提出了择业效能感这一概念，他们认为择业效能感（Career Decision – Making Self – Efficacy，CDMSE）就是"个体对于成功参与职业选择和职业承诺等相关任务的信心水平"，这个信心水平通过五个方面进行评估，分别是自我评价、收集职业信息、确定职业目标、制定未来规划和问题解决[①]。彭永新、龙立荣（2001）提出择业效能感，又称职业决策自我效能感，指决策者在进行职业决策过程中对自己成功完成各项任务所必需的能力的自我评估或信心[②]。具备同等知识和技能的个体，在职业行为，包括职业选择、职业态度、工作绩效等方面往往存在着很大的差异，而择业效能感这一内在自我调节系统在其中起着非常重要的作用。

职业院校在职业培养的过程中，会进行专门的职业意向教育。比如新生入学后进行了专业认识教育和持续进行的专业意向教育，适时进行的系统的职业生涯规划教育，面临顶岗实习时进行的职业指导和创业指导等，都在努力提升学生选择职业时的决策水平。学校的这种专门的职业意向教育，与职业知识、职业技能教育相互联系。对学生的择业效能感进行测量和分析，可以反映学生在院校接受职业培养和职业意向教育的效果。当然，这种研究是对学校该项工作的反馈，是学校改进工作的重要依据。

二、研究方法及工具

此次调研发放问卷 850 份，有效问卷 838 份。其中女生 428 人，男生 410

---

① Betz, N. E., Klein, K. L., Taylor, K. M. Evaluation of a short form of the career decision – making self – efficacy scale. Journal of Career Assessment, 1996, 4（1）：47—57.

② 彭永新，龙立荣. 大学生职业决策自我效能测评的研究［J］. 应用心理学，2001（2）：38–43.

人；独生子女 401 人，非独生子女 437 人；来自乡镇 577 人，来自城市 261 人；有宗教信仰的 61 人，无宗教信仰的 777 人；施测对象年龄区间为 18—26 周岁，平均年龄为 21.3 周岁；有学生任职 158 人，参加社团 511 人，有职业生涯规划 346 人；家庭收入 3000 元以下 288 人，3000—5000 元 318 人，5000—10000 元 178 人，10000 元以上 54 人，父母学历水平如下表。

表1　父母学历分布表（单位：人）

	小学	初中	高中	本科	研究生
父亲	141	349	261	67	18
母亲	182	358	221	59	18

表2　学生专业分布表（单位：人）

专业	人数	专业	人数	专业	人数
电气自动化技术	50	人力资源	13	酒店管理	42
电子商务	11	软件技术	34	旅游管理	31
服装设计	26	商检技术	15	模具设计与制造	11
国商	10	商务日语	6	中爱会计	33
海洋化工生产技术	16	生物制药技术	26	中新旅游管理	10
航空服务	15	市场营销	39	应用韩语	11
环境监测与评价	11	数控技术	17	应用化工技术	47
环境艺术设计	17	物联网应用技术	11	影视动画	10
会计	26	物流管理	37	邮轮服务与管理	6
机电一体化技术	70	休闲服务与管理	11	制冷与空调技术	34
计算机网络技术	11	学前教育	48	音乐教育	11
计算机应用技术	72				

此次调研采用分层抽样的方法，对被试进行选择，首先将被试按专业门类分开，而后在不同的专业门类中进行随机抽样。被试选定后，采用问卷调查的方法对被试进行《择业效能感问卷》施测，该问卷 Bartlett 的球形度检验卡方值为 22596.53＊＊＊，Cronbach's α 系数为 0.964，表明该问卷具有较好的效度及信度。施测结束采用 Excel 软件进行数据录入，采用 SPSS 18.0 软件进行描述性统计、相关及差异性检验等的统计分析。

原量表由 Betz 和 Taylor 于 1983 年编制，2001 年修订。量表有 25 个题项，包括自我评价、信息收集、目标筛选、制订计划和问题解决五个维度，量表为自评量表，采用 7 级计分方式①。经龙燕梅翻译修订后的中文版简式择业效能感量表仍保留了原来的 5 个维度 25 个题项。② 本研究在采用此量表前对其信效度做进一步检验。

表3　各项目间 Pearson 相关性统计表

	总分	自我评价	信息收集	制订计划	目标筛选	问题解决
学业适应	.476＊＊	.453＊＊	.482＊＊	.398＊＊	.456＊＊	.442＊＊
生活适应	.462＊＊	.453＊＊	.450＊＊	.391＊＊	.449＊＊	.429＊＊
人际适应	.243＊＊	.234＊＊	.240＊＊	.198＊＊	.239＊＊	.228＊＊

注：表中数字代表两个项目间的相关系数，＊代表 $p < 0.1$，＊＊代表 $p < 0.05$。

三、结果与分析

（一）择业效能感在人口学变量上的差异

对独生子女及非独生子女的被试，在各项目上进行独立样本 t 检验，发现在非独生子女在生活适应的自我报告中显著高于独生子女。在进一步访谈中发现非独生子女有更多机会参与家务活动、分担家庭责任，有些身为姐姐或哥哥的孩子还需承担照料者的角色，家庭角色的多重性，提升了非独生子女适应环境的意识和能力，这种锻炼增强了学生应对生活的信心，由此可见必要的生活常识和相对多重人际关系训练，能够增强学生面对生活的效能感，这也证明了我校提出的生活技能培养和重视朋辈效应的育人目标的具有积极的意义。但是，独生与非独生子女在其他方面并没有表现出显著差异。

对不同收入水平的被试，在各项目上进行单因素方差分析，发现不同家庭收入的被试在问题解决上存在显著差异。后单独提取家庭月收入 3000 元以下及 10000 元以上两组对择业效能感及其各分量表进行独立样本 t 检验，发现高收入家庭在问题解决上的得分（M＝39.67）显著高于低收入家庭（M＝37.49），t＝－2.105＊。方长春、风笑天在《家庭背景与学业成就——义务教育中的阶层差

① 黄姗. 曾留守大学生择业效能感及其与社会支持、应对方式的关系研究［D］. 南京：南京师范大学，2013.
② 景彩峰. 本科生就业压力与择业效能感：社会支持和积极应对的中介作用［D］. 西安：陕西师范大学，2016.

异研究》中写道："家庭文化资本有着非常强的代际继承性，它会直接影响子代学业成就的获得，而家庭经济资本和社会资本则通过影响子代对教育资源的选择而影响子代的学业成就。"① 这或许可以解释一部分差异的原因，即家庭经济条件好的同学，获得资源相对充分，获得解决问题的锻炼机会较多，有条件完整地体验解决具体问题的过程，并获得积累。然而家庭收入对问题解决的影响因素还需进一步研究证实。

表4 择业效能感高低分组在学业适应、生活适应、人际适应上的 t 检验及
问题解决在家庭月收入上的方差检验

	生活适应			问题解决
	独生	非独		家庭月收入
均值	5.39	5.73	F 值	2.746 *
t 值	-2.2 *			

对择业效能感总分及各分量表在性别等人口学变量上进行差异检验，未发现显著性差异。这与 Hachett 和 Betz 的研究结果不同，二人的研究发现男女的择业效能感的水平是存在差异的。这可能是社会发展促进男女社会地位和机会越来越平等的结果，该结果可以在后续研究中进一步探讨原因。

（二）择业效能感在父亲学历上的差异

对不同父亲学历的被试，在各项目上的得分进行方差分析，发现父亲学历不同的被试在问题解决、目标筛选、信息收集及总分上存在显著差异。后单独提取父亲学历为小学及高中以上两组对择业效能感，及其各分量表进行独立样本 t 检验，发现父亲学历高的学生在择业效能感总分及各分量表上的得分均显著高于父亲学历低的学生。李文秀在其硕士论文《父亲参与教养与大学生学业成就的关系：成就动机和学业自我效能感的中介作用》中验证父亲参与教养、学业自我效能感、成就动机和大学生学业成就正相关显著②；父亲参与教养、学业自我效能感和成就动机共同正向预测大学生学业成就。由此可以看出，父亲的文化程度及参与教养的程度，将会对学生效能感产生明显的影响。

---

① 方长春. 家庭背景与学业成就——义务教育中的阶层差异研究 [D]. 南京：南京大学，2008.

② 李文秀. 父亲参与教养与大学生学业成就的关系：成就动机和学业自我效能感的中介作用 [D]. 哈尔滨：哈尔滨师范大学，2015.

表5　择业效能感各项目在不同父亲学历水平上的方差检验

	总分	问题解决	目标筛选	信息收集
F 值	2.442 *	2.304 *	2.702 *	2.444 *

表6　择业效能感在不同父亲学历上的 t 检验

择业效能感	父亲学历	均值	t 值
自我评价	小学 高中以上	36.25 39.35	-2.90 * *
信息收集	小学 高中以上	35.74 38.98	-3.02 * *
制订计划	小学 高中以上	36.20 39.36	-2.98 * *
目标筛选	小学 高中以上	36.46 39.71	-3.07 * *
问题解决	小学 高中以上	36.64 39.36	-2.55 * *
总分	小学 高中以上	181.29 196.77	-3.02 * *

（三）择业效能感在适应性上的差异

将被试择业效能感总分按降序排列，选取前27%和后27%组成高低分组，并对其进行独立样本 t 检验。从表7可见，择业效能感高低分组在学业适应、生活适应、人际适应上的自我报告有显著差异。后以学业适应、生活适应、人际适应为自变量，以择业效能感为因变量进行线性回归分析，由表8可见，三者皆进入回归方程，其中学业适应和生活适应可以正向预测择业效能感。也就是说可以通过提升学生学业适应及生活适应的水平，增强学生的择业效能感。在研究前的假设中认为人际适应会增强择业效能感，在其他研究中发现，新入职人员的人际适应显著影响其职业效能感，然而该研究发现人际适应虽然进入回归方程，但对择业效能感没有正向预测作用，在后续研究中可以通过丰富人际适应的测查内容进一步探索二者的关系。

表7　择业效能感高低分组在学业适应、生活适应、人际适应上的 t 检验

	学业适应		生活适应		人际适应	
	均值	t 值	均值	t 值	均值	t 值
高分组	6.19	13.58***	6.27	12.646***	6.30	12.45***
低分组	4.39		4.72		4.79	

注：表中数字代表两个项目间的相关系数，＊代表 p＜0.05，＊＊代表 p＜0.01，＊＊＊代表 p＜0.001。

表8　大学生适应对择业效能感的回归分析

变量	B	SE	β	t
学业适应	6.93	1.18	0.29	5.88***
生活适应	5.90	1.33	0.22	4.44***
人际适应	0.30	0.48	0.02	0.63***

（四）择业效能感在职业生涯规划上的差异

对有无职业生涯规划的被试，在各项目上进行独立样本 t 检验，发现有职业生涯规划的学生在各项目上的自评得分都显著高于无职业生涯规划的学生。有这也说明生涯规划的学生在择业效能感总分、问题解决、目标筛选、制订计划、信息收集、自我评价、学业适应、生活适应、人际适应上的得分都显著高于没有职业生涯规划的人。由此可见，职业生涯规划能够帮助学生提前了解职业、思考择业、准备就业，这也为教育者提出了加强学生职业生涯规划指导的启示。

表9　有无职业生涯规划在各项目上的 t 检验

		均值	t 值			均值	t 值
总分	有规划	192.09	3.662***				
	无规划	183.18					
问题解决	有规划	38.20	3.169**	自我评价	有规划	38.42	3.714***
	无规划	36.63			无规划	36.57	
目标筛选	有规划	38.72	3.835***	学业适应	有规划	5.70	3.878***
	无规划	36.79			无规划	5.30	

		均值	t 值			均值	t 值
制订计划	有规划	38.48	2.723**	生活适应	有规划	5.86	4.122***
	无规划	36.90			无规划	5.48	
信息收集	有规划	38.27	3.776***	人际适应	有规划	6.03	2.826**
	无规划	36.29			无规划	5.54	

四、对院校就业教育的启示

（一）以人为本，建立系统育人体系

第一，以学生全面发展为核心理念，把学校教育与家庭教育、社会教育统一起来。通过现代信息技术平台，建立三方教育互动平台，实现三方教育的动态协同。实现家庭教育、学校教育和社会教育的目标统一，方法互补。关注"父亲"在家庭教育中面对、思考和解决具体问题的引导作用，要特别关注单亲家庭，尤其是父亲缺失的单亲家庭子女的教育，并通过学校理性的系统的教育行为，以适当弥补低学历"父亲"的不足。

第二，在教学中要坚定不移地秉持以人为本的宗旨，关注学生的全面发展。在扎实做好职业技能培养的同时，注重生活技能的培养，有意识地引导学生理性地解决生活和学习中的实际问题，并促进职业技能和日常生活技能的一体化综合提升。加强学校教育中课程以外的日常生活引导，强化学生的价值观教育和行为管理。

（二）价值引领，构建正向人际关系

第一，充分发挥学生管理职能，倡导积极、友善的人际关系，引导学生正常表达内心情感和感受，构建正向、进取、和谐的人际关系，诱导培养以形成健全的人格。

第二，发挥学校心理教育机构等部门的职能，有针对性地进行人际沟通方面的指导，适时解决学生在人际沟通中的困惑，并给予正确的沟通方法指导。

（三）唤醒自我，科学规划职业生涯

第一，加强学校职业生涯教育，改善生涯教育系统，把生涯规划延伸到各个学期，并建立规划和成长档案，形成持续的自我反省、职业决策和不断调适的制度性要求，贯穿于职业学习的过程，提高职业选择的自觉性水平。

第二，强化职业探索环节，鼓励专业课教师和企业兼职教师加入生涯规划

教育体系，与学生建立相对稳定的关系，促使生涯教育中职业探索环节更接近真实的职业现实，增强择业效能感的理性品质。

工作随想：我应该不要再讲《红楼梦》

几年前，学院开始动员老师开公共选修课程，当时因为长期的对《红楼梦》的偏爱，希望把自己读书得到的心得与同学分享，或许能感染到部分同学吧。想来青职讲坛，鼓起勇气也就上去了，第一学期是16课时8讲，后来加到32学时16讲，每次实际上到最后都感觉讲不完，一般会在人物论的宝玉、黛玉、宝钗三个人时超时，完成不了任务。但因这三个人实在太重要（是我认为太重要，或许是很多人也认为他们太重要），所以就是讲不完了，也得在这里多讲点。后来发现不过是自己的偏好吧，其实每个人都很重要。今年春节时，在电视里看台湾大学欧丽娟老师的系列讲座，发现自己真的有许多的想当然。研究还很粗浅，思考不太系统，也不太严密，理论根据也不充分。对于其中的人物，真的是这样，每个人物，都是一个独特的存在，每个人都有着自己独特的生存状态，以及由于这个状态和自身天赋性格共同形成的独特的行为方式，每个人有自己的过人之处，每个人也有自己的无奈。越学越觉得，自己的粗浅，不应该把自己的想当然，变成或者强化学生的想当然。

的确，每个时代都有着这个时代的主流价值，对于很多过去发生的事件，这些事件中非常重要，就是说在当时非常重要的东西，现在看来是很容易被忽略。我们总不自觉地用现代人的价值观去投射古人的价值观，去评价古人的行为，在面对古人的故事中，去解读我们自己的观点。这的确是个问题。事实上，现代人并没有比古人认识境界高远，更有文化修养。老师说，现代人除了科技比古人发达外，人的精神境界真未必能赶上古人，所以我们轻视古人，确有些不自量力。

想来这几年改编的古代故事，在原来很美好的爱情故事中，加入很多我们自己得意的、喜爱的那些所谓纠结，让一个美好动人的故事，附着了很多现代人的矫情，很经典的故事，变成了长达几十集的电视剧，情节越来越复杂，但故事越来越不动人。这几天和同事一起聊着"白雪公主和七个小矮人"的故事，这个故事在教学中也被改编，王后三次找到白雪公主，简化成了一次，苹果变成了洋柿子……现代的年轻人不再希望有一个"过程"，都不想当乔峰，去一天天地练习武功，都希望着自己是虚竹，能遇上无涯子，两个时辰把80年的功力一次性注入。我们在想，那公主为什么叫"白雪"，是因为她纯真、善良。有同学跟帖中说，这是傻。然而，这纯真与善良，要真的全变成了我们所希望的

"聪明"，那公主怕不能再叫"白雪"。那是一个象征，是人类对美好品德的一种期待。王子，是光明、正义和高贵的象征，高贵者不只因为身份，而更因为品格。在这个故事里，它是一种力量，有了这个王子，才使白雪公主的善良和纯洁有了归宿，这个象征美好的品格才有意义，也说明了善良和纯洁的坚守会得到应有的福报，尽管历经磨难，总会给人以希望。否则，这善良和纯洁就只是当作被毁灭的对象而存在，那整个故事的价值境界就会失去了提升人格的意义，试想这样的世界，似乎真的不值得我们留恋。《七宗罪》中那个单纯善良的警察的妻子，无辜地被杀，才使我们认为这个世界而进行的战斗有意义，毕竟不是所有的人都堕落，这些善良的人本不应该受到惩罚。想来，我们的黛玉之所以存在，就是要体现这种纯粹的性灵的意义，它的生命是独特的，红楼梦中每个人的生命，都是复杂的动态的存在，就是这复杂中，才能让我们一层又一层地达到人性的深处。还有宝钗，她因成为当时伦常教化的儒学的道德楷模，也有那么多的无奈，最后也有那样"雪里埋"的命运。一个个生命是独特的，他们的苦难也是独特的，每个人有自己的天堂，也有各自的地狱，但最终难逃"薄命司"的宿命，这是时代的悲剧，是青春的悲剧，是贵族阶级的悲剧，是世间生活的悲剧。

大观园的存在，为那些少女青春提供了展示的空间，有了大观园，特别是有了宝玉这个"绛洞花主"以做护花使者为平生事业的关爱，少女的青春是鲜艳的，而且各有各的鲜艳。然而大观园地起造、运作，却是难以割断世俗的繁杂，更难以超越礼法的限制。因而青春的美好不过是暂时的，是一开始便注定的暂时，秩序的存在是自由的保障，俗务的繁杂是优雅的基础，然而自由和优雅毕竟是那样让人向往。在雅与俗之间这种先天的悖论中，时光流转，人在其中便有不尽的苦难和忧伤、不甘和坚持。一切崇高都是在世俗中历练而成，必须经过"十里街""仁清巷""葫芦庙"，然后经过苦难后才可能顿悟。先天的美好天真一直保持，是幸运也或许只是幼稚，然而我们却又怀念着童真，有梦的人总是在梦与现实之间承受，或者坚守或者妥协，在坚守与妥协中或批判或建构。也或许到最后，大家都希望自己并不曾有梦，简单地过着，因此"混"便成为一种境界，大家常常问朋友，最近混得怎样？你混得不错云云。

文学的价值，就是要通过每一个角色，用他们独特的生命，去引导我们思考人性。文学反映的是现实，借着文学角色的思考，我们思考着身边的生命。不仅仅是聪明不聪明，高尚不高尚。这条路很长，需要一点一点地去感受，去思考，去建构，然而建构又未必有个完美的结果。史先生说，在于过程，这个建构的过程，有生命的投入。

有一段时间记得读过一本书，叫《遇见未知的自己》，说外边没有别人，只有你自己，就是说我们在世界中所看到的一切，都是自己内心的投射。我们只能看到我们能够看到的，而永远看不到我们自己内心无法企及的。文学或者可以带着我们，试图突破这个自我，突破我们自己的价值观，去更广阔地感受别的生命的存在。我想这是另一个世界吧，因为每个人都是一个世界。书中的角色，有着角色自己的生命，现实中的人表演着自己的角色。《红楼梦》太深，我太浅，认识到这一点，真诚地回归去认识的阅读，比想当然的讲解更有益。

我们对自己的世界完全了解吗？我们可能去了解别人的世界吗？

第三节　毕业生职业适应状况分析

根据心理学规律，当个体面对重大角色转变和环境变化时，都会有一个心理调适的过程，即心理改组。高职毕业生面临从学生角色转变为职员或员工角色的转变，同时也面临生活场所从学校到职场（企业）的转变，这必然也要经历一个心理改组的过程。高职学生毕业后走入职业，是十几年的学生时代的终结和一生职业生涯的开始，是学生真正走向社会，面临知识智力、人际关系和价值观念的一次全方位的重建和调整。本研究重点就在于关注高职毕业生入职后半年到一年内的职业适应过程，力求站在高职毕业生的主体立场，重点在于找到影响他们职业适应的因素，目的是找到解决问题的对策，为高职院校的培养过程，特别是职业生涯教育、就业指导等提供借鉴。为此，我们首先随机对在职不同角色的对象进行初步的热词收集，进而分析这些关键词所代表的意义，设计问卷进行抽样定量调查，同时通过访谈的形式，进行毕业生职业适应的个案研究和归纳①。

本课题的研究，面对95后以至2000后出生的青年一代。从新生一代的高职大学生成长的社会背景看，存在各种表述方法，如"网络时代的原住民""后现代"等等，其中，以美国人类学家玛格丽特·米德提出的"后喻文化"的观点较为中肯。研究中借鉴这一观点，以说明年青一代成长的时代特征，并展开研究和讨论，更好地把握职业适应问题的时代背景整体的社会环境，以期研究具

---

① 汪伟. 大学生入职适应影响因素的实证研究［J］. 中国成人教育，2016.

有鲜明的时代意义①。

研究小组首先对所在院校的毕业生职业适应影响因素进行调研分析，调研分两步，先随机抽取少量的对象，收集相关热词，并进行初步统计；进而编制问卷，利用问卷星进行调研和统计学分析。

（一）毕业生职业适应影响因素热词收集

通过对就业指导教师、企业新员工管理人员、高职院校毕业生、专业教师等不同角色的人收集影响职业适应的因素的关键词，汇总结果如表10。

表10　影响职业适应调查关键词频率统计表

关键词	频率	关键词	频率	关键词	频率
兴趣	25	职业规划	21	工作环境	31
处事方式	10	家庭环境	11	工作时间	4
心理定位	10	追求	6	人际关系	29
能力	20	生活方式	5	领导水平	16
性格	21	发展空间	10	工作性质	5
情绪	9	价值观	10	公司规格	4
心态	11	思考	5	薪资待遇	6
需求	6	勤奋	4	公司前景	22
快乐	5	学习	6	企业文化	14
认知	5	换位思考	6	阶段	5
信仰	4	分寸	5	成就	5

从表10的数据看，这些因素包含大体三个方面，一是完全的个性心理因素，二是在职业活动中形成的主动适应和感悟，三是职场条件方面的因素。我们依照上述的初步调查，结合心理学相关理论进行统合分析，形成关于影响学生职业适应的因素框架，并依据这个框架编制调查问卷，进行测量分析。

（二）高职毕业生职业适应问卷调查

研究小组根据上述结论进行理论梳理，将这些要素分为主观和客观两个方面，毕业生主观方面，我们参考北京师范大学研究成果，中国学生发展核心素养的内容，即文化基础、自主发展、社会参与三个方面的人文底蕴、科学精神、

---

① ［美］玛格丽特·米德. 文化与承诺［M］. 周晓红，周怡，译. 石家庄：河北人民出版社，1987.

学会学习、健康生活、责任担当、实践创新六大要素，依照学生个性心理规律，进行认知、情感、意志、行为四个方面进行分解；在很客观的职业领域，我们从职业工作性质、公司组织结构、人际关系和公司文化等方面进行分解。编制了《高职学生职业适应调查问卷》①，利用"问卷星"通过就业部门统计的手机号码，向毕业生发送问卷，收回有效问卷 226 份，用 SPSS 进行分析结果如下。

1. 用独立样本 T 检验，在不同人口学变量上对职业适应成绩进行检验，发现职业适应成绩在性别、年龄上没有显著差异，但在是否为独生子女、来自城市或乡镇、是否参加社团、是否有入党打算上存在差异，在是否有职业规划、是否曾担任学生干部、是否经常参加体育运动上存在显著差异。

表 11　职业适应在不同人口学变量上的差异检验

		独生子女	入党打算	来自城市	参加社团	学生干部	职业规划	体育运动
M	是	188.3	182.81	196.32	181.99	190.60	200.40	192.95
	否	175.11	170.97	176.77	168.53	172.06	172.86	174.11
t		2.306	2.279	2.705	2.284	3.850	5.058	3.553
Sig.		0.023	0.024	0.007	0.023	0.000	0.000	0.000

由表 11 数据可以看出独生子女、城市、有入党打算、参加社团的学生在职业适应上的自评得分高于非独生子女、乡镇、没有入党打算、未参加社团的学生。独生子女在家庭中享受的教育资源优于非独生子女，有可能参加过多种系统性的社会培训；接受城市生活、参加社团能够更多地接触社会，拓宽信息来源，帮助学生更好地适应自己的职业；有入党打算的学生更为积极进取，对未来有目标有约束并为之努力，这种自主发展过程帮助其积累了职业适应的能力。表 11 中的数据可以看出，有职业生涯规划、担任过学生干部、经常参加体育活动学生的职业适应自评得分显著高于没有职业生涯规划、未担任过学生干部和偶尔参加体育锻炼的学生。职业生涯规划帮助学生更早地思考职业选择及职业中需要的能力及可能的问题，担任学生干部提供了更多的工作素养、人际交往、环境适应等职业预演机会，锻炼了学生的综合能力，在这种心理及能力准备下能够提升学生职业适应的自信，帮助学生提高职业适应水平。同时经常参加体育运动无论是在身体上、心理上都能使学生保持健康向上的状态，打牢学生职

---

① 由研究小组共同讨论设计问卷，马雪负责编制并上传问卷星，苏娟负责组织调查，滕川进行数据分析。

业适应的基础。

2. 运用方差分析对职业适应成绩在不同水平下进行观测发现，在家庭月收入、父母文化水平上存在差异，而且职业适应成绩随父母学历从研究生到小学而下降，随家庭月收入从 10000 元以上到 3000 元以下而下降。由此可以看出父母文化水平及家庭收入影响学生的职业适应程度，而背后的影响因素及过程还需通过后续研究进行探索。

表 12　职业适应在父母学历及家庭月收入上的差异检验

	母亲文化水平	父亲文化水平	家庭月收入
F	3.420	3.842	3.949
Sig.	0.010	0.005	0.009

3. 分别选取工作适应、生活适应、人际适应和环境适应的前后 27% 的数据，检验高低分组上职业适应的得分，均发现高分组的职业适应显著高于低分组的职业适应，说明职业适应水平较高的同学与适应较低的同学的职业适应能力存在统计学意义上的区别。

（三）高职院校毕业生职业适应影响因素分析

马克思主义认为，客观事物的发展变化的规律是内因是根据，外因是条件，外因通过内因而起作用，内因、外因相互作用。高职毕业生职业适应的内在规律是毕业生自身的能力和人格素养，外因是职业工作和生活的环境条件。主观原因，即内因最终必须体现为毕业生的个性心理特征；而外因则大体包含职业工作的强度、难度和复杂程度，职场的人际关系特征和公司的制度特征，行业的规范和观念以及其他精神特征等。具体来讲：

1. 高职毕业生主观方面因素。

（1）身体素质特征，包括毕业生的身体健康状况和身体对工作、生活自然环境的适应程度。这部分可以归纳为毕业生生理性的特征对职业客观环境和工作任务强度和特征的物质性的适应。除有先天性的或者特殊行业外，一般不会成为职业适应的主要影响因素，毕业生会自觉地完成生理性的适应。当然也有长期娇生惯养的学生，严重缺乏吃苦精神的学生，会感到工作强度和工作时间长，难以坚持。

（2）职业技能水平和能力，这是学生在学校专业课程教学中所能学到的知识、技能，并发展其职业能力的结果的最终实践体现。

（3）毕业生的人格特征，即包含学生认知、情感、意志不同心理过程的水平和活动特征，高职毕业尽管价值观仍然在可塑期内，然而个性心理特征也到了定型阶段。个性心理特征包括气质、性格、能力也处于发展关键期。这些特征都是影响学生适应性的基本要素。

2. 职业工作的特征。

（1）工作单位的自然环境，指工作单位所在的地域，以及由此决定的气候等特征，企业工作环境的自然面貌等。

（2）工作任务特征，指毕业生实际工作中日常的具体工作内容。

（3）公司的组织特征，指毕业生工作所在的公司的性质、制度特征以及由此形成的制度文化特征。

（4）公司人际关系特征，指公司的人际关系结构和风格，公司规模及是否有行政级别，内部结构和职级特征，以及由此形成的人与人的关系特征。

（5）公司文化和行业规范，公司的价值追求，公司的文化理念和文化符号以及日常的文化活动等。

二、高职院校毕业生职业适应的个案访谈

在对毕业生进行职业适应因素调查中，分两步进行。第一步随机找不同行业、入职年限不同的学生以及教师进行随机采访，要求被访者随口说出几个影响职业适应的关键词。通过记录并汇总这些关键词，根据频次统计热词，找出普遍受到关心的相关因素。我们依据以下4个方面设置问题，选取56名来自不同专业、入职不同年限的毕业生，根据自己的职业经历，做了回答。并根据回答情况进行归纳、分析，以揭示高职毕业生职业适应的大体概况①。本研究基于毕业生已经离开学校，进行系统的问卷调查回收率低的事实，选取典型的案例，进行问题追问，立足于学生的自我内心真实感受，获得比较真实的信息，以得到我们提升学生职业适应性的方法路径。

（一）工作适应

工作适应主要体现学生的知识技能水平职业工作任务的适应度。与学生对工作内容的适应，即自我的工作能力（包含完成任务的职业技能和按照相关规定和工作流程，完成工作任务）对于工作质量和速度的要求的满足程度。包括工作强度、工作时间、工作紧张度等。根据访谈发现，服务类专业、经济类专业毕业生，在工作适应方面没有感觉困难，尽管工作后仍然需要在工作中学习，

---

① 青岛职业技术学院马雪、苏娟、滕川、赵迁远、武文分别进行访谈调查和统计，海尔学院、生化学院、旅游学院、教育学院、商学院等部分毕业生参与。

但完全可以胜任工作；而机电技术、模具设计与制造、数控技术等工科毕业生入职后会感到明显的困难，涉外的高档服务业也存在类似情况。这个结论说明学院的课程内容与企业技术状况存在差距，学院的教学与企业工作过程也不能有效衔接，表明这些专业课程开发过程没有体现相关行业的工作过程，教学过程需要进行更加深入的改革。

（二）人际适应

人际适应主要体现学生的自我意识和社会交往能力与职场人际关系、组织形态之间的适应度。毕业生对于同伴、直接上司以及下属，在工作中的沟通效度和人际认可度。即毕业生能不能在工作环境下，与同伴保持正常的关系，能够实现工作流程的衔接和配合。体现毕业生自身的社会认知和社会交往能力与公司人际网络的适应适度。调查结果表明，绝大多数毕业生认为人际关系非常重要，而且他们认为学校环境与职业环境最大的不同，很大程度上是人际关系的不同。学校的师生关系和同学关系很少涉及利益，而企业的人际关系更多地与利益相关，因此更复杂。几乎所有的访谈对象都认为，上司对自己的认可非常关键。纯工科专业、工作性质比较独立的行业的毕业生访谈对象认为人际关系不是太重要。这个结果表明，在系统的专业教学中，要十分重视人格培养，强化价值观教育和道德行为养成。

（三）制度适应

制度适应主要体现毕业生的行为习惯和个人品格与职业制度环境之间的匹配程度。即毕业生从学校到企业，不同组织的不同性质引发的角色的转换，学生在企业中对于相关规章制度和行为准则，以及公司内部长期形成的关系特征的适应程度。学生能否顺利实现角色进入，成为公司的一员，并且自觉服从公司制度和管理。体现毕业生的职业行为习惯和职业道德，与企业的规章之间的协调关系。调查情况看，毕业生对公司制度除有个别反映"不合理"外，大都认为所在公司的制度，特别是绩效制度是合理的。我们认为，这可能与毕业生人生经历和在公司处于基层岗位有关，对公司的制度的思考不属于他们关注的问题，认为"我们只有执行的份，轮不上我们说三道四"。

（四）意义适应

意义适应主要体现毕业生的价值取向与企业的文化理念的一致程度，最终体现为毕业生对企业文化的价值认同，毕业生进入企业，能不能与公司的文化价值理念形成正常的协调关系，认同企业的价值理念，并身体力行。反映毕业生的职业理想和信念，与公司文化价值的协调程度。调查结果显示，毕业生没有表现出对企业明显的价值抵触。

另外，我们访谈发现，毕业生在入职后的第一年换工作的情况不多，但在第2~5年重新调换工作的现象却非常普遍。原因大多是希望获得更多的薪资报酬，其次是希望获得更大的发展空间。

被访谈的毕业生都认为，学校与职场存在很大的不同，入职后有一个比较大的价值观和人际关系的调整时期。

通过以上研究，结合学院教学改革的整体策略和行动，特别是近年来不断推进的课程改革和不断深化的校企合作，以及学生专业就业意向教育的现实效果，进行系统、全面的分析和对照，得出以下结论。

（一）高职院校课程教学改革需要进一步深化

1. 课程教学改革需要进一步深化

从调查反映的情况看，高职院校尽管持续进行教育模式的改革，从传统高等教育学科本位转向"能力本位"，又从"能力本位"发展到"人格本位"，进而提出培养全面发展的"核心素养"。高职教学改革也在不断深化。就研究都所在的院校来讲，从进行示范院校建设，进行以专业为龙头的课程、师资、实训条件建设为重点的改革，到从"企业需求、学生需求、专业需求"出发①，系统进行课程开发和设计，实现专业课程项目化教学，同时关注学习者的自我发展的改革，到推动"国20条"全面改革等阶段。新的教学手段和模式不断推进，但校企之间、学校教育与职场之间的鸿沟仍然明显。②

让教学真正体现职场的"工作过程"，培养适应职业工作和职业生活，能够在职业生涯中实现不断的自我发展的教学，仍然需要落实在教学的改革中。课程开发必须有科学的工具和手段，必须紧紧与职业发展和生产服务实际相结合；教学必须注重综合性的工作能力培养。

2. 人格教育必须得到高度重视

在职业适应中，职业工作内容的适应是最基本的要求，也是最低的要求。专业教育的课程改革，就是要实现专业课程与职场工作更好的衔接。然而，人格等非智力因素在职业适应中的作用则更为关键。对学生人格的培养，必须强化公共课程的教学，推进公共基本素养课程的改革，使学生的人格素质和文化

---

① 覃川，武文. 高职教育的价值内涵和整体策略 [J]. 中国职业技术教育，2018 (3).
② 国务院办公厅. 关于深化高等学校创新创业教育改革的实施意见 [EB/OL]. (2015 – 05 – 13) [2019 – 04 – 20]. http://www.gov.cn/zhengce/content/2015 – 05/13/content_9740. htm.

素养得到显著提高。强化学生的价值观教育，是学生实现职业适应的核心要素。对学生进行人格培养，不仅仅要依托公共课程，更要在专业教育中渗透。目前，提倡的课程思政，就是一条很好的思路。

（二）高职院校职业意向教育需要系统强化

1. 以人为本，建立系统育人体系

第一，以学生全面发展为核心理念，把学校教育与家庭教育、社会教育统一起来。通过现代信息技术平台，建立三方教育互动平台，实现三方教育的动态协同。实现家庭教育、学校教育和社会教育的目标统一，方法互补。关注"父亲"在家庭教育中面对、思考和解决具体问题的引导作用，并通过学校行为教育导师适当弥补低学历"父亲"的不足。第二，在教学中要坚定不移地秉持以人为本的宗旨，关注学生的全面发展。在扎实做好职业技能培养的同时，注重生活技能的培养。并促进职业技能和日常生活技能的一体化综合提升。加强学校教育中课程以外的日常生活引导，强化学生的价值观教育和行为管理。

2. 价值引领，构建正向人际关系

第一，充分发挥学生管理职能，倡导积极、友善的人际关系，引导学生正常表达内心情感和感受，构建正向、进取、和谐的人际关系，诱导培养以形成健全的人格。第二，发挥学校心理教育机构等部门的职能，有针对性地进行人际沟通方面的指导，适时解决学生在人际沟通中的困惑，并给予正确的沟通方法指导。

3. 唤醒自我，科学规划职业生涯

第一，加强学校职业生涯教育，改善生涯教育系统，把生涯规划延伸到各个学期，并建立规划和成长档案，形成持续地自我反省、职业决策和不断调适的制度性要求，贯穿于职业学习的过程，提高职业选择的自觉性水平。第二，强化职业探索环节，鼓励专业课教师和企业兼职教师加入生涯规划教育体系，与学生建立相对稳定的关系，促使生涯教育中职业探索环节更接近真实的职业现实，增强择业效能感的理性品质。

（三）高职院校应关注后喻文化背景下大学生的成长

当代大学生处于信息技术高度发达的时代，而且技术的飞速发展，使我们这个时代后喻文化特征非常明显、非常典型。年青一代接受新技术的热情和能力超乎寻常。由此形成了年轻人特定的"族群"语言和生态。朋辈的交往活跃，而代际沟通鸿沟明显。新技术带来的新的生活方式、思维方式，正在悄然改变着我们的生活。年轻人代表未来的趋势和发展的方向，不仅仅是在面对未来，而且是在面对现实生活的时候，我们常常不得不向年轻人学习。总之，同辈交流活跃，代际交流鸿沟明显，年龄大的向年龄小的学习，这些都是后喻文化的明显特征。这是我们开展职业教育的基本事实，是我们设计教育策略的基本出发点。

当代大学生的主要特征表现在几个方面。一是他们主体意识强，知识和信息量大，智商高；思想解放，行为大方，立意高远，积极行动；待人友善，思维宽阔，有牺牲精神。同时，也存在一些缺点：一是个性意识较强，个性突出，愿意表达个人的意见和观点，希望得到个人肯定意愿强烈；二是做人"现实"，推崇"活在当下"的原则，不愿意思考"理想"，奋斗目标浅层；三是价值观存在相对主义倾向，强调个人多于社会；四是行为后现代解构意识明显，拒绝深刻，能够"仗义疏财"；五是人际"早熟"，有面对和解决复杂人际关系的技巧，人与人关系上存在去人格化、功利化、情绪化。

后喻文化的特征，呈现出来的是在日常的行为操作层面的反向学习特征，而在深层文化和价值传承又要求顺向传承，这样在学校就会呈现出相反的传播过程。要求教学中充分关照到这些特点，做到给予年轻学生充分展示和发表自己观点的机会，同时也要引导他们深入思考。基于以上两个传播的模式设计教学过程，进行教学改革。

工作随想：裴斯泰洛齐给我的感动

记得在读本科时，北师大讲教育史的康健老师讲到裴斯泰洛齐的时候，声泪俱下，他说他的老师讲到裴时，就在讲台上失态，而且说，每一位讲教育史的老师，在讲到裴时，都会难以自持。后来，我每每读到伟大的教育家，这个充满着人格魅力的教育家时，都难抑心中的酸楚。

近来，因为要写一篇关于师德方面的稿子，今天我在网上找裴斯泰洛齐。他平生没有为自己，把一切智慧和精力，全部献给了平民教育。人们在他的纪念碑上写道：新庄穷人的救星，林哈德与葛笃德的人民导师，斯坦兹的孤儿之父，布洛多夫国民学校的创始人，伊佛东人类教育家。一个完全的人，一个基督徒，一个公民。你的一切为人，毫不为己。裴斯泰洛齐之名，万古长存！

作为教育家，他提出了教育心理化和要素教育的命题。用他的智慧和人格，践行着对人的关心。他和那些平民、乞丐孩子生活在一起，教他们学习文化，与他们同吃同住，"我生活得像个乞丐，为的是让乞丐生活得像个人"。这就是教育中"善"的力量。教育要帮助人，获得生活的能力，不仅是创造物质生活的能力，而且要有创造尊严，获得精神生活的能力。教育要人不断地改善自己，生活得更幸福。他的教育实践，就是最大的善行。这种精神，让他付出的平生的财产，放弃的地位，贡献了一生，忍受了屈辱。他的实践和他的著作，一样伟大。用我们中国儒家的观点，这就是由真诚引发的内心的善意，虔诚地对待教育事业，用爱对待孩子。

康老师在一年中央电视台作节目时，说过一句话"崇高的事业，吸引崇高的心灵"。那些曾经为了山区的孩子们能上学，放弃安宁，拿着几十块钱的民办工资，在深山里从事教育教学的老师，当时作为他们的培训教师时，只感叹他们的文化知识水平低，可当年把他们的故事，讲给自己听的时候，忽然感到一阵阵感动。

当年大学毕业，分配到故乡的县教师进修学校当老师。所教的是民办或者代教，一般年龄比我们要大。有一年，自己的班级里还有我上小学时那所乡村小学的老师。给老师当老师，虽然自己的教学失误很容易能被包容，因为山里的人纯朴，没有什么是不能包容的，可总还是会被议论，所以当时为不被这些老学生背后议论和批评，教学还算用心。第一年是函授中师课程，教《语文——文选》课，顺便说一下，当年我很想学个中文，可理科生是学不了这个专业的，只好学化学，我的化学学得一塌糊涂，毕业后要求教语文。每周都要到乡下的授课点，学员们平时有老家任务，在集中学习的那天才从各自的小学校汇集到教学点来，所以我们的课一般是一次就是讲一天，教学效果自然是不如一节一节上，可好在都是成人，自觉性比较好，讲一天，第二天走路，换个点，然后再讲一天。据说语文讲得还算马马虎虎，没有人说讲得不好。第二年，我们的教育理论课教师进修，脱产的，我就接替他，开始教成人中师《教育学》《心理学》，一个人，两门课，这一讲就是十几年，尽管后几年干行政了，函授管理、教务处、行政办公室，但一直教这两门课，《心理学》教得比较多。对中师的心理学比较熟悉。人们说讲得挺好，其实我觉得没有什么，就是常和那些学员在一起，再有家里有父亲和舅舅两位校长的指点，每年暑假上课时，连讲台上都是人，讲到兴奋处，真是觉得和他们心灵贴得很近，用他们自己的教学故事，讲教学的道理，引导他们用自己的心理活动，体会心理规律。有这一段经历，我舍不下讲台，那是个让人敬畏的地方。因为工作关系，接触的当然就是民办教师和代课教师。他们有的初中毕业就开始教学，在一所乡村小学，一干就是十几年。那样的故事，随便每一个学员自己都有。所以当青职请来薛月娥时，觉得那些故事真的在那个时代，不过稀松平常，我们曾听得太多了，当年不觉得怎样。可现在回想起来，那是一段历史，我们的教育史。那些故事，就在我们的身边，那些人，是那样地熟悉，可现在回想起，却从心底升出一股敬意。

我们的教育，是那样走过来的。

参考文献

［1］［美］伯顿·R. 克拉克. 高等教育新论［M］. 杭州：浙江教育出版社，1988.

［2］Betz, N. E., Klein, K. L., Taylor, K. M.（1996）. Evaluation of a short form of the career decision – making self – efficacy scale. Journal of Career Assessment, 4（1）.

［3］毕明生. 职教视野中陶行知"教学做合一"思想的再认识.（20090630）［2010310］. http：//nanjingxyfx2008. blog. 163. com/blog/static/66552433200 971593215951/.

［4］曹永慧. 教学外置，社区耦合——高等职业教育育人新模式［M］. 青岛：中国海洋大学出版社，2005.

［5］陈解放. 产学研结合与工学结合解读［J］. 中国高等教育，2006（12）.

［6］陈鹏，庞学光，培养完满的职业人——关于现代职业教育的理论构思［J］. 教育研究，2013（01）.

［7］陈宇. 技能振兴：战略与技术［M］. 北京：中国劳动社会保障出版社，2009.

［8］董仁忠. 高职院校治理结构研究［J］. 教育发展研究，2011（07）.

［9］方长春. 家庭背景与学业成就——义务教育中的阶层差异研究［D］. 南京：南京大学，2008.

［10］关晶，石伟平. 现代学徒制之"现代性"辨析［J］. 教育研究，2014（10）.

［11］管玲俐. 刍议当前我国高等职业教育人才培养的多元使命［J］. 中国职业技术教育，2009（6）.

［12］国务院办公厅. 关于深化高等学校创新创业教育改革的实施意见［EB/OL］.（2015 – 05 – 13）［2019 – 04 – 20］. http：//www. gov. cn/zhengce/content/2015 – 05/13/content_ 9740. htm.

［13］国务院．国家职业教育改革实施方案［EB/OL］．（2019－12－13）［2020－01－31］http：//www. gov. cn/zhengce/content/2019－02/13/content_5365341. htm？from＝singlemessage&isappinstalled＝0.

［14］国务院关于加快发展现代职业教育的决定，2014.

［15］黄帝，岐伯，等．黄帝内经·素问［M］．沈阳：万卷出版公司，2008：5.

［16］黄济．教育哲学［M］．北京：北京师范大学出版社，1985.

［17］黄姗．曾留守大学生择业效能感及其与社会支持、应对方式的关系研究［D］．南京：南京师范大学，2013.

［18］黄济．教育哲学［M］．北京：北京师范大学出版社，1985.

［19］何欣，中美大学生职业生涯规划教育比较［J］．青年文学家，2013（03）

［20］姬昌，周公，等．周易·蒙［M］．北京：北京出版社，2006.

［21］季羡林．谈国学［M］．北京：华艺出版社，2008.

［22］姜大源．职业教育学研究新论［M］．北京：教育科学出版社，2007.

［23］教育部 山东省人民政府．关于整省推进提质培优建设职业教育创新发展高地的意见［EB/OL］．（2020－01－14）［2020－02－02］http：//edu. shandong. gov. cn/art/2020/1/14/art_11990_8717002. html.

［24］教育部．关于印发《高等学校思想政治理论课建设标准》的通知［EB/OL］．（2015－09－10）［2018－02－25］．http：//www. moe. edu. cn/srcsite/A13/moe_772/201509/t20150923_210168. html

［25］景彩峰．本科生就业压力与择业效能感：社会支持和积极应对的中介作用［D］．西安：陕西师范大学，2016.

［26］刘力红．思考中医［M］．南宁：广西师范大学出版社，2006.

［27］李梅．立德树人的价值意蕴及其实践路径［J］．教学与管理，2019（6）.

［28］刘甲珉，武文，孙耍．高职教育专业建设"1＋N＋1"模式的实践与探索［J］．高等职业教育，2012（6）.

［29］刘凤．高职院校营销人才培养校企合作联盟模型分析［J］．青岛职业技术学院学报，2012（4）：

［30］李文秀．父亲参与教养与大学生学业成就的关系：成就动机和学业自我效能感的中介作用［D］．哈尔滨：哈尔滨师范大学，2015.

［31］马静．高职学历证书与职业资格证书并存的实践和完善［J］．经济

与社会发展, 2007 (11).

[32] 马树超, 郭扬, 等. 中国高等职业教育——历史的选择 [M]. 北京: 高等教育出版社, 2009.

[33] [美] 玛格丽特·米德. 文化与承诺 [M]. 周晓红, 周怡, 译. 石家庄: 河北人民出版社, 1987.

[34] 牛节光. 学院实境耦合人才培养模式的由来、发展与思考 [J]. 青岛职业技术学院学报, 2008 (2).

[35] 欧阳河, 演讲: 编制教师教学质量标准的探讨, 2014.

[36] 彭永新, 龙立荣. (2001). 大学生职业决策自我效能测评的研究 [J]. 应用心理学 (2).

[37] 平和光. 为何强调职业教育是类型教育 [J]. 职业技术教育, 2019 (4).

[38] 彭振宇. 职业教育作为类型教育之我见 [J]. 教育与职业, 2019 (17).

[39] 覃川, 全面发展视角下高职教育课程改革 [J]. 中国高等教育, 2015.

[40] 覃川, 关于学教做合一人才培养模式的哲学思考 [J]. 中国高教研究, 2015 (11).

[41] 覃川. 武文. 高职教育的价值内涵和整体策略 [J]. 中国职业技术教育, 2018 (3).

[42] 青岛职业技术学院旅游管理专业改革综述. 青岛职业技术学院 2008 年工作要点, 2011 (10).

[43] 史忠健. 见证——记 2007 高等职业教育国际研讨会 [M]. 青岛: 青岛出版社, 2008.

[44] 人民网. 习近平在全国高校思想政治工作会议上强调: 把思想政治工作贯穿教育教学全过程开创我国高等教育事业发展新局面 [EB/OL]. (2016 - 12 - 09) [2019 - 03 - 09]. http://dangjian. people. com. cn/n1/2016/1209/c 117092 -28936962. html.

[45] 史忠健, 国有企业治理结构 [M]. 北京: 北京大学出版社, 2002.

[46] 史忠健, 武文. 对高职院校学术权力有效实现的思考 [J]. 中国职业技术教育, 2011 (24).

[47] 苏娟, 武文. 现代职业教育体系视角下高职校企合作模式的思索 [J]. 广东轻式职业技术学院学报, 2014 (3).

[48] 孙晓玲，郑宏.高职"人格本位"教育的"职业人文"路径初探 [J].职教论坛.2010（4）.

[49] 陶行知.陶行知全集（第一卷）[M].成都：四川教育出版社，1991.

[50] 谭小芳.高职院校大学生职业生涯规划教育研究 [D].湖南大学硕士学位论文.

[51] 王一敏.当代青年的职业选择与指导 [M].上海：上海教育出版社，1998.

[52] 王锦荔，大学生职业生涯教育探微 [D].华东师范大学硕士研究生论文.

[53] [印度]克里希那穆提.教育就是解放心灵 [M].张春城，译.北京：九州出版社，2010.

[54] 汪伟.大学生入职适应影响因素的实证研究 [J].中国成人教育，2016.

[55] 王策三，教学论稿 [M].北京：人民教育出版社，1987.

[56] 宣勇.大学变革的逻辑（上篇）[M].北京：人民出版社，2009.

[57] 宣勇.大学变革的逻辑（下篇）[M].北京：人民教育出版社，2009.

[58] 新华社.习近平在北京大学师生座谈会上的讲话 [EB/OL].（2018 - 05 - 02）[2020 - 01 - 06].http：//cpc.people.com.cn/n1/2018/0503/c64094 - 29961631.html.

[59] 谢广山.中国古代职业与技术教育范式 [J].中国高职高专教育网·理论探索，2007（9）.

[60] 邢广陆.建立"紧密型职教集团"的路径思考 [J].中国职业技术教育，2012（27）.

[61] 伊利亚·普里戈金.耗散结构理论 [M/OL].（2010226）[2010228].http：//baike.baidu.com/ view/62783.htm.

[62] 杳国硕.工匠精神的现代价值意蕴 [J].职教论坛，2016（7）.

[63] 易中天.先秦诸子百家争鸣 [M].上海：上海文艺出版社，2009.

[64] 朱九思.竞争与转化 [M].武汉：华中科技大学出版社，2001.

[65] 赵志群.职业教育工学结合一体化课程开发指南 [M].北京：清华大学出版社，2009.

[66] 周明星，张柏清.创新教育模式全书 [M].北京：北京教育出版

社，1999.

[67] 赵鹏飞，陈秀虎．"现代学徒制"的实践与思考［J］．中国职业技术教育，2013（12）．

[68] 中共中央宣传部，教育部．关于进一步加强高等学校思想政治理论课教师队伍建设的意见［EB/OL］．（2008－09－23）［2018－02－25］．Http：//www. edu. cn/jiao_ yu_ zi_ xun_ 488/20081013/t20081013_ 332262. shtml.

[69] 中央宣传部，教育部．普通高校思想政治理论课建设体系创新计划［EB/OL］．（2015－07－27）［2018－02－25］．http：//www. moe. edu. cn/src-site/A13/moe_ 772/201508/t20150811_ 199379. html.

[70] 张洋阳．大学生职业生涯规划［J］．科技创新导报，2011（25）．

[71] 赵志群．职业教育与培训学习新概念［M］．北京：科学出版社，2003.

[72] 章志光．心理学［M］．北京：人民教育出版社，1987.

[73] 庄子．中国古典名著译注丛书·老子·庄子［M］．广州：广州出版社，2001.

[74] 钟启泉．新课程师资培训精要［M］．北京：北京大学出版社，2002.

后 记

　　2005 年，我得到一个机会，从一个山西东部太行山区的一个县教师进修学校，调来山东青岛职业技术学院工作。高职教育对于我来讲，是刚开始接触。从成人师范教育转变到高等职业教育，适应工作领域的转变是一个极大的考验。开始我被安排在教务处工作，边工作边学习边思考，在不断深入地了解职业教育的教学特点，理解职业教育模式变革路径的过程中，也在实现自我职业生涯的蜕变。从这个意义上讲，这本专著力求展现的高职教育改革，是高职教育从普通高等教育中分离出来，终于成为"类型教育"的嬗变；同时，专著更是记述本人从一个中等成人师范教育者向高等职业教育者的嬗变。

　　全书正文部分的内容，都是在工作中萌生某种想法，再经过不断地学习、请教，还有自我不断地思索和反省而成，并曾经在公开刊物上发表的论文。一开始只想把自己的文章作个结集，并按照内容进行简单的分类。在得到官海滨博士建议后，尝试确定一条主线，通过自己的工作体会，把高职教育改革的历程展现出来，这样便有了现在的结构，并对文章内容进行调整，形成全书的正文部分。在每一个章节的正文后面，插入了一段长短不一的随想或日记，是本人在新浪微博、QQ 空间发表的，与高职教育相关的日记体博文，虽然不是系统性的论述，逻辑结构也不甚严密，观点也未必正确，陈述也做不到准确，但它确实是最及时、最真实的内心感受，受一定的事件启发而即兴写作，最能代表一个高职教育实践者日常的所思所想，所感所虑。因此，全书整体上定位，既不是关于高职教育改革的系统理论著作，也不是教师琐碎工作的记实，是介于二者中间，作为一个实践者力求追索理论又难以摆脱现实困境的真实思想写照，它呈现出从师范教育向职业教育转变中的观念纠结，这个纠结像一个切面，让亲历者共同实践探索的问题一个一个地展开。

　　本人参加过几次高职教育研究的博士论坛，总体感觉是论坛的理论研究高大上，在理论研究的系统性、概括性、规范性方面，不是我所能够企及的。自惭于没有在这样的场合进行对话的资格的同时，又感到他们所研究的似乎不是我们天天所从事的高职教育，我们想要得到的理论指导似乎在这里很难获得。另一方面，又常常亲见作为一线教学的普通教师，很少进行系统的理论学习和思考，对高职教育好多概念想当然，所谓的"理论"只是在撰写项目材料时凑数的"词句"。因工作岗位的决定，要负责学校层面课程和教学改革的指导，在介于纯理论研究与一线教师日常教学工作中间，既要遵循教育规律而寻求理论的支撑，又要面向教学实践，力求解决现实问题。本书或许更能为理论研究者呈现真实的高职教育困惑，也为广大的一线教师提供一些实用的理论常识。

在书稿出版之际，我要感谢覃川教授、刘甲珉教授、邢广陆教授、李占军教授、宋辉教授、齐洪利教授，他们是我工作的直接领导，也是与我共同探讨问题的良师益友和合作者；我还要感谢解水青博士、官海滨博士、周宁博士以及赵迁远、张静静、滕川、马雪、苏娟等老师的大力支持与帮助。

书中观点仅代表本人在问题思考中的感悟，希望能够得到同行的共鸣和专家的指正，希望得到关心高职教育改革发展同仁的批评！

武文

2021 年 3 月 27 日于青岛